HMH | ¡Arriba la Lectura!™

miLibro 1

Autores y asesores

Alma Flor Ada • Kylene Beers • F. Isabel Campoy
Joyce Armstrong Carroll • Nathan Clemens
Anne Cunningham • Martha C. Hougen
Elena Izquierdo • Carol Jago • Erik Palmer
Robert E. Probst • Shane Templeton • Julie Washington

Consultores

David Dockterman • Mindset Works®
Jill Eggleton

Printed in the U.S.A.

ISBN 978-1-328-49099-5

10 11 12 13 14 15 16 0029 27 26 25 24 23 22 21

4500819427 C D E F G

HMH

¡Arriba la Lectura!™

miLibro 1

¡Recibe una cordial bienvenida a *miLibro*!

¿Te gusta leer diferentes clases de textos por diferentes razones? ¿Tienes un género o un autor favorito? ¿Qué puedes aprender de un video? ¿Piensas detenidamente en lo que lees y ves?

Estas son algunas sugerencias para que obtengas el máximo provecho de lo que lees y ves:

Establece un propósito ¿Cuál es el título? ¿Cuál es el género? ¿Qué quieres aprender de este texto o video? ¿Qué te parece interesante?

Lee y toma notas A medida que lees, subraya y resalta palabras e ideas importantes. Toma notas de todo lo que quieras saber o recordar. ¿Qué preguntas tienes? ¿Cuáles son tus partes favoritas? ¡Escríbelo!

Haz conexiones ¿Cómo se relaciona el texto o el video con lo que ya sabes o con otros textos o videos que conoces? ¿Cómo se relaciona con tu propia experiencia o con tu comunidad? Expresa tus ideas y escucha las de los demás.

¡Concluye! Repasa tus preguntas y tus notas. ¿Qué fue lo que más te gustó? ¿Qué aprendiste? ¿Qué otras cosas quieres aprender? ¿Cómo vas a hacerlo?

Mientras lees los textos y ves los videos de este libro, asegúrate de aprovecharlos al máximo poniendo en práctica las sugerencias anteriores.

Pero no te detengas aquí. Identifica todo lo que quieras aprender, lee más sobre el tema, diviértete y ¡nunca dejes de aprender!

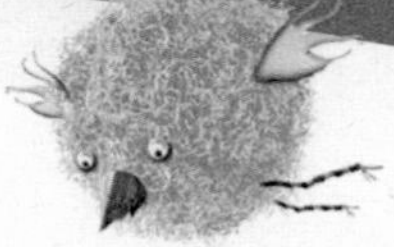

MÓDULO 1

Inventores en acción

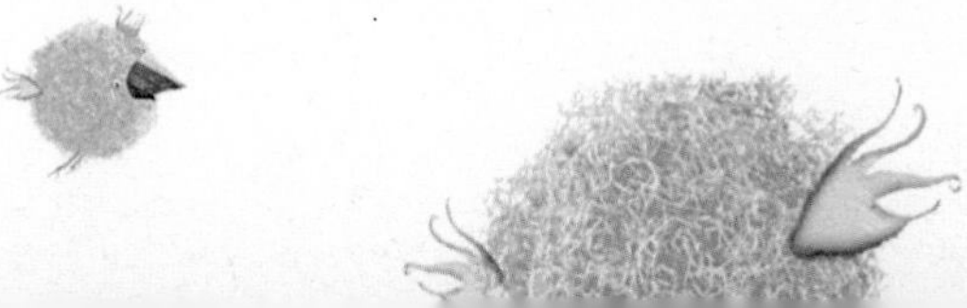

MÓDULO 2

¡Qué imaginación!

MÓDULO 3

Desastres naturales

MÓDULO 4

El Lejano Oeste

MÓDULO 5

Proyecto Tierra

MÓDULO 1

Inventores en acción

"No seguiré donde el sendero me pueda conducir; pero iré donde no haya sendero y dejaré una huella."

— Muriel Strode

Pregunta esencial

¿Qué tipo de circunstancias nos llevan a crear nuevos inventos?

Video de Mentes curiosas

Palabras sobre los inventores

Las palabras de la tabla te ayudarán a hablar y a escribir sobre las selecciones de este módulo. ¿Cuáles de las palabras acerca de los inventores ya has visto antes? ¿Cuáles son nuevas para ti?

Completa la Red de vocabulario de la página 13. Escribe sinónimos, antónimos y palabras y frases relacionadas para cada palabra acerca de los inventores.

Después de leer cada selección del módulo, vuelve a la Red de vocabulario y añade más palabras. Si es necesario, dibuja más recuadros.

PALABRA	SIGNIFICADO	ORACIÓN DE CONTEXTO
sobresalir (verbo)	Sobresalir en algo es ser muy bueno en ello.	Sigue practicando y lograrás sobresalir.
superar (verbo)	Superar un límite significa estar por encima o ir más allá de él.	Los astronautas deben superar limitaciones y desafíos.
ilustre (adjetivo)	Una persona ilustre es famosa por sus logros.	El ilustre inventor era conocido en todo el mundo.
venerar (verbo)	Si veneran a alguien, lo tienen en alta estima.	Muchos veneran a las personas cuyos inventos mejoran el mundo.

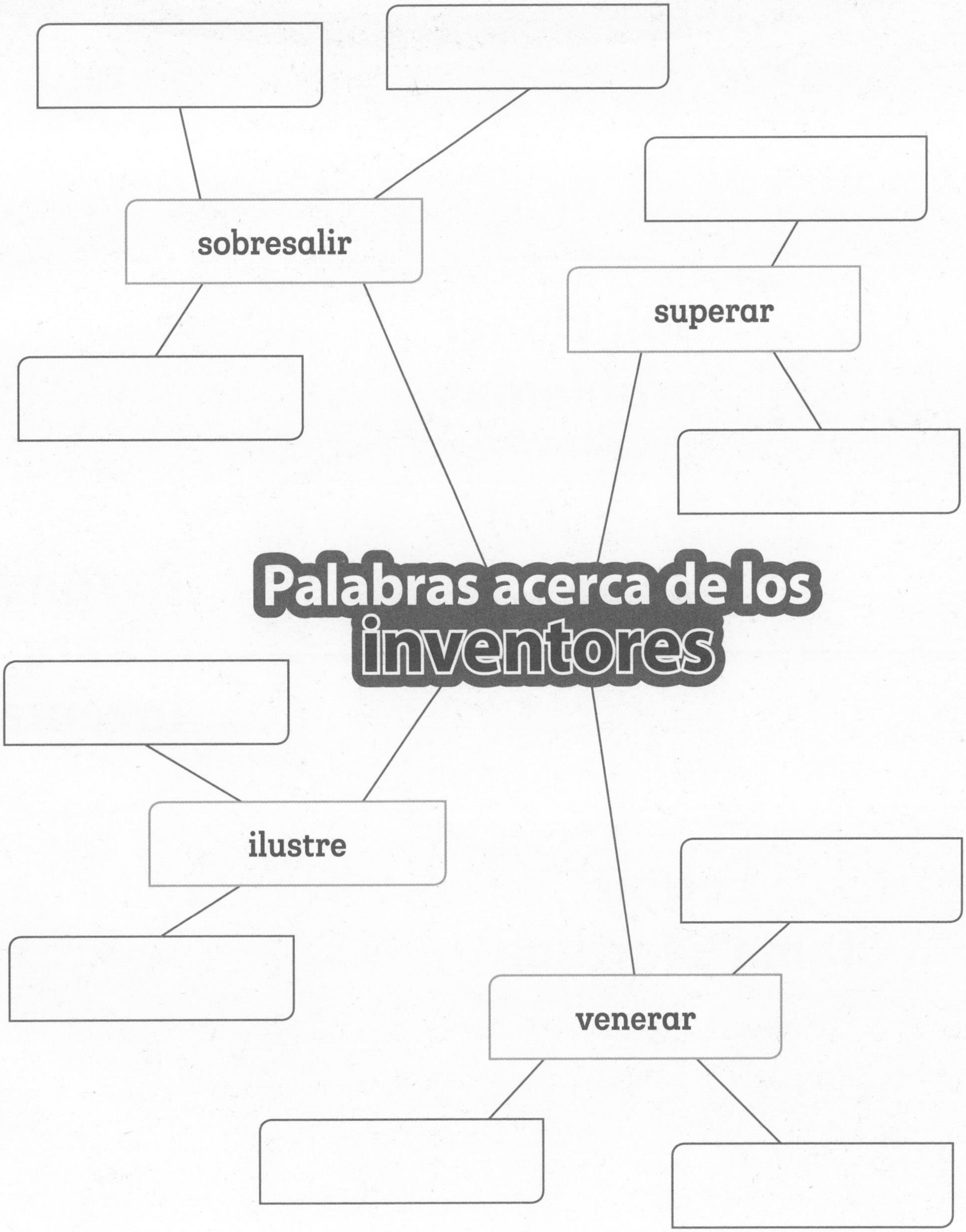
Palabras acerca de los inventores
sobresalir
superar
ilustre
venerar

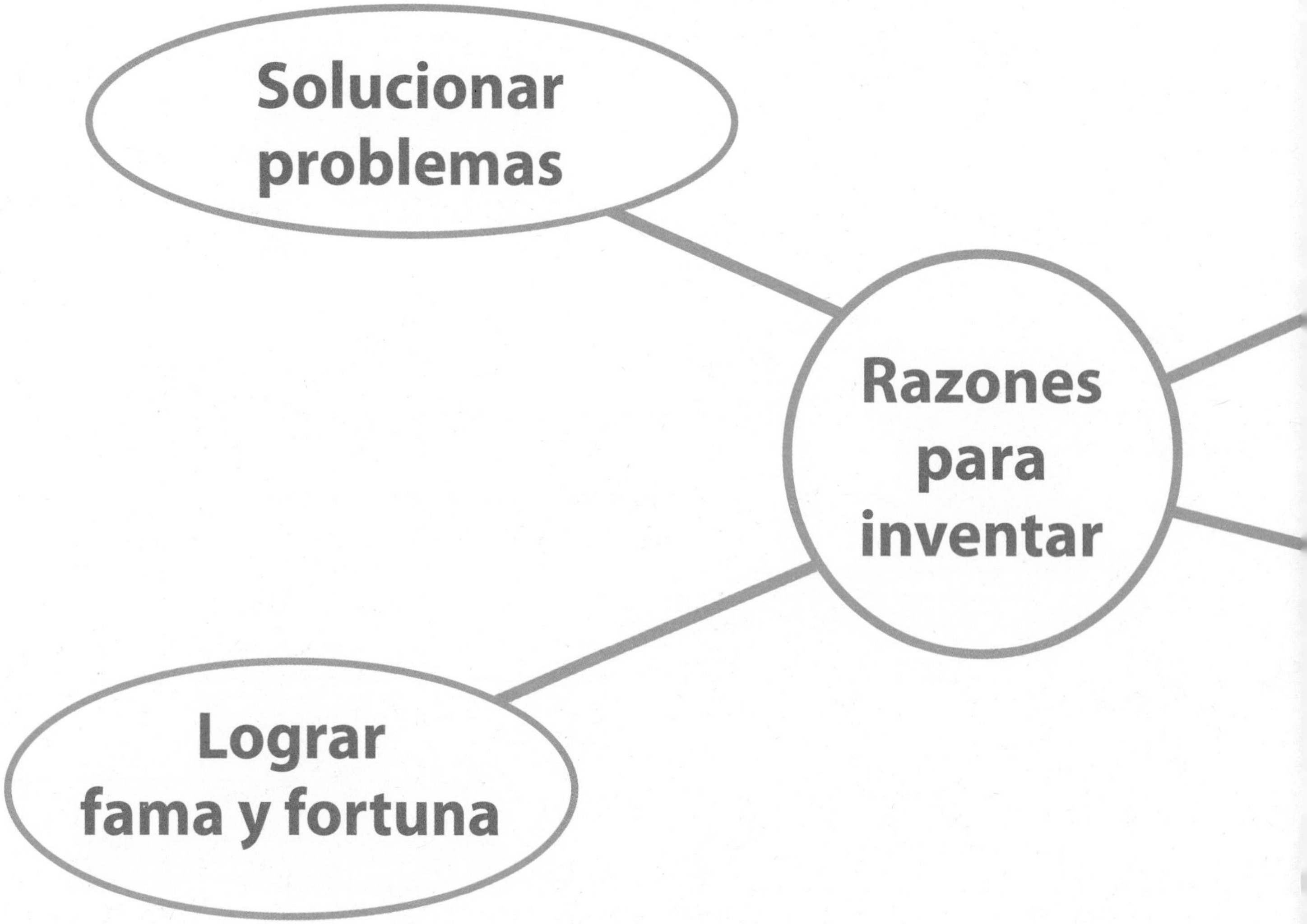
Solucionar problemas
Razones para inventar
Lograr fama y fortuna

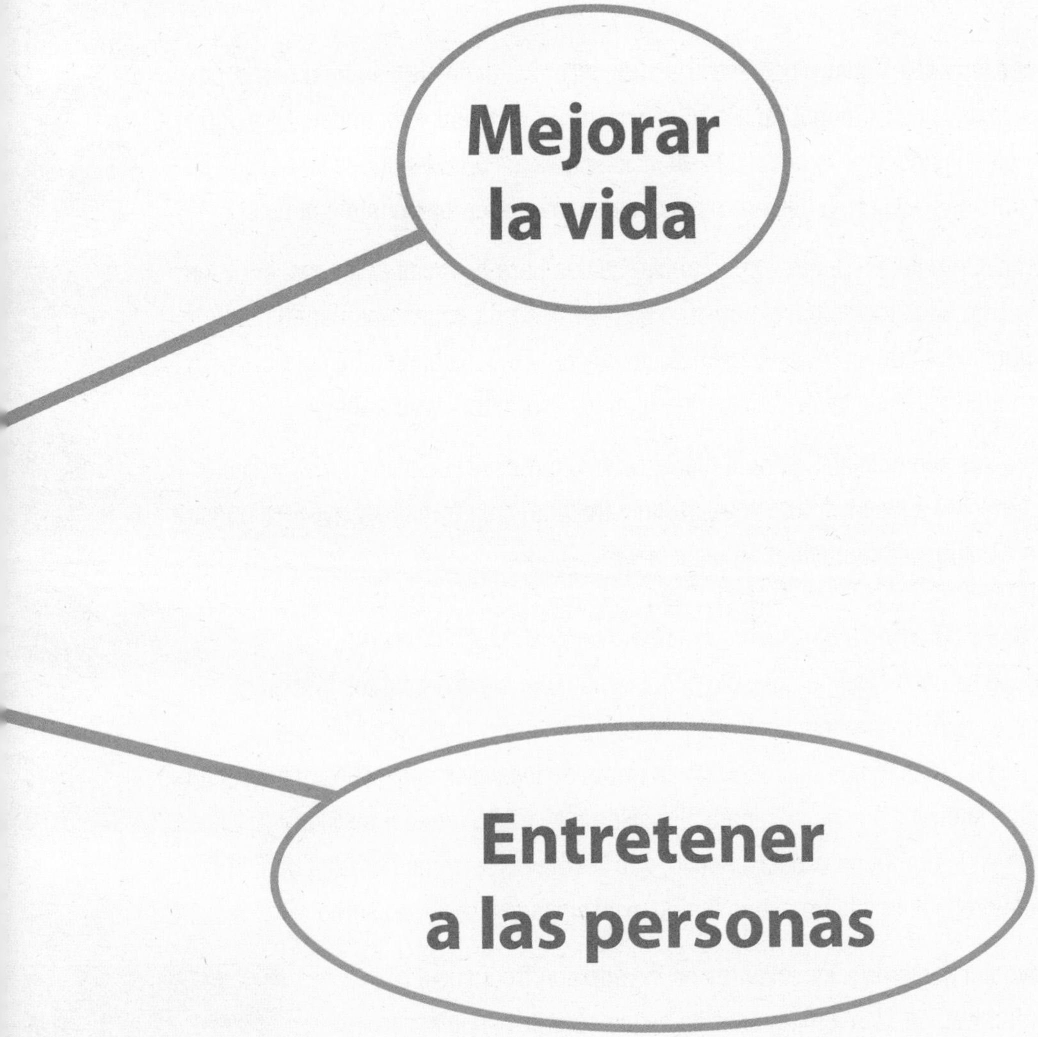
Mejorar la vida
Entretener a las personas

Mis notas

Lectura breve

El gobierno debe financiar a los inventores

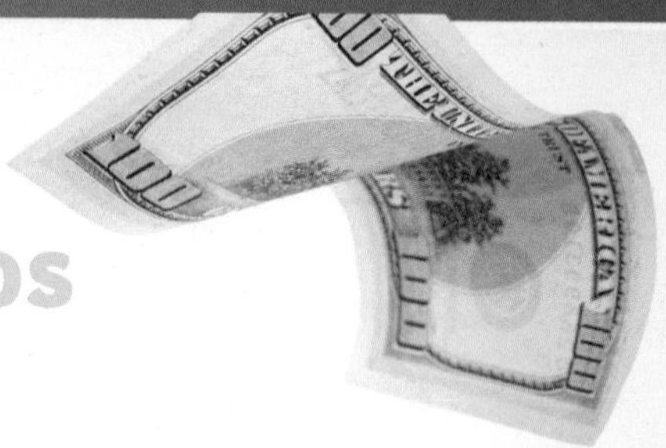

1 Todos los años, nuestro gobierno recauda billones de dólares en impuestos. La mayoría de estos fondos se usa para programas de salud y seguridad. Otra parte se usa para financiar programas de educación pública. Parte del dinero se destina a hacer funcionar el propio gobierno. ¡Es costoso mantener funcionando el país!

2 Lamentablemente, un pequeño porcentaje se usa para financiar la innovación y los inventos. En años recientes, el gobierno ha invertido un pequeño porcentaje del presupuesto federal en investigaciones científicas y médicas. ¡Eso no está bien! El gobierno federal debe invertir más dinero en los inventores y su trabajo.

3 Los inventos son cruciales para el bienestar económico y social de nuestro país. El financiamiento a los inventores mejora nuestra vida, crea trabajos y ayuda a nuestra nación a sobresalir como líder en ciencia y tecnología.

Los inventores necesitan el apoyo del gobierno

4 A menudo se da el caso de que solo el gobierno tiene los exorbitantes fondos necesarios para apoyar innovaciones realmente grandes. Para construir una computadora más rápida o superar las barreras de los viajes espaciales, los inventores necesitan enormes sumas de dinero. El gobierno invirtió alrededor de $20,000 millones en el programa espacial Apollo, que llevó a los astronautas a la Luna. El proyecto probablemente no habría tenido éxito sin la ayuda del gobierno.

5 El apoyo del gobierno a los inventos ha llevado con frecuencia a mayor innovación. Un ejemplo sencillo es la espuma viscoelástica. Este material "de la era espacial" sirvió primero para proteger a los astronautas de las colisiones. Por consiguiente, muchas personas hoy duermen en colchones hechos de este material blando y cómodo. ¡Se usa incluso para amortiguar calzados! Otras innovaciones incluyen dispositivos de ayuda auditiva, sondas que usan los médicos para ver dentro de las arterias y anteojos resistentes a las rayaduras.

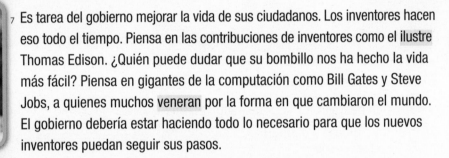

Los inventores nos cambian la vida para mejorarla

6 El apoyo del gobierno a la innovación siempre ha beneficiado a la sociedad. Específicamente, los fondos gubernamentales han contribuido a que haya inventos como los teléfonos celulares, los carros eléctricos e Internet.

7 Es tarea del gobierno mejorar la vida de sus ciudadanos. Los inventores hacen eso todo el tiempo. Piensa en las contribuciones de inventores como el ilustre Thomas Edison. ¿Quién puede dudar que su bombillo nos ha hecho la vida más fácil? Piensa en gigantes de la computación como Bill Gates y Steve Jobs, a quienes muchos veneran por la forma en que cambiaron el mundo. El gobierno debería estar haciendo todo lo necesario para que los nuevos inventores puedan seguir sus pasos.

Los inventores aprenden incluso de los fracasos

8 Ahora bien, algunos podrán sentir que el financiamiento de inventos es un negocio demasiado arriesgado para el gobierno. Es cierto, la mayoría de los inventores fracasan... al comienzo. Pero el fracaso es una parte central del proceso. Es así como las grandes ideas se convierten en grandes productos.

9 En 1967, por ejemplo, una nave Apollo se incendió en la plataforma de lanzamiento. Murieron tres astronautas. A partir de este terrible accidente, los inventores hicieron mejoras a la nave espacial. Y gracias a esas mejoras, los astronautas aterrizaron en la Luna.

¡Seamos líderes mundiales!

10 La innovación tecnológica y científica ayuda a nuestro país a mantener su lugar como líder mundial. Cada año, miles de estudiantes vienen desde otros países a estudiar en nuestras escuelas y universidades.

11 Los inventores mejoran la vida de todos. Los inventores hacen que nuestro país sea fuerte y próspero. Nuestro gobierno debe continuar invirtiendo en los inventores y sus innovaciones.

Observa y anota
Contrastes y contradicciones

Prepárate para leer

ESTUDIO DEL GÉNERO La **narración de no ficción** da información objetiva al contar una historia real.

- La narración de no ficción presenta acontecimientos en orden secuencial, o cronológico. Así los lectores comprenden qué sucedió y cuándo.
- Los textos sobre acontecimientos del pasado tratan sobre personas reales y pueden incluir sus propias citas textuales o detalles sobre sus pensamientos y sentimientos.
- La narración de no ficción puede incluir elementos visuales, como ilustraciones, mapas y diagramas.

ESTABLECER UN PROPÓSITO **Piensa en** el título y el género de este texto. ¿Qué sabes acerca de estos inventores y su trabajo? ¿Qué quieres aprender? Escribe tus ideas abajo.

VOCABULARIO CRÍTICO

- locomotoras
- resoplaban
- artefactos
- fonógrafo
- petardeó
- fiasco
- incandescente
- cilindro
- patentes

Conoce a la autora y a la ilustradora: Suzanne Slade y Jennifer Black Reinhardt

Mis notas

El secreto del inventor

Lo que Thomas Edison le dijo a Henry Ford

por Suzanne Slade

ilustrado por Jennifer Black Reinhardt

Mis notas

1 **Hace no mucho tiempo,** el mundo era un poquito más lento. Un poquito más simple. Y mucho más tranquilo.

2 Sin aviones rugiendo en las nubes. Sin carros haciendo estruendo por los caminos. Sin teléfonos sonando en los bolsillos.

3 Luego, las cosas comenzaron a cambiar a causa de dos muchachos curiosos, Thomas y Henry.

4 Y de un secreto.

5 El joven Thomas se metía en problemas. Cada rato.

6 Empezaba siempre con un "experimento". Simplemente, quería saber cómo funcionaban las cosas.

7 A Thomas le atraía la química. En el sótano de su casa mezclaba pociones coloridas. Las explosiones estremecían la casa día y noche.

8 Thomas sentía curiosidad por las locomotoras. Consiguió trabajo como vendedor de periódicos, que vendía en un tren, pero uno de sus experimentos ocasionó un incendio en el vagón de equipaje.

9 Por sobre todo, Thomas sentía curiosidad por la electricidad, una energía invisible que fluía y se detenía, chisporroteaba y estallaba. Una vez amarró alambres a la cola de sus gatos y les frotó el pelo. ¡Hasta chispas saltaron ese día!

locomotora Las locomotoras son las máquinas que hacen que el tren se mueva.

10 Henry nació dieciséis años después de Thomas. También se metió en un montón de problemas. Siempre estaba haciendo experimentos en lugar de hacer sus tareas, simplemente porque quería saber cómo funcionaban las cosas.

11 Henry sentía curiosidad por los juguetes de cuerda. Desarmaba los juguetes de su hermana y no siempre era capaz de armarlos de nuevo.

12 Le atraía la corriente del río. Construyó un dique y un molino de agua para capturar su energía, pero lo único que consiguió fue inundar el campo del vecino.

13 Por sobre todo, Henry sentía curiosidad por las máquinas, aparatos que resoplaban y ronroneaban, resollaban y zumbaban. Con una lata de diez galones, paletas de hojalata y un tubo, construyó una máquina de vapor, ¡pero explotó y le prendió fuego a la cerca de la escuela!

resoplar Cuando resoplaban, las máquinas se movían lenta y ruidosamente.

14 A medida que crecía, Thomas soñaba con crear sus propios inventos, artefactos eléctricos que hicieran la vida más fácil. Diseñó una pluma eléctrica para que la gente pudiera dar descanso a sus manos agotadas. Su pluma afilada cortaba una plantilla que sacaba copias. En un solo día, se podían imprimir montones de copias que habrían tardado semanas en escribirse a mano.

artefacto Los artefactos son pequeños instrumentos, aparatos especializados o dispositivos electrónicos.

15 A medida que crecía, Henry soñaba también con crear sus propios inventos, máquinas poderosas que hicieran la vida más fácil. A los doce años, vio algo asombroso: un carruaje con motor. Jamás había visto un vehículo que no fuera tirado por un caballo.

16 Henry corrió hacia el carruaje, con la cabeza llena de interrogantes. ¿Qué le daba energía al motor? ¿A qué velocidad iba? ¿Qué podía hacer?

17 El conductor se jactaba de que el vehículo usaba carbón y vapor, y que iba a unas doce millas por hora. Su máquina le proporcionaba energía a equipos agrícolas y a enormes sierras.

18 La idea de la poderosa máquina le daba vueltas en la cabeza. Una máquina no comía ni descansaba como un caballo. Podía transportar personas, correo y noticias. ¡Y rápidamente!

19 A partir de ese momento, Henry solo pensaba en una cosa: construir su propio vehículo. Un coche que las familias modestas pudieran adquirir. Así, las personas podrían ir al pueblo en cualquier momento, no solo los sábados como era la costumbre. Podrían visitar lugares lejanos de los cuales solo habían oído hablar.

20 ¡Pero Henry ni siquiera era capaz de reparar su reloj descompuesto! ¿Cómo podría fabricar un coche?

21 Luego se enteró de la pluma eléctrica de Thomas.

22 "¿Cuál es su secreto? —se preguntaba Henry—. ¿Cómo construyó esa máquina tan maravillosa?"

Mis notas

23 Más tarde, Thomas creó un invento que grababa y reproducía sonidos. Cuando Thomas dijo ante su nuevo fonógrafo: "Mary tenía una ovejita", el aparato repitió: "Mary tenía una ovejita". Su fonógrafo también podía tocar música.

fonógrafo Un fonógrafo es una máquina que toca música o sonido grabado.

Mis notas

24 Henry todavía soñaba con los coches. Dondequiera que iba, se escuchaba el sonido de las piezas de metal que llevaba en sus bolsillos. Cuando tenía diecisiete años, consiguió trabajo en una tienda de máquinas para aprender más acerca de motores y maquinarias. Dos años después, un granjero lo contrató para manejar una nueva máquina de vapor.

25 Pronto, Henry comenzó a experimentar con su propia máquina de vapor. Ató el motor casero a una vieja cortadora de césped con una correa. El aparato petardeó por unos cuarenta pies y, enseguida, se varó.

26 El diseño de Henry resultó un fiasco.

27 Pero todo el mundo murmuraba acerca del fonógrafo de Thomas, el fonógrafo que era capaz de hablar.

28 "*¿Cuál era su secreto?*", se preguntaba Henry.

petardear Si algo petardeó, quiere decir que hizo ruidos estrepitosos debido a un mal funcionamiento.
fiasco Un fiasco es algo que resultó un completo fracaso.

Mis notas

29 Mientras tanto, Thomas se estaba inventando una luz eléctrica para que la gente pudiera leer de noche. Después de cambiar su diseño varias veces, creó un bombillo incandescente ¡que ardía toda la noche!

30 Henry estaba decidido a hacer que su vehículo funcionara y tomó un trabajo en una compañía que fabricaba motores. Un día reparó un motor inglés muy sofisticado. Tenía un cilindro de cuatro tiempos que quemaba gasolina para generar energía. Fascinado, construyó un modelo del motor para ver cómo funcionaba.

31 Después de eso, Henry pasó noches y sábados enteros, trabajando en su carro junto con algunos amigos y compañeros de trabajo que también lo ayudaron. Cuando finalmente condujo su creación fuera del taller, tenía dos cilindros para duplicar la potencia, un tanque de tres galones de gasolina y cuatro llantas de bicicleta como ruedas.

32 El cuatriciclo de Henry podía alcanzar las veinte millas por hora, pero fabricarlo costaba una fortuna. Todos pensaron que su traqueteante cochecillo de gas era una broma.

incandescente Se dice que algo es incandescente cuando arroja mucha luz.

cilindro Un cilindro tiene extremos circulares y lados rectos. En un motor, el cilindro consume gasolina para hacer que las otras partes se muevan.

33 "Consíguete un caballo", le gritaba la gente a Henry.

34 Pero el país entero se había vuelto loco con la luz eléctrica de Thomas.

35 Inquieto, Henry se rascaba la cabeza. ¿Cuál es su secreto?

36 Aun así, Henry creía en su sueño. Aunque sabía que había otros trabajando también en coches de gasolina, estaba decidido a construir el mejor. Uno que fuera fácil de conducir. Que fuera suficientemente grande como para una familia. Y lo más importante, un coche que cualquiera pudiera comprar.

37 Mientras Henry trabajaba en su diseño, Thomas obtenía patentes para más de cien nuevos inventos.

38 Henry no aguantaba más.

39 ¡Tenía que averiguar el secreto de Thomas!

patente Las patentes son documentos legales. Si obtienes la patente de un invento, nadie más tiene autorización para hacer o vender uno igual.

Mis notas

40 De modo que Henry se subió a un tren en Detroit y traqueteó las seiscientas millas hasta la ciudad de Nueva York. Allí era donde importantes hombres de negocios, incluido Thomas, se estaban reuniendo.

41 Gracias a su facilidad de palabra, Henry consiguió que lo invitaran a una gran cena donde Thomas era el invitado de honor.

42 Durante la cena, todos se mantuvieron hablando con Thomas.

43 Henry observaba a través de la gran mesa al famoso inventor.

44 Con paciencia esperó su oportunidad. Y esperó. Y esperó.

45 Finalmente se armó de valor. Se colocó junto a Thomas y le dijo que estaba construyendo un coche de gasolina.

46 "¿Es un motor de cuatro ciclos?", le preguntó Thomas.

47 Henry se iluminó más que cualquier bombillo. Tomó un menú y comenzó a dibujar su motor.

48 Thomas le disparaba pregunta tras pregunta.

49 Henry, feliz, se las respondía una a una.

50 Y fue allí cuando sucedió.

51 Con sus ojos azules centelleando, Thomas se inclinó hacia Henry.

52 "¡Sigue insistiendo!", le dijo con vehemencia, al tiempo que daba un puñetazo en la mesa.

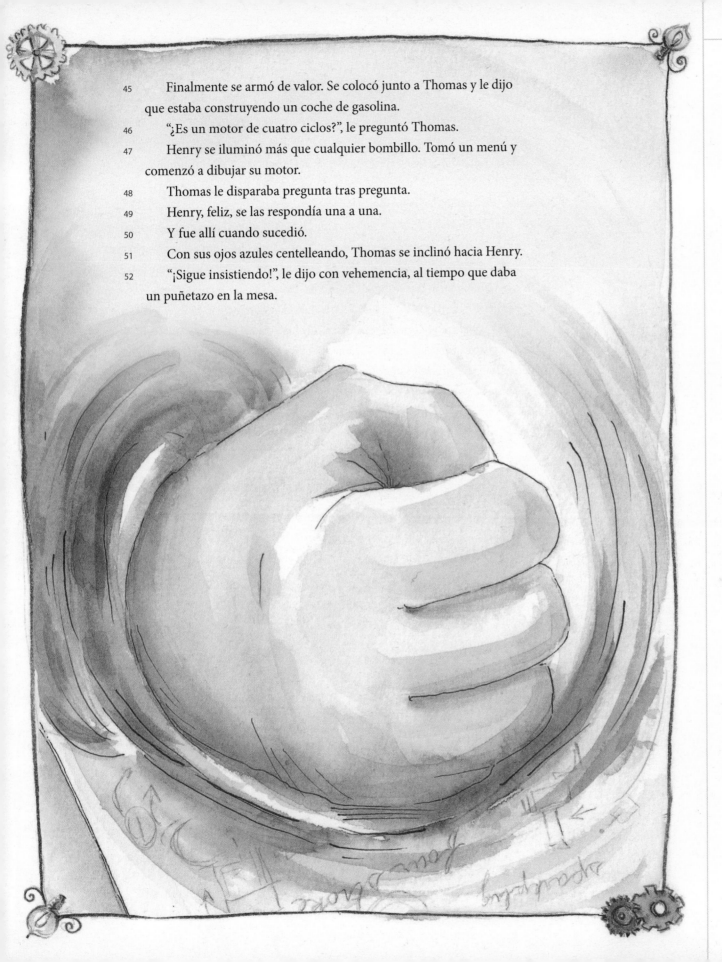

53 Henry sonrió.

54 *"¿Seguir insistiendo?"*

55 Henry se rió.

56 ¡Todo el tiempo había sabido cuál era el secreto de Thomas!

57 *Thomas Edison y Henry Ford son dos de los hombres más importantes en la historia de Estados Unidos. Thomas Edison fue inventor y hombre de negocios, más conocido por haber desarrollado el bombillo eléctrico de larga duración. Muchos inventores anteriores habían tratado de diseñar un bombillo para un uso amplio, pero sus versiones habían fracasado porque no lograban durar lo suficiente, eran muy caras de producir o usaban demasiada energía eléctrica. En 1879, y después de varios experimentos, Edison logró crear un bombillo que duraba 13.5 horas. Fue el primer bombillo incandescente comercial. Henry Ford fue un industrial que fundó la Ford Motor Company. Como Edison, sus esfuerzos no buscaban inventar algo, sino mejorarlo para que pudiera ser fabricado para el público general. Ford desarrolló y fabricó el primer automóvil que pudieron comprar muchos estadounidenses de la clase media. Edison y Ford fueron también buenos amigos que solían intercambiar consejos de negocios y hasta salían juntos de vacaciones. Edison fue la persona que le dio confianza a Ford para construir su propio automóvil de gasolina.*

Responder al texto

Conversación colaborativa

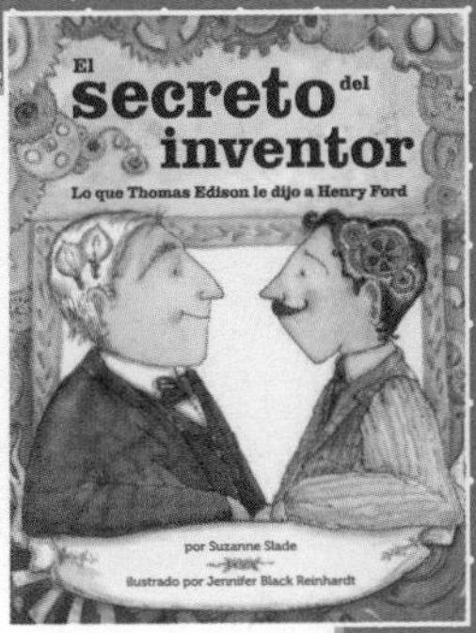

Repasa lo que escribiste en la página 18 y cuéntale a un compañero dos cosas que aprendiste de la lectura. Luego, comenta en grupo las preguntas de abajo. Halla detalles en *El secreto del inventor* que apoyen tus ideas. En tu conversación, responde a los demás haciendo preguntas y comentarios que amplíen sus ideas.

1. Vuelve a leer las páginas 20 a 25. ¿Qué palabras y acciones del texto muestran en qué se parecen Thomas y Henry?

2. ¿Cómo revela el autor lo que Henry siente por Thomas?

3. Explica qué quiere decir el autor con la última oración de la página 32: *¡Todo el tiempo había sabido cuál era el secreto de Thomas!*

Sugerencia para escuchar

Escucha atentamente las respuestas de los demás. ¿Qué preguntas tienes sobre sus ideas?

Sugerencia para hablar

Haz preguntas para animar al que habla a desarrollar más el tema. Agrega tus propios comentarios para ampliar las ideas del que habla.

Escribir un informe personal

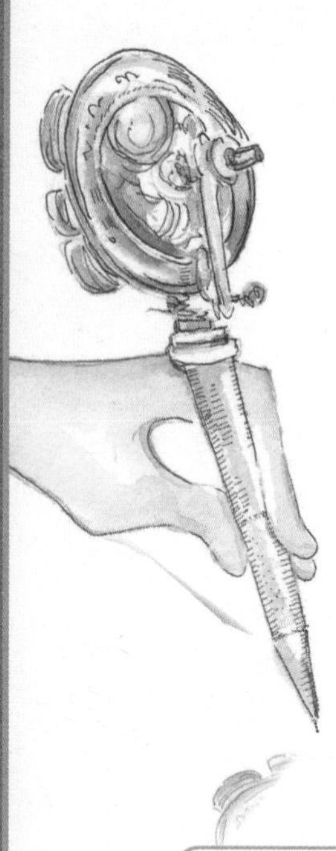

TEMA PARA DESARROLLAR

En *El secreto del inventor*, leíste cómo aprende Henry de Thomas que el "secreto" del éxito es simplemente no darse por vencido.

Imagina que tu clase está creando una colección de relatos personales sobre el camino al éxito. Piensa en una ocasión en que hayas tenido que "perseverar" para tener éxito. Escribe un informe personal de dos párrafos que cuente sobre un desafío que hayas enfrentado y qué tuviste que hacer para superarlo. Usa evidencia de *El secreto del inventor* en tu informe personal. No te olvides de usar en tu informe algunas de las palabras del Vocabulario crítico.

PLANIFICAR

Toma notas sobre las ideas principales y los detalles importantes relacionados con la superación de un desafío. Luego, usa una tabla de dos columnas para comparar y contrastar un desafío que hayas enfrentado con uno que enfrente alguien en el texto.

ESCRIBIR

Ahora escribe tu informe personal sobre un desafío que hayas tenido que enfrentar.

Asegúrate de que tu informe personal

- ☐ presente el desafío que tuviste que enfrentar.
- ☐ describa cómo superaste el desafío.
- ☐ se pueda comparar y contrastar con el texto.
- ☐ use detalles sensoriales para describir la experiencia.
- ☐ incluya una conclusión.

Mis notas

Observa y anota
Contrastes y contradicciones

Prepárate para leer

ESTUDIO DEL GÉNERO Los **artículos de revista** dan información sobre un tema, persona o acontecimiento.

- Los artículos de revista a menudo cuentan acontecimientos en orden secuencial, o cronológico, para ayudar a los lectores a comprender qué sucedió y cuándo.
- Los artículos de revista a menudo incluyen elementos visuales, como fotografías con leyendas.
- Los artículos de revista pueden incluir palabras específicas al tema o ideas que se estén tratando.

ESTABLECER UN PROPÓSITO **Piensa en** el título y el género de este texto. ¿Qué sabes sobre la energía eólica? ¿Qué quieres aprender? Escribe tus ideas abajo.

VOCABULARIO CRÍTICO

- irrigar
- inspector
- fotografiado
- auditorio
- prestigioso
- empobrecidos

Desarrollar el contexto: Energía alternativa

Mis notas

Vientos de esperanza

por Katy Duffield

Mis notas

1 *El viento arremolinaba* el ardiente polvo rojo mientras William Kamkwamba se encorvaba entre surcos de *chimanga* o maíz, cerca de la casa de barro con techo de paja donde habitaba su familia en Malaui, África. Mientras el sol abrasador quemaba su espalda, el joven de catorce años envolvía su mano alrededor de un tallo marchito. En lugar de estar verde y macizo, el maíz estaba seco y quebradizo. Había crecido apenas hasta la rodilla. Debería haber crecido hasta el pecho de su padre, pero las lluvias no habían llegado para nutrirlo.

William Kamkwamba

2 La sequía del 2001 se alargaba más y más. Durante meses, en la familia de William el maíz había alcanzado para hacer una sola comida al día. Después, solo para un puñado por la noche y luego, solamente para cuatro bocados. Mientras se ponían más y más delgados, William temía que todos se murieran de hambre.

3 La primavera siguiente, William y su padre sabían que lo único que podían hacer era empezar de nuevo. Sembraron un maizal nuevo. Esta vez llegaron las lluvias. El maíz creció hasta el tobillo, hasta la rodilla, hasta el pecho.

4 William esperaba que la vida retornara a la normalidad. Había trabajado duro para pasar los exámenes de ingreso a la secundaria. Sin embargo, cuando empezaron las clases, su papá le explicó que, a causa de la sequía, no había dinero para pagar su matrícula. Parecía que la educación de William iba a terminar en el octavo grado.

5 Aunque no podía asistir a la escuela, William todavía quería aprender. Sentía curiosidad por muchas cosas. Desarmaba radios tratando de descubrir cómo se producía la música. Un día, volteando una bicicleta y moviendo los pedales con la mano, se dio cuenta de que el dínamo que generaba electricidad para el foco delantero podía conectarse para que encendiera una radio en vez del foco.

6 Algunos días William visitaba la biblioteca del pueblo. Tenía solo tres estantes, pero él encontraba libros que le interesaban: libros de ciencias acerca de cómo funcionaban las cosas. Un día, mientras buscaba un diccionario en el estante inferior, encontró un libro que no había visto antes, metido detrás de los otros. Era un libro de texto de escuelas norteamericanas titulado *Utilización de la energía*. En la cubierta del libro había una foto de una hilera de molinos de viento, altas torres de acero con aspas que giraban como ventiladores gigantes.

7 De este libro William aprendió que el viento —algo de lo cual había bastante en Malaui— podía producir electricidad. ¡William estaba encantado! Solo el dos por ciento de las casas de Malaui tenían electricidad. Si pudiera fabricar un molino de viento, la casa de su familia tendría luz eléctrica. Y un molino de viento serviría para bombear agua e irrigar los campos de maíz de la familia. Si viniera otra sequía, el molino de viento proveería el agua para vivir.

8 William podía ver en su mente la clase de molino de viento que quería fabricar, pero le llevaría meses reunir las piezas y las herramientas necesarias para lograrlo. En un depósito de chatarra frente a la escuela secundaria, William buscó, entre pilas de metal retorcido, autos oxidados y tractores gastados, cualquier cosa que lo ayudara a construir su máquina. Tomó el anillo de rodamiento de una vieja máquina de moler maní y el ventilador de un motor de tractor. Abrió un amortiguador y le sacó de adentro el pistón de acero. Hizo unas aspas de cuatro pies de largo con un tubo plástico que había derretido al fuego, aplastado y endurecido con varas de bambú.

9 Con el dinero que ganó cargando troncos en un camión, le pagó a un soldador para que sujetara el pistón al piñón del pedal de un cuadro de bicicleta viejo. Este sería el eje del molino de viento. Cuando el viento soplara, las aspas giratorias harían que la rueda de la bicicleta diera vueltas—como si alguien pedaleara— y harían girar un pequeño dínamo. Aunque no tenía dinero para uno, un amigo vino al rescate y le compró un dínamo sacado de la bicicleta de un hombre que encontró en el camino.

10 Cuando reunió todas las piezas, William las sacó del rincón de su dormitorio, las colocó afuera a la sombra de una acacia y comenzó a unirlas. Como no tenía un taladro para hacer orificios para los tornillos, metió un clavo en una mazorca de maíz, lo calentó al fuego y empujó la punta a través de las aspas plásticas. Atornilló las aspas al ventilador del tractor, usando las juntas que había hecho con tapas de botellas. Después, empujó el ventilador sobre el pistón soldado al cuadro de la bicicleta. Con la ayuda de sus dos mejores amigos, William fabricó una torre de 16 pies de altura con troncos de árboles de eucalipto y elevó hasta el tope el molino de viento de noventa libras.

11 Los compradores, campesinos y negociantes podían ver la torre de William desde el mercado. Acudieron en una larga fila para averiguar en qué andaba el muchacho.

irrigar Irrigar las cosechas es suministrarles agua mediante un sistema de tuberías o mangueras de riego.

12 William supo que ese era el momento de enseñarles a todos que no estaba loco, de averiguar si su experimento funcionaba. Conectó dos alambres del dínamo a un enchufe de la luz que había hecho con un junco y que sostenía un pequeño bombillo. Mientras el viento azotaba en torno suyo, quitó el rayo doblado que había trabado en la rueda para asegurarla. Entonces, contuvo la respiración...

13 Las aspas comenzaron a girar, primero lentamente y, luego, a mayor velocidad. El bombillo comenzó a parpadear y, por fin, se encendió del todo. La multitud gritaba desde abajo.

14 Un mes más tarde William encontró cable suficiente para llegar del molino hasta su casa. Su familia se amontonó para maravillarse al ver que el pequeño bombillo se encendía en el cuarto de William. Bajo su luz, William leía *Física explicada* y se quedaba despierto mucho después de que los demás se iban a dormir.

El primo de William escala uno de los molinos de viento en la granja de Kamkwamba.

Los padres de William posan afuera de su casa. El molino de viento sobresale en el horizonte.

15 **En el 2006,** un inspector escolar vio el molino de viento y se lo informó a su director. La máquina de William ya le daba energía a cuatro luces y dos radios en su casa. Le había añadido un acumulador con interruptores caseros y un tablero de electricidad. También recargaba teléfonos celulares de los vecinos del pueblo.

16 Muy pronto William fue entrevistado en la radio y fotografiado para los periódicos. La historia del muchacho que con solo una educación de octavo grado había fabricado "viento eléctrico" se difundió a través de Internet.

17 En el 2007, el joven de 19 años que no había ido a la escuela durante cinco años fue llevado en un avión a Tanzania para hablar en la famosa conferencia TED, que presentaba innovadores de todo el mundo en Tecnología, Educación y Diseño. Batallando nerviosamente con su inglés, William recibió una estruendosa ovación del auditorio de inventores y científicos cuando describió modestamente lo que había hecho.

18 William fue aceptado en el prestigioso Darmouth College en Estados Unidos, donde estudió ciencia ambiental e ingeniería. Se graduó en el 2014. Actualmente se dedica a llevar electricidad por energía eólica y solar, y bombas de agua a pueblos empobrecidos de las zonas rurales de África.

inspector Un inspector revisa o examina algo cuidadosamente.

fotografiar Si alguien o algo fue fotografiado, quiere decir que se tomó su foto con una cámara u otro dispositivo.

auditorio Un auditorio es un salón grande donde el público se reúne para una presentación o actuación.

prestigioso Algo que es prestigioso es importante y destacado.

empobrecer Los pueblos empobrecidos son pueblos que se han vuelto más pobres.

Responder al texto

Conversación colaborativa

Repasa lo que escribiste en la página 36 y cuéntale a un compañero dos cosas que aprendiste de la lectura. Luego, comenta en grupo preguntas de abajo. Apoya tus respuestas con detalles de *Vientos de esperanza*. Antes de empezar la conversación, elijan a un líder para que se asegure de que todos en el grupo tengan la oportunidad de compartir ideas.

1. Vuelve a leer la página 38. ¿Qué detalles del texto muestran cómo afectó la sequía a William y su familia?

2. Repasa las páginas 40 a 41. ¿Qué hace William para encontrar las partes que necesita para construir un molino de viento? ¿Qué clase de destrezas para resolver problemas demuestra tener mientras está trabajando?

3. ¿Qué detalles del texto muestran cómo se siente William con respecto a ayudar a los demás?

Sugerencia para escuchar

Escucha atentamente a los demás. Espera hasta que el líder de tu grupo te pida que aportes tus ideas.

Sugerencia para hablar

Mira a los demás miembros del grupo mientras hablas. Habla en voz alta para que todos te oigan bien y pregunta si alguien tiene dudas sobre lo que dices.

Citar evidencia del texto

Escribir un artículo periodístico

TEMA PARA DESARROLLAR

En *Vientos de esperanza*, leíste que William se hace conocido en todo el mundo después de que los periódicos locales escriben sobre su molino de viento. Los periodistas deben prepararse para realizar entrevistas, de modo que puedan registrar los datos y los detalles más importantes relacionados con el artículo.

Imagina que eres periodista y tu periódico te ha enviado a entrevistar a William. Escribe un artículo periodístico sobre William y su molino de viento. Empieza por escribir preguntas para la entrevista. Las 6 palabras interrogativas básicas (*quién, qué, cuándo, dónde, cómo y por qué*) te ayudarán a crear preguntas que incluyan la información más importante. Luego usa la información del texto para responder tus preguntas como crees que lo haría William. No te olvides de usar en tu artículo algunas de las palabras del Vocabulario crítico.

PLANIFICAR

Usa las 6 palabras interrogativas básicas para preparar preguntas de entrevista que se enfoquen en las ideas principales y detalles importantes del texto. Luego, usa el texto para responder las preguntas como lo haría William.

ESCRIBIR

Ahora escribe tu artículo periodístico sobre William y su molino de viento, de *Vientos de esperanza*.

Asegúrate de que tu artículo periodístico

- ☐ presente a William y su invento.
- ☐ haga y responda preguntas usando las 6 palabras interrogativas básicas.
- ☐ desarrolle el tema con datos y otros ejemplos del texto.
- ☐ use palabras y lenguaje informativos que demuestren comprensión.
- ☐ termine con un enunciado de conclusión.

Mis notas

Observa y anota
Contrastes y contradicciones

Prepárate para leer

ESTUDIO DEL GÉNERO Los **textos informativos** dan datos y ejemplos sobre un tema.

- Los autores de los textos informativos pueden organizar sus ideas usando encabezados y subtítulos, agrupando ideas principales y detalles clave, o explicando causas y efectos.
- Los textos científicos también incluyen palabras específicas del tema.
- Los textos informativos incluyen elementos visuales, como tablas, diagramas, gráficos, líneas de tiempo y mapas.

ESTABLECER UN PROPÓSITO **Piensa en** el título y el género de este texto. ¿Qué sabes sobre los deportes en sillas de ruedas y cómo afectan la vida de quienes no pueden caminar? ¿Qué quieres aprender? Escribe tus ideas abajo.

VOCABULARIO CRÍTICO

- maniobrar
- se especializó
- élite
- objetivo
- tradicional

Desarrollar el contexto: Deportes para personas con discapacidades físicas

Deportes en silla de ruedas:

De aladeltista a vendedora de sillas de ruedas

Por Simon Shapiro

ilustraciones de Theo Krynauw y Warwick Goldswain

En su nueva silla de ruedas, Marilyn Hamilton sobresalió en el tenis: ganó dos veces el Campeonato abierto femenino en silla de ruedas de los Estados Unidos, tanto en la categoría individual como en la de dobles. (Y por fin logró tener su silla de ruedas amarilla).

1 Antes de lanzarse desde una montaña, hay que hacer ciertas cosas.

Por lo general, Marilyn Hamilton las hacía y disfrutaba planeando en su ala delta por la Sierra Nevada de California. Pero un día de 1978, olvidó sujetar el arnés al ala delta. Tuvo suerte de no matarse, pero se quebró la espalda a raíz del choque. Ese pequeño error no solo le cambió para siempre la vida a Marilyn Hamilton a los 29 años, sino que contribuyó a cambiarle la vida a millones de otras personas.

2 Marilyn nunca volvió a caminar. Después de su hospitalización y de tres semanas de terapia, recibió una silla de ruedas y aliento para seguir adelante con su vida. Si bien estaba dispuesta a hacerlo, se preocupaba por las cosas que nunca volvería a hacer, como correr, andar en bicicleta, jugar al squash y el ráquetbol, practicar senderismo y volar en ala delta.

3 Pero Marilyn Hamilton estaba decidida a vivir una vida plena y activa, y estaba dispuesta a probar cosas nuevas. El tenis normal no era posible, pero un amigo logró que ella empezara a practicar tenis en silla de ruedas. Era extremadamente difícil, y al final del día volvía de la cancha a su casa con las manos llenas de ampollas. ¡No soportaba la silla de ruedas! La estructura de acero la hacía pesada (cerca de 27 kilogramos, equivalente a 60 libras) y difícil de maniobrar. Y era espantosa. Sentirse atrapada en esa silla de ruedas era todo lo contrario a volar en un ala delta. Y un día esa diferencia le dio una idea.

maniobrar Maniobrar algo quiere decir moverlo u operarlo con las manos o los pies.

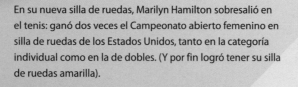

Mis notas

4 Marilyn Hamilton habló con dos amigos que fabricaban alas delta. Los convenció de que le fabricaran una silla de ruedas con la tecnología de las alas delta. Esta nueva silla tenía una estructura de aluminio que la hacía fuerte, pero liviana; tenía la mitad del peso de su silla de ruedas anterior, y le permitía moverse de verdad. Hasta se veía bonita. Sin ir más lejos, la única razón por la que no era absolutamente perfecta era su color azul; ella la hubiera preferido amarilla.

5 Marilyn y sus amigos supieron que iban por buen camino. Ella no podía ser la única persona que buscara una silla de ruedas más liviana y más rápida. Formaron una empresa que fabricaba y vendía sillas de ruedas "Quickie" (rápidas) y que se especializó en satisfacer las necesidades de los atletas. La empresa tuvo un éxito enorme.

especializarse Si una empresa se especializó en algo, proporcionó un tipo de producto específico.

Deportes en silla de ruedas

Los deportes en silla de ruedas son muy competitivos y exigentes. El estado físico, la destreza y la fortaleza de la parte superior del cuerpo de los atletas de élite en silla de ruedas son asombrosos. El básquetbol en silla de ruedas es muy parecido al básquetbol de pie. Simplemente se adapta el reglamento a la silla de ruedas. Por ejemplo, se permiten solo dos impulsos antes de que el jugador deba hacer botar el balón. El rugby en silla de ruedas fue desarrollado por un grupo de atletas canadienses cuyas funciones reducidas en los brazos y las manos no les permitían competir en básquetbol. El objetivo es llevar la pelota más allá de la línea de meta de los oponentes.

élite Los miembros de élite de un grupo son los mejores o más hábiles.

objetivo Un objetivo es un propósito.

Mis notas

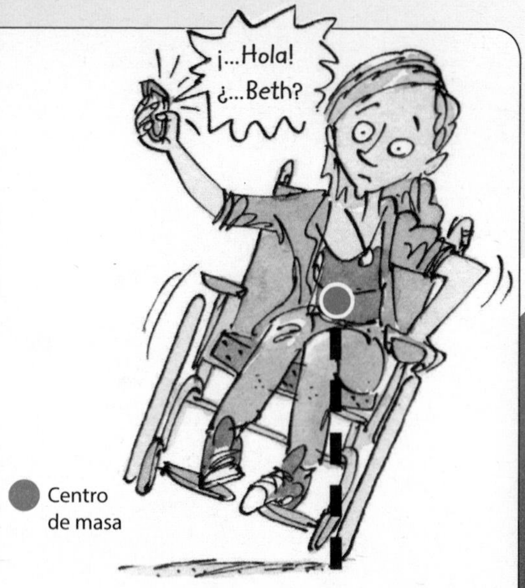

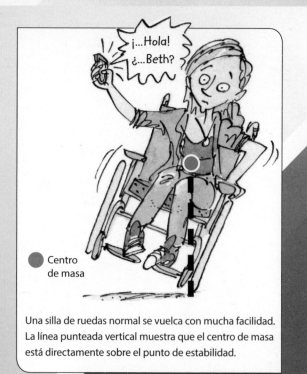

Una silla de ruedas normal se vuelca con mucha facilidad. La línea punteada vertical muestra que el centro de masa está directamente sobre el punto de estabilidad.

Por qué son mejores

6 Es fácil entender por qué una silla de ruedas liviana es mejor para los atletas que una silla de ruedas tradicional. De hecho, sir Isaac Newton descifró en 1687 las fórmulas matemáticas exactas para explicarlo, pero estas son las básicas:

- para trasladar algo pesado, se debe empujar más fuerte;
- con el mismo impulso, algo liviano se moverá más rápido que algo pesado; y
- es más fácil detener un objeto liviano que uno más pesado.

7 Resulta obvio que una silla de ruedas más liviana le permita a un atleta moverse más velozmente, detenerse más rápido y cambiar de dirección con facilidad. Lo único que *no* es obvio es por qué aún no se le había ocurrido a nadie fabricar una silla de ruedas liviana especialmente para atletas. Parece que hubo que esperar a que Marilyn Hamilton la inventara: no solo entendía ella la necesidad, sino que su conocimiento de la tecnología de las alas delta permitió que su sueño se convirtiera en realidad.

8 El poco peso de la Quickie fue su mayor innovación. Pero Marilyn y sus amigos no se detuvieron ahí. Trabajaron intensamente para saber qué más necesitaba un atleta. Finalmente se le dio más estabilidad a la Quickie con un centro de masa más bajo y una distancia entre los ejes mayor que la de una silla de ruedas tradicional. Un objeto se vuelca cuando el centro de masa está directamente sobre el punto de estabilidad. El diagrama de arriba muestra que, con un centro de masa más bajo y una mayor distancia entre los ejes, la silla de ruedas deportiva debe inclinarse a un ángulo mucho mayor para que se vuelque.

tradicional Algo es tradicional porque se ha hecho de determinada manera durante mucho tiempo.

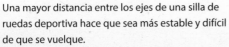

Una mayor distancia entre los ejes de una silla de ruedas deportiva hace que sea más estable y difícil de que se vuelque.

9 En una silla de ruedas se crea un centro de masa más bajo al colocar el asiento más abajo. La Quickie también permite que los mismos atletas ajusten la altura. La mayor distancia entre los ejes se logra usando ruedas con un ángulo de combadura negativo. Esto quiere decir que las ruedas no están en posición vertical sino inclinadas, de tal manera que en su parte superior están más juntas que en su parte inferior.

10 Otra ventaja del ángulo de combadura negativo es que los atletas alcanzan las ruedas más fácilmente. La parte superior de las ruedas está cerca del cuerpo del atleta, de modo que las manos las impulsan prácticamente en la misma línea de los hombros y no hacia los lados. Esto permite un impulso más fuerte. El diagrama muestra cómo funciona. El hombro es el punto de apoyo, y los músculos de la parte superior del brazo hacen el esfuerzo. La fuerza resultante se transmite a través de la mano. Cuanto más lejos del hombro esté la mano al dar un impulso, menor será la fuerza resultante.

Comparación de una rueda tradicional con una rueda con combadura: la rueda con combadura de la izquierda mantiene la mano más cerca del cuerpo. Forma una palanca más eficaz y transmite un impulso más enérgico.

Mis notas

Puntos de estabilidad y centro de masa

Si quieres experimentar cómo funcionan el centro de masa y el punto de estabilidad, toma una lata de verduras de la alacena. Marca la mitad de la etiqueta con un punto. El centro de masa está en la mitad de la lata, justo detrás de la marca. Mirando la lata de frente, sujétala por el borde justo donde se equilibra, pero está a punto de volcarse. ¿Te das cuenta de dónde está el punto? Justo por encima del borde de la lata. Haz lo mismo con una lata de menor altura, como la que contiene atún. No quedan dudas de cuál es más estable.

La gran idea de Guttmann

11 El doctor Ludwig Guttmann fue un neurocirujano alemán que huyó a Inglaterra antes de la Segunda Guerra Mundial. Durante la guerra, estuvo a cargo del hospital Stoke Mandeville, donde trataban a los soldados con heridas en la médula espinal. Antes de Guttmann, estos pacientes permanecían en la cama, sin hacer nada. Sufrían dolorosas escaras, infecciones en los riñones y en la vejiga y, por lo general, morían después de varios meses de sufrimiento. Nadie esperaba que volvieran a estar activos.

12 Guttmann se negó a aceptar esta situación. Él creía que estos pacientes podrían abandonar el lecho y estar activos haciendo deportes. Consiguió que asignaran al hospital un sargento para que hiciera que los pacientes postrados atraparan un pesado balón terapéutico. (Necesitaban desarrollar suficiente fuerza en los brazos para poder alzarse a sí mismos a una silla de ruedas). Luego empezaban los juegos de verdad. La actividad no era opcional, era prescripción médica. Los pacientes practicaban tiro con arco y dardos, natación y tenis de mesa. Inventaron el polo y el básquetbol en silla de ruedas. Increíblemente, los pacientes obtenían pronto el alta del hospital para irse a casa y llevar una vida activa.

13 En 1948, Guttmann organizó en el hospital la primera competencia anual en silla de ruedas. En 1952 los competidores holandeses hicieron que estos juegos alcanzaran nivel internacional. Ocho años más tarde, se celebraron de manera paralela a los Juegos Olímpicos. Actualmente, los Juegos Paralímpicos se celebran inmediatamente después de los Juegos Olímpicos en las mismas ciudades. En 1980 Guttmann vio a 300 atletas ingresar en el estadio olímpico de Roma para los Juegos Paralímpicos. En la actualidad, esa cantidad ha aumentado a más de cuatro mil atletas.

Responder al texto

Conversación colaborativa

Repasa lo que escribiste en la página 46 y cuéntale a un compañero dos cosas que aprendiste de la lectura. Luego, comenta en grupo las preguntas de abajo. Usa detalles y ejemplos de *Deportes en sillas de ruedas: De aladeltista a vendedora de sillas de ruedas* para apoyar tus respuestas. Ayuda a que la conversación de tu grupo se mantenga enfocada en una pregunta a la vez.

1. Vuelve a leer las páginas 48 a 49. ¿Qué llevó a Marilyn Hamilton a inventar un nuevo tipo de silla de ruedas?

2. Repasa la página 52. ¿En qué se diferenciaba la idea del doctor Guttmann para ayudar a sus pacientes de lo que se había hecho en el pasado?

3. ¿Qué características especiales hacen que las sillas de ruedas deportivas sean mejores para los atletas que las sillas de ruedas tradicionales?

Sugerencia para escuchar

Escucha atentamente lo que dice cada persona. Intenta agregar nuevas ideas o datos relacionados con la misma pregunta.

Sugerencia para hablar

¡Mantén enfocada la conversación! Habla solo del tema sobre el que tu grupo está conversando en este momento.

Citar evidencia del texto

Escribir un artículo de enciclopedia

TEMA PARA DESARROLLAR

En *Deportes en sillas de ruedas: De aladeltista a vendedora de sillas de ruedas*, leíste cómo Marilyn Hamilton halló inspiración en su propia lesión para diseñar un nuevo tipo de silla de ruedas para atletas.

Imagina que con tu clase están creando una enciclopedia de inventores. Escribe un artículo que cuente sobre Marilyn Hamilton y su importante invento. Empieza tu artículo con una oración temática que presente a tus lectores la idea principal y haga que quieran saber más. Usa tu comprensión de los datos y detalles del texto para contar a los lectores acerca de la vida de Marilyn antes de su lesión, describir su lesión, explicar su invento y mostrar cómo este ayudó a otras personas. No olvides usar en tu escritura algunas de las palabras del Vocabulario crítico.

PLANIFICAR

Toma notas sobre las ideas principales y los detalles importantes de la vida y el invento de Marilyn Hamilton.

ESCRIBIR

Ahora escribe tu artículo de enciclopedia acerca de la vida y el invento de Marilyn Hamilton.

Asegúrate de que tu artículo de enciclopedia
☐ presente el tema con una oración temática.
☐ incluya encabezados y otros elementos visuales.
☐ incluya datos y detalles sobre la vida y el invento de Marilyn Hamilton.
☐ use palabras informativas sobre el invento de Marilyn Hamilton.
☐ incluya un enunciado de conclusión.

Mis notas

Observa y anota
Contrastes y contradicciones

Prepárate para leer

ESTUDIO DEL GÉNERO Los **textos de fantasía** son relatos imaginativos con personajes y acontecimientos que no son reales.

- La trama de un relato de fantasía suele incluir un conflicto, o problema, y su resolución, o cómo se resolvió.
- Los relatos de fantasía con frecuencia incluyen detalles sensoriales y lenguaje figurado para desarrollar el ambiente y los personajes.
- Los relatos de fantasía pueden incluir ilustraciones para describir a los personajes y el ambiente y dar pistas sobre la trama.

ESTABLECER UN PROPÓSITO **Piensa en** el título y el género de este texto. Mientras lees, presta atención a los detalles del texto y a las ilustraciones que describen los inventos del capitán Arsenio. ¿Qué crees que quiere hacer el capitán Arsenio? Escribe tus ideas abajo.

VOCABULARIO CRÍTICO

- impulso
- apasionado
- contribución
- distinguidas
- excéntricos
- circunstancias
- evidentemente
- aceleración
- prototipo
- concibió

Conoce al autor e ilustrador: Pablo Bernasconi

Mis notas

EL CAPITÁN ARSENIO

INVENTOS Y (DES)VENTURAS DE VUELO

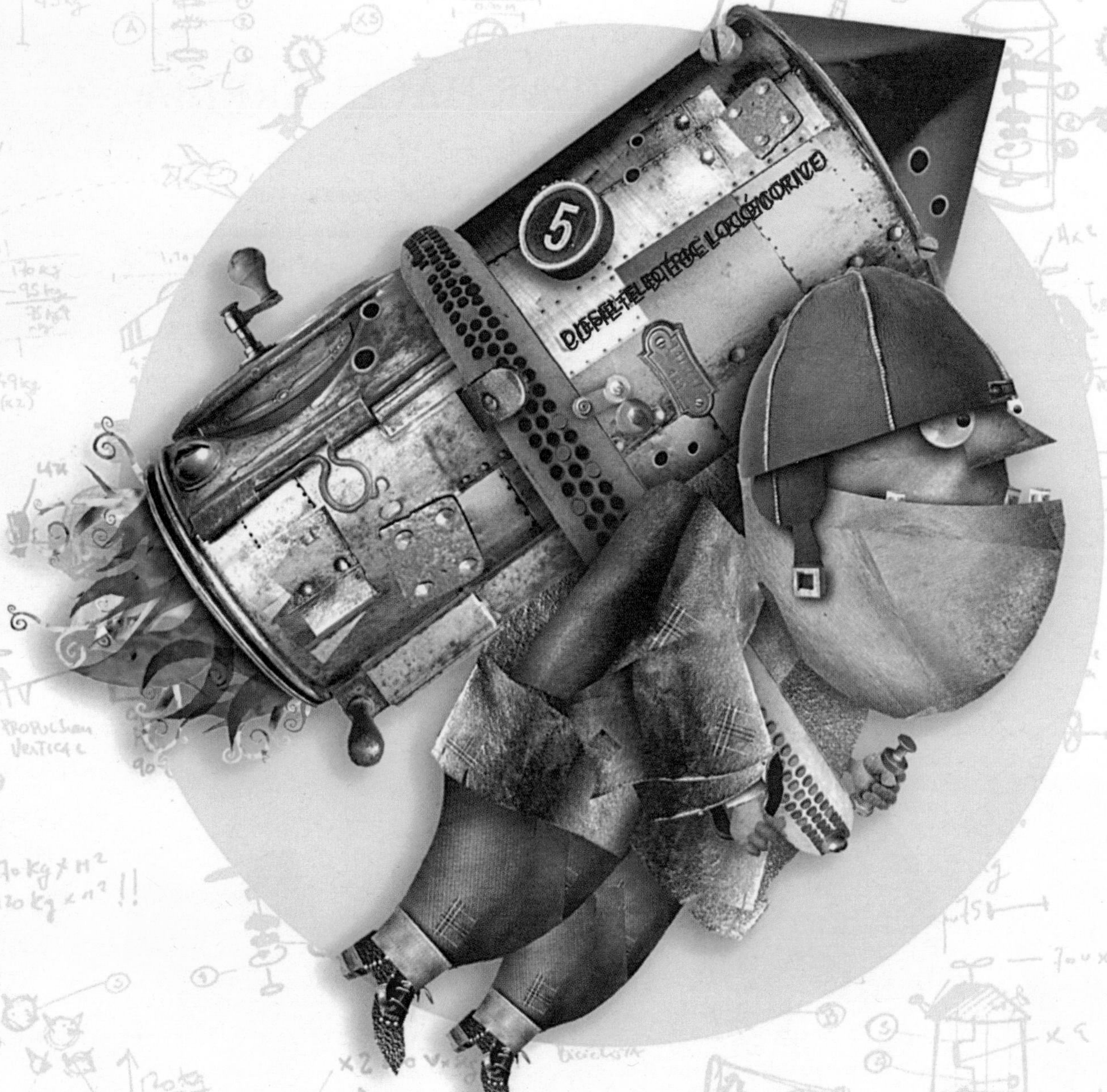

POR PABLO BERNASCONI

Y TODO POR MIRAR HACIA ARRIBA

1 Poder volar, uno de los anhelos más antiguos hasta ahora conocidos, ha inspirado cientos de creaciones increíbles. Desde Ícaro hasta los hermanos Wright, la historia ha sido testigo de miles de aventureros que han sentido el peligroso impulso de volar junto a los pájaros. Este apasionado impulso ha causado muchos fracasos.

2 Científicos, filósofos, médicos —e incluso algunos locos— han sido pioneros de la aviación, y cada uno de ellos ha hecho una contribución diferente, a veces correcta, a veces errónea, al sueño de volar. Esta es la historia de uno de estos hombres.

impulso Un impulso es un deseo de hacer algo.
apasionado Un sentimiento apasionado nos hace sentir emociones fuertes.
contribución Una persona que ayuda a realizar algo, hace una contribución a ese esfuerzo.

EL FINAL Y EL COMIENZO

3 Manuel J. Arsenio fue maestro quesero, herrero, buzo y capitán de embarcación, pero era descuidado. Por eso, a pesar de que le asignaron las tareas más sencillas en cada uno de estos oficios, no fue capaz de terminar ninguna de ellas con éxito. Este problema pudo ser la razón por la cual abandonó esos trabajos para entrar en las distinguidas páginas de la historia de la aviación.

4 Un soleado día de 1782, el capitán Arsenio decidió construir el primero de una larga serie de excéntricos proyectos que cambiarían su vida. Y aunque tenía pocos conocimientos de física o de mecánica, y solo tenía acceso a materiales inservibles, demostró gran paciencia y decisión a lo largo de sus experimentos de vuelo.

5 "Mis días de navegación y buceo han terminado; me retiro con dignidad, para comenzar una nueva etapa de mi vida que sin duda pasará a la historia. Voy a lograr lo que la humanidad ha deseado durante siglos: voy a construir una máquina voladora".

—Capitán Arsenio, 1 de mayo de 1782

EL DESCUBRIMIENTO

6 ¿Cómo es que sabemos acerca del capitán Arsenio? Hace tan solo un año se encontró por casualidad su diario, en circunstancias que se analizarán más adelante. En sus noventa páginas llenas de garabatos, notas y escritos técnicos, Arsenio desarrolló dieciocho diseños diferentes de una máquina voladora, cada uno de ellos original, disparatado y fantástico. Aquí exploramos tres de los dieciocho proyectos más influyentes que han contribuido a la aviación moderna.

7 El diario del capitán Arsenio es el manuscrito de aviación más antiguo y más precioso jamás conocido, solo superado por el de Leonardo da Vinci. Afortunadamente, el texto aún es legible, y las notas, diagramas e ideas de Arsenio nos llevan atrás en el tiempo para revelar el misterio oculto de los pensamientos del inventor.

8 "¿Por qué pueden volar los pájaros y nosotros no? ¿Qué cruel destino impide a las personas ver el mundo desde arriba, saborear las nubes y agotar grandes distancias a través del aire?"

—Capitán Arsenio, 7 de junio de 1783

distinguido Las personas o cosas distinguidas se conocen y se respetan por su excelencia.

excéntrico Son excéntricos aquellos que se comportan de modo extraño.

circunstancia El modo en que ocurrió un acontecimiento, o las causas de este, son sus circunstancias.

Mis notas

PROYECTO NÚMERO 1: **EL MOTOCANARIO**

9 El motocanario fue un ingenioso experimento que exigió mucho trabajo. Evidentemente, el capitán Arsenio tuvo más dificultad en encontrar suficientes pájaros y atarlos con una cuerda que en llegar a volar. Aunque el descubrimiento fue revolucionario, llevó dos días bajar al capitán del árbol en el que quedó atascado.

10 *"Los carros son arrastrados por caballos, los trineos por perros y los arados por bueyes. Pienso que si reúno suficientes pájaros, la fuerza sustentadora me ayudará a alcanzar las nubes. ¡No puede fallar!"*

—Capitán Arsenio, 18 de febrero de 1784

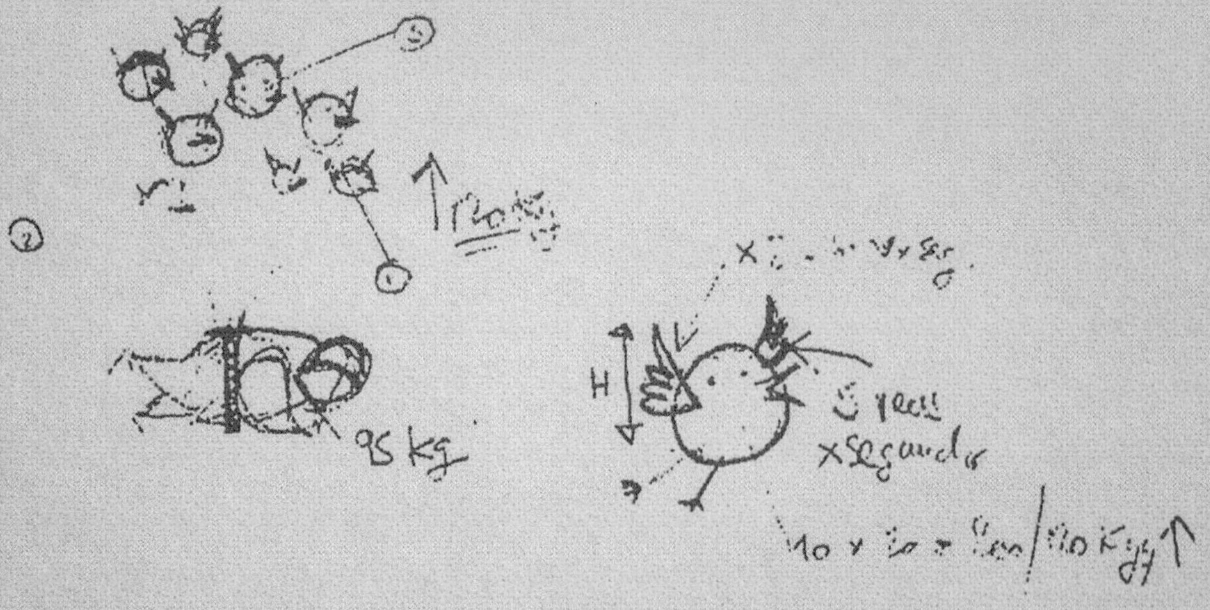

evidentemente Si algo ocurrió evidentemente, ocurrió por una razón obvia.

INDUSTRIA ARGENTINA

Mis notas

DIARIO DE VUELO

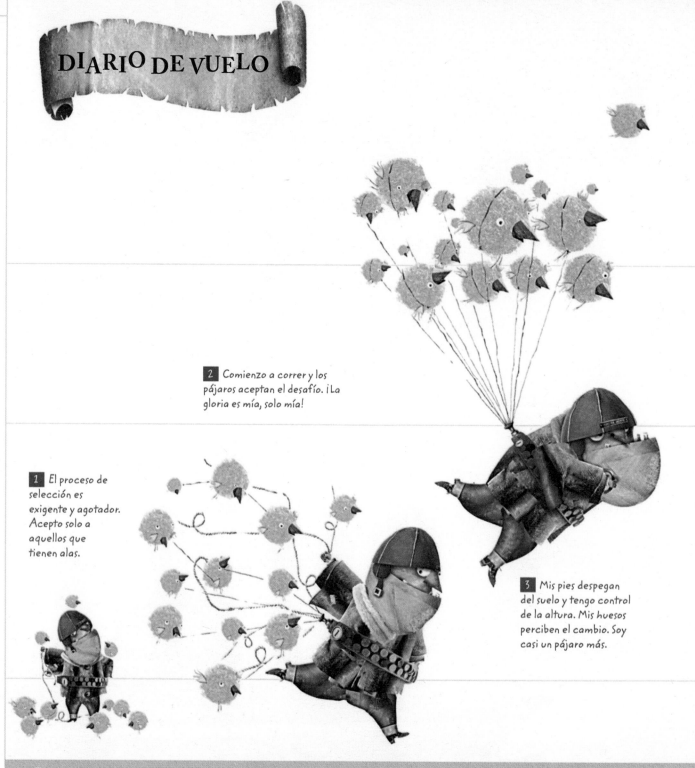

2 Comienzo a correr y los pájaros aceptan el desafío. ¡La gloria es mía, solo mía!

1 El proceso de selección es exigente y agotador. Acepto solo a aquellos que tienen alas.

3 Mis pies despegan del suelo y tengo control de la altura. Mis huesos perciben el cambio. Soy casi un pájaro más.

Fase 1: 14 h | Fase 2: 10 min | Fase 3: 4.5 s

NOTA: Por improbable que parezca, este diario nos muestra que el motocanario realmente voló unos pocos pies antes de estrellarse contra un árbol. Quizás el fracaso se deba a que el capitán Arsenio se fió de canarios poco confiables.

Mis notas

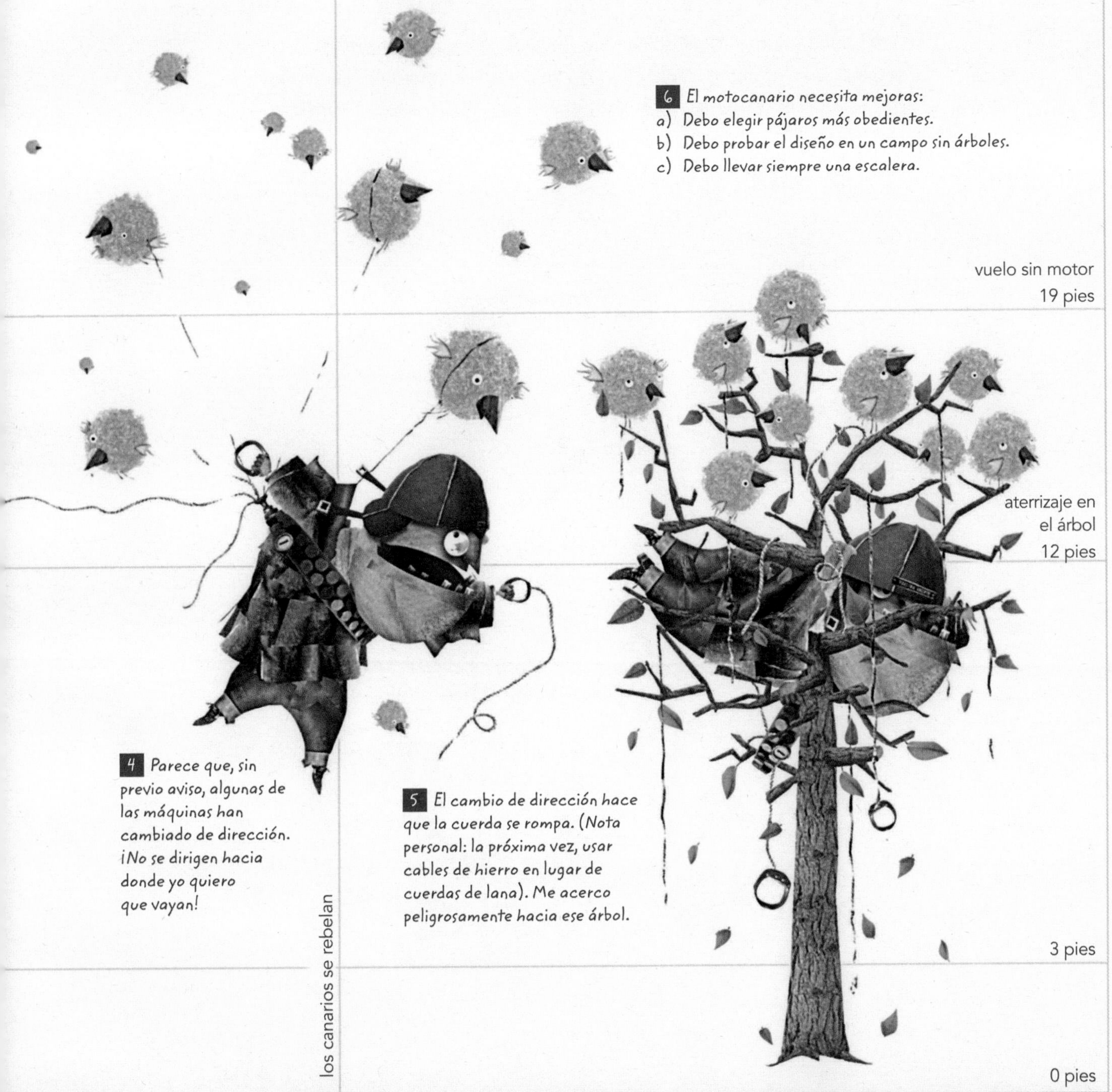

6 El motocanario necesita mejoras:
a) Debo elegir pájaros más obedientes.
b) Debo probar el diseño en un campo sin árboles.
c) Debo llevar siempre una escalera.

4 Parece que, sin previo aviso, algunas de las máquinas han cambiado de dirección. ¡No se dirigen hacia donde yo quiero que vayan!

5 El cambio de dirección hace que la cuerda se rompa. (Nota personal: la próxima vez, usar cables de hierro en lugar de cuerdas de lana). Me acerco peligrosamente hacia ese árbol.

Fase 4: 2 s

Fase 5: 1 s

Fase 6: tiempo total transcurrido: 2 días, 15 h, 10 min, 7.5 s

PROYECTO NÚMERO 2: **EL CORREDOR QUE VOLABA**

11 Una buena salud cardiovascular llegaría a ser un factor determinante en el segundo experimento del capitán Arsenio. La aceleración del corredor permitiría —de acuerdo a sus planes— que las alas batieran imitando el vuelo de un pájaro y elevaran la máquina. El control de la dirección es una incógnita.

12 *"Puedo despegar del suelo por el esfuerzo de una carrera enérgica, transferido a las pequeñas alas y multiplicado treinta veces por las poleas de transferencia.*
Carrera + alas = acceso al cielo. ¡No puede fallar!"
—Capitán Arsenio, 23 de marzo de 1785

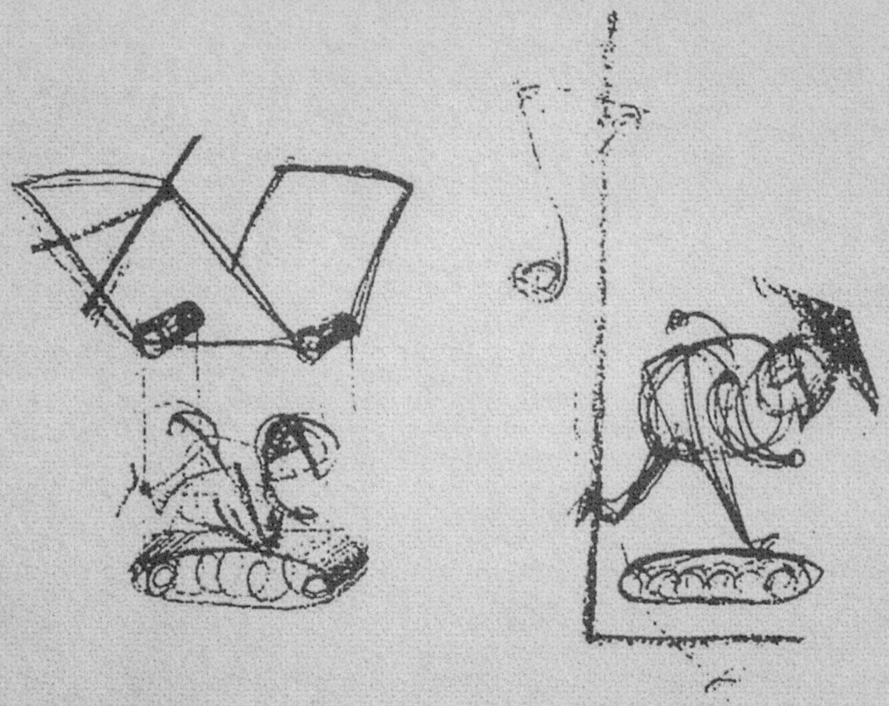

aceleración La aceleración es la acción de desplazarse cada vez más rápido.

Mis notas

DIARIO DE VUELO

1 Cuenta regresiva hasta cero. Me preparo para la gran carrera. Tengo fe.

2 Comienzo a acelerar y las alas parecen funcionar correctamente. Pero aún no me elevo.

3 La máquina comienza a elevarse a la máxima velocidad. Empiezo a sentirme muy cansado.

4 Todos los sistemas funcionan, la estabilidad está controlada, el prototipo es un éxito . . . hasta el momento.

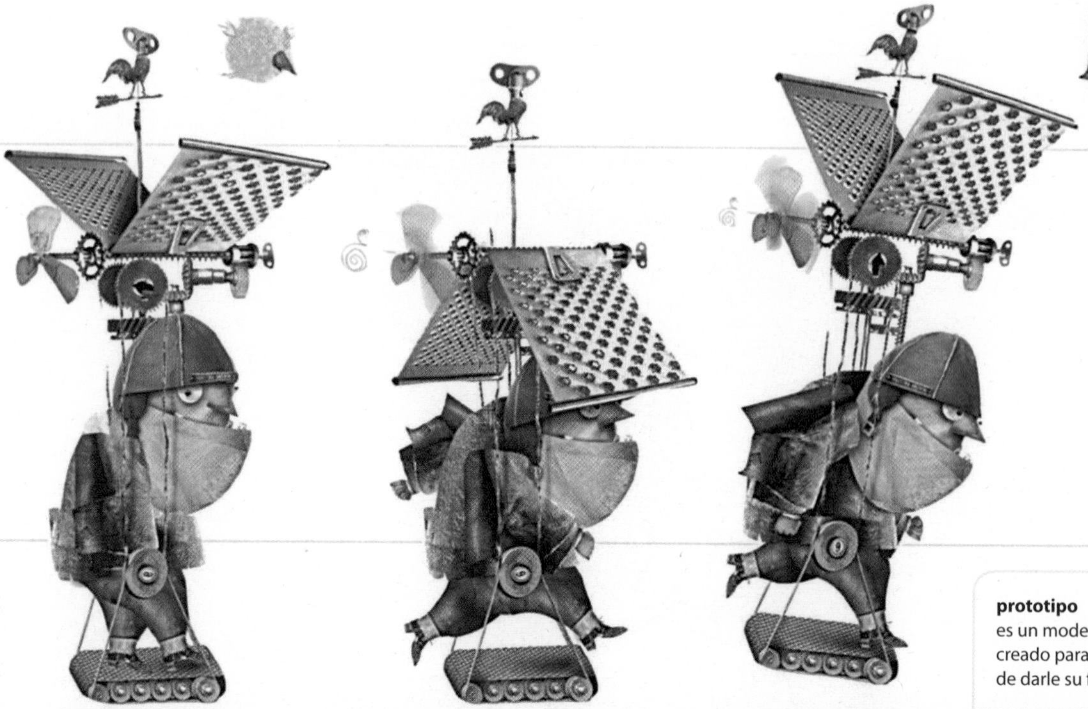

prototipo Un prototipo es un modelo aproximado, creado para probar algo antes de darle su forma definitiva.

Fase 1: en reposo | Fase 2: 21 min | Fase 3: 47 s | Fase 4: 1 min

NOTA: El lector puede notar que hay bastantes diferencias entre lo que está escrito y lo que sucedió realmente. Esto puede deberse al optimismo inquebrantable del capitán Arsenio (o a los muchos golpes en la cabeza que sufrió en sus experimentos).

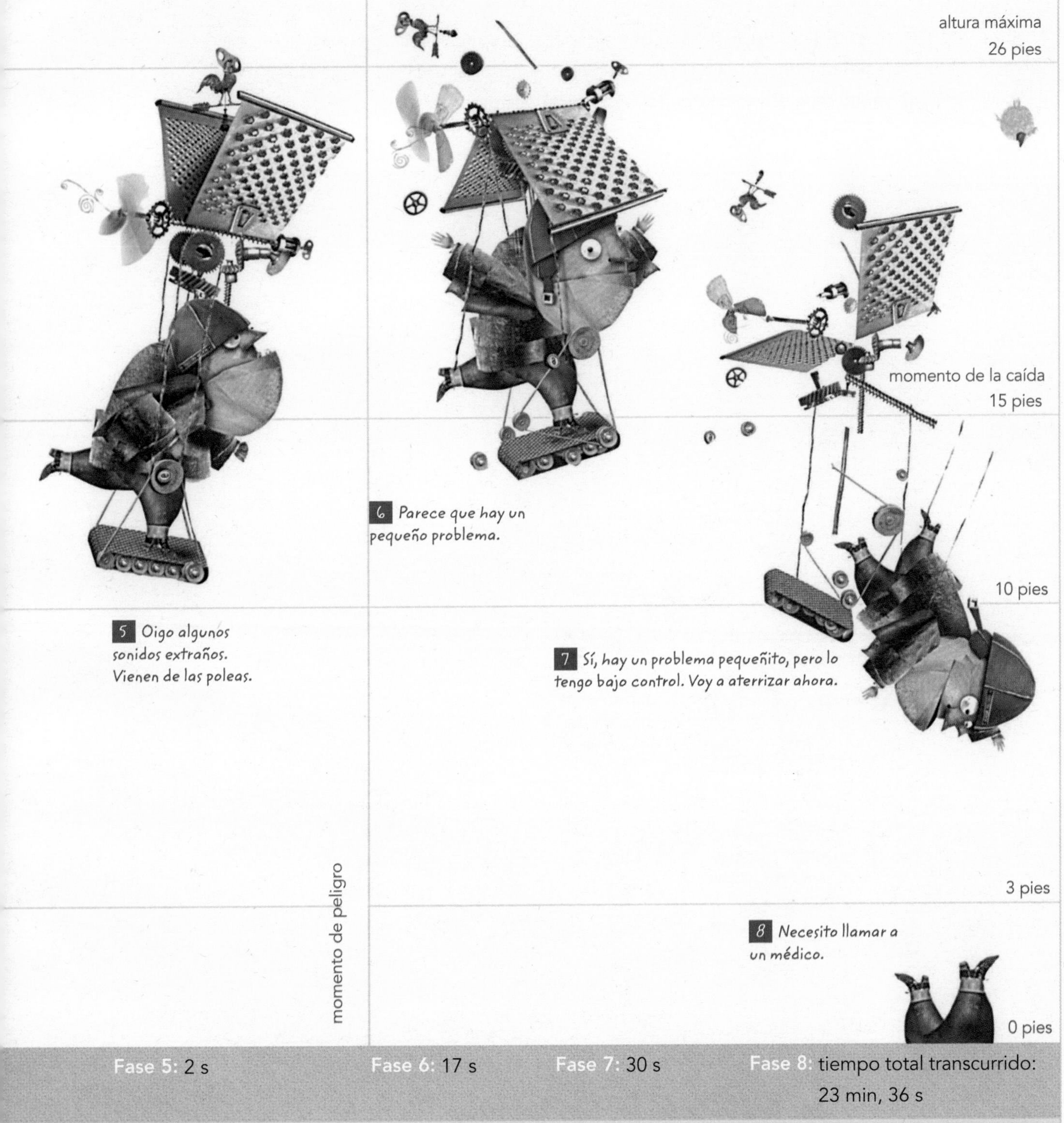
altura máxima
26 pies
momento de la caída
15 pies
10 pies
3 pies
0 pies
momento de peligro
5 Oigo algunos sonidos extraños. Vienen de las poleas.
6 Parece que hay un pequeño problema.
7 Sí, hay un problema pequeñito, pero lo tengo bajo control. Voy a aterrizar ahora.
8 Necesito llamar a un médico.
Fase 5: 2 s
Fase 6: 17 s
Fase 7: 30 s
Fase 8: tiempo total transcurrido: 23 min, 36 s

PROYECTO NÚMERO 3: **EL TIRABUZÓPTERO**

13 Nadie sabe qué le pasaba por la cabeza al capitán Arsenio cuando concibió este artilugio. Lo que sí sabemos, es que puso tanto énfasis en despegar del suelo, que olvidó una parte medular del asunto: cómo mantenerse en el aire. Los resultados son evidentes.

14 *"Todos los mecanismos de propulsión pasados estaban errados. Necesito hallar una manera de vencer la gravedad, a pesar de mi generoso peso. La compresión de dos resortes de metal debería surtir efecto; anticipo un gran salto. Pero me colocaré dos pequeñas alas en la espalda, por si acaso. ¡No puede fallar!"*

—Capitán Arsenio, 15 de noviembre de 1785

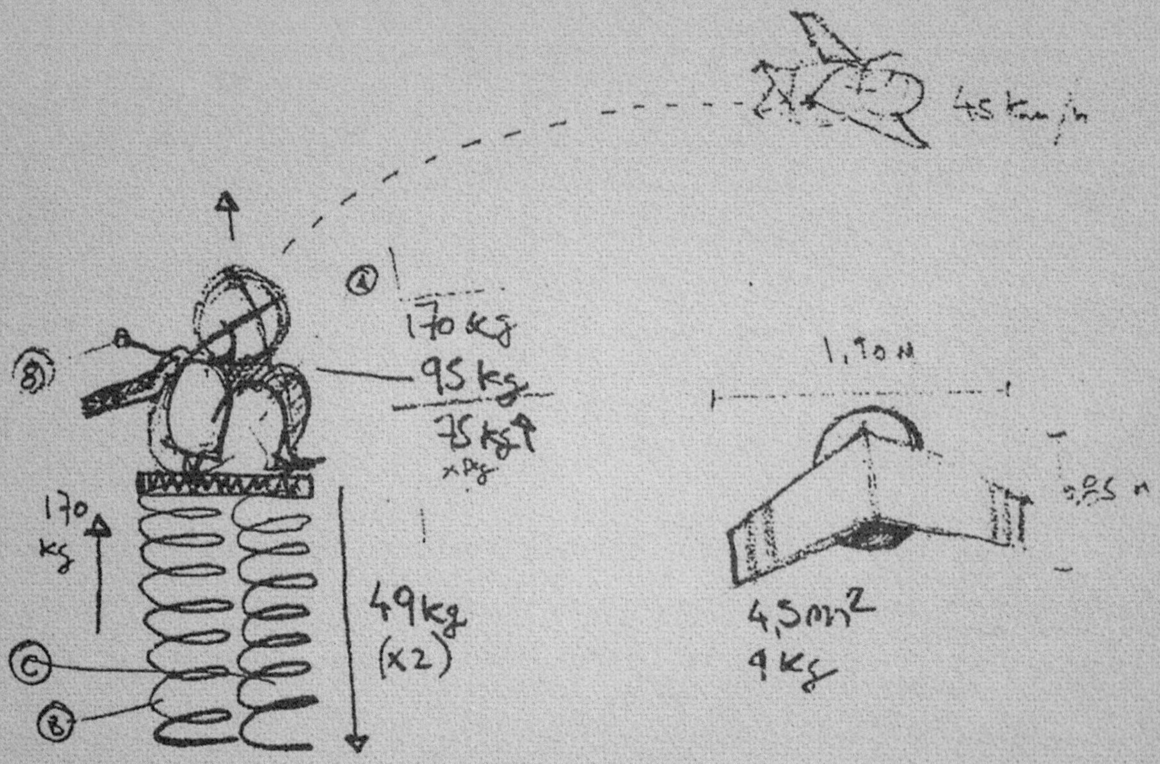

concebir Si alguien tuvo la idea de crear algo, la concibió.

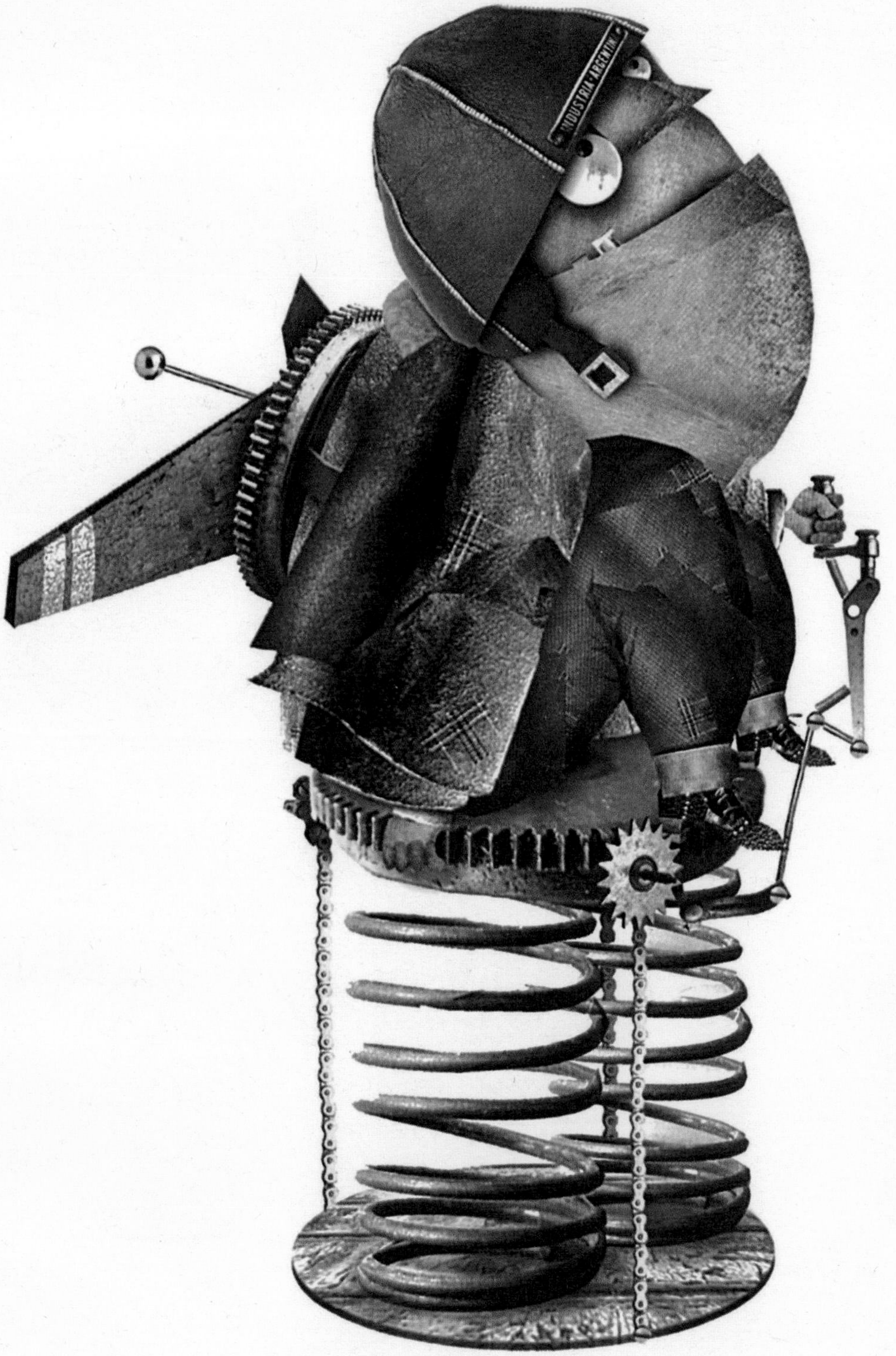
INDUSTRIA ARGENTINA

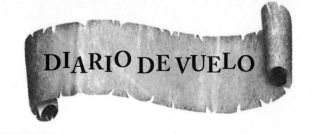

DIARIO DE VUELO

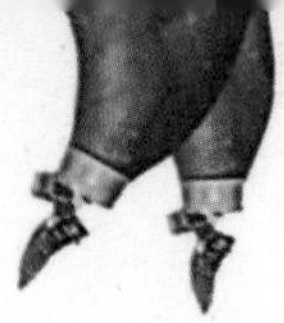

3 ¡¡Uh!! La aceleración es violenta. He vencido la gravedad sin problemas.

1 Todo está listo para el despegue. El salto es posible.

2 Comienzo la cuenta regresiva: 10, 9, 8, 7, 6, 5, 4, 3, 2, 1.

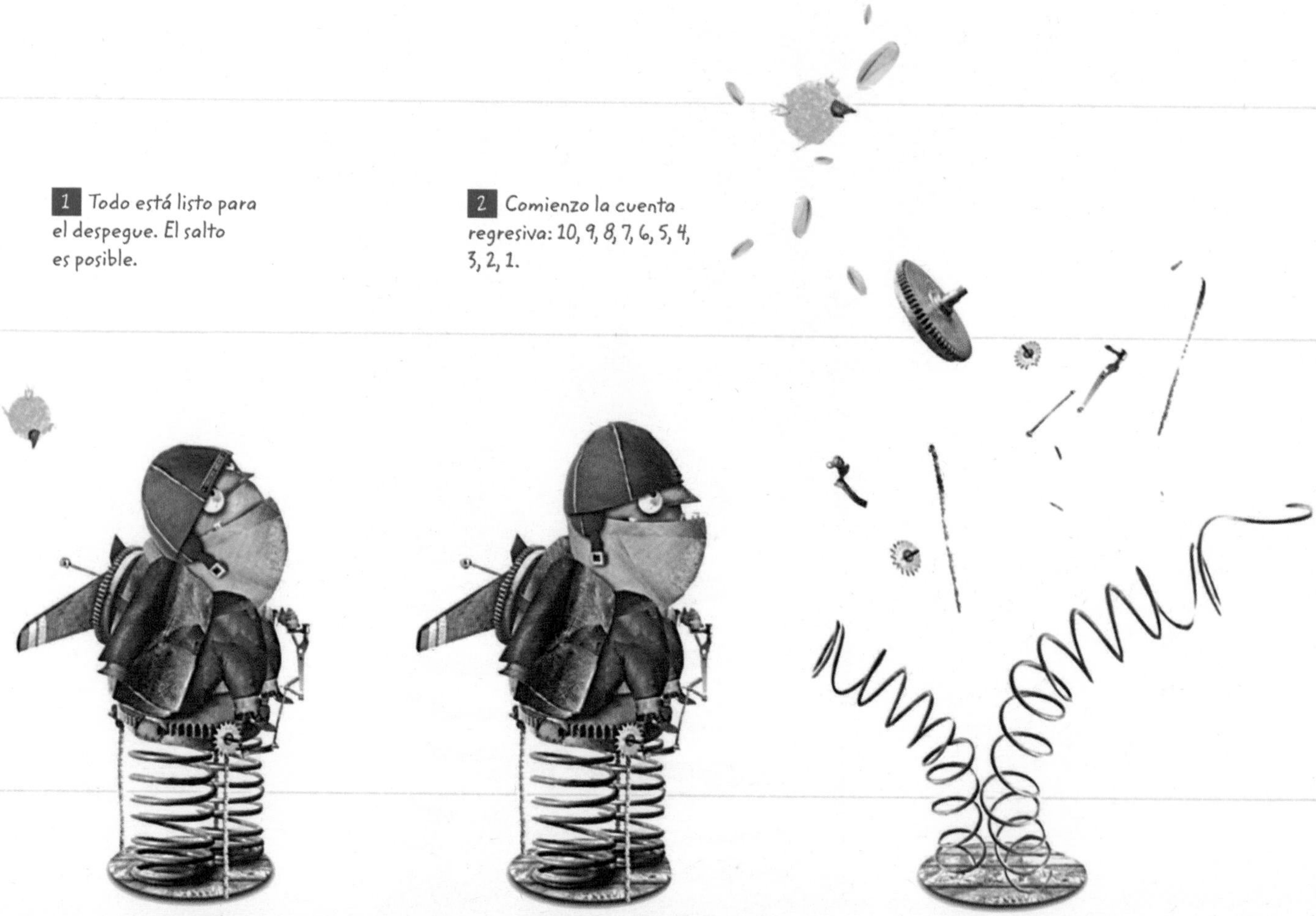

Fase 1: en reposo

Fase 2: 10 s

Fase 3: 3.5 s

NOTA: Este documento es único en su tipo; no hay datos registrados de ninguna persona que haya sobrevivido a tal caída, ni antes ni después.

altura máxima desconocida

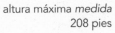

4 Ya he atravesado las nubes; comienzo el descenso controlado.

5 Ahora les toca a las alas.

altura máxima *medida*
208 pies

99 pies

6 El descenso está completamente bajo control, aunque las alas no responden como esperaba.

50 pies

7 El médico no está en casa. Llamaré al veterinario.

3 pies

punto de pánico

0 pies

Fase 4: 1 min

Fase 5: 1 s

Fase 6: 7.25 s

Fase 7: tiempo total transcurrido: 1 min, 21.75 s

ADIÓS DESDE ABAJO

15 Como sucede con casi todas las leyendas, las múltiples versiones se contradicen entre sí, las pruebas desaparecen y el boca a boca crea historias que difieren mucho de la realidad. Nadie sabe con certeza qué fue exactamente del capitán Arsenio y sus máquinas voladoras. Todo lo que quedó es su diario, noventa páginas de fracasos consecutivos, y una gran pregunta: ¿tuvo éxito finalmente?

16 Algunos dicen que el libro de Arsenio fue enterrado cerca de El Cairo, en Egipto, a 7,508 millas del lugar donde vivió en la Patagonia, Argentina. Otros no están de acuerdo y dicen que estaba en un baúl en el fondo del mar, sepultado bajo un montón de restos de metal oxidado. Pero la mayoría de la gente insiste con determinación en que el diario del capitán Arsenio se encontró en la superficie de la luna el 20 de julio de 1969.

17 *"Han pasado muchos años desde ese primer motocanario. Aunque fracasé muchas veces, he aprendido mucho. Y hoy, por primera vez, estoy seguro de que esta nueva máquina que he inventado va a funcionar. Merezco una parte del cielo, ¡y voy por él!"*

—Capitán Arsenio, 6 de diciembre de 1789

Conversación colaborativa

Repasa lo que escribiste en la página 56 y cuéntale a un compañero dos cosas que aprendiste de la lectura. Luego, comenta en grupo las preguntas de abajo. Apoya tus respuestas con detalles que encuentres en *El capitán Arsenio*. Relaciona tus ideas con las de los otros miembros del grupo.

1. Vuelve a leer las páginas 58 a 59. ¿Cómo es que el autor ha llegado a saber tanto sobre el capitán Arsenio? ¿Qué parece que el autor piensa de él?

2. ¿Qué detalles podrían hacer pensar a los lectores que el capitán Arsenio era una persona real? ¿Qué detalles muestran que no lo era?

3. Repasa la página 72. ¿Qué detalles usa el autor para sugerir que el capitán Arsenio pudo haber logrado su propósito de volar?

Sugerencia para escuchar

Escucha atentamente a los demás y observa cómo usan la evidencia del texto para apoyar sus ideas.

Sugerencia para hablar

Vuelve a expresar las ideas de un compañero y luego comparte tus propios comentarios para ampliar sus ideas.

Citar evidencia del texto

Escribir un artículo de blog

TEMA PARA DESARROLLAR

En *El capitán Arsenio*, leíste un relato acerca de un hombre que creía que sus inventos le permitirían volar.

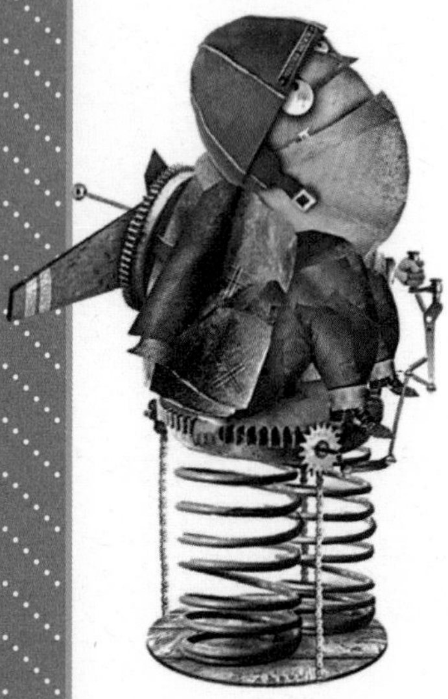

Imagina que presenciaste uno de los intentos de volar del capitán Arsenio. Escribe un artículo para un blog de un sitio web llamado "Cosas raras que he visto", en el que cuentes lo que viste ese día. Empieza por presentar al capitán Arsenio con una oración temática que diga quién es y qué hace. Usa detalles del texto para contar sobre el experimento que presenciaste. Luego escribe una conclusión que explique cómo terminó el experimento. Incluye palabras y frases descriptivas que ayuden a tus lectores a visualizar tu experiencia. No te olvides de usar en tu artículo algunas de las palabras del Vocabulario crítico.

PLANIFICAR

Toma notas sobre las acciones del capitán Arsenio y otros acontecimientos que tuvieron lugar durante su intento de volar, incluyendo cómo terminó.

ESCRIBIR

Ahora escribe tu artículo de blog sobre el intento de volar del capitán Arsenio.

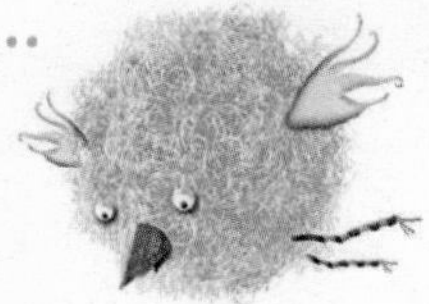

Asegúrate de que tu artículo de blog

- ☐ incluya una oración temática que explique la situación.
- ☐ use evidencia detallada del texto.
- ☐ describa los acontecimientos en un orden que tenga sentido.
- ☐ use palabras descriptivas.
- ☐ incluya una conclusión.

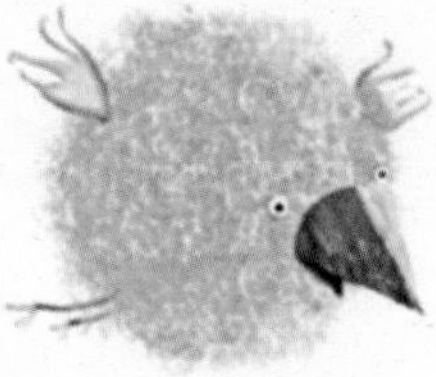

Tarea del rendimiento

Pregunta esencial

¿Qué tipo de circunstancias nos llevan a crear nuevos inventos?

Escribir un relato personal

TEMA PARA DESARROLLAR Piensa en los inventores de este módulo y en cómo usó cada uno la curiosidad y la determinación para resolver un problema.

Imagina que tu clase está reuniendo una colección de relatos personales llamada *Los inventores de la clase en acción*. Escribe un relato personal sobre alguna vez en que hallaste una manera creativa de resolver un problema al igual que las personas sobre las que acabas de leer. Usa a los inventores de los textos como ejemplos e inspiración.

Voy a escribir sobre la vez en que ________________________________.

Asegúrate de que tu relato personal
☐ establezca que tú eres el narrador.
☐ se inspire en las selecciones del módulo *Inventores en acción*.
☐ tenga una introducción que presente el ambiente y el problema.
☐ explique los pasos para resolver tu problema en una secuencia clara.
☐ use palabras concretas y detalles sensoriales.
☐ brinde una conclusión que muestre cómo se resolvió el problema.

PLANIFICAR ········ Haz un mapa de tus ideas.

Piensa sobre el problema que resolviste. ¿Qué pasos seguiste? ¿Qué desafíos tuviste que superar? Vuelve a leer tus notas y los textos para hacer una lluvia de ideas para tu relato.

Usa el mapa de ideas que sigue para planificar tu relato. Identifica tu problema y los obstáculos que enfrentaste. Haz una lista ordenada de los pasos que seguiste y cómo superaste cada obstáculo. Luego explica tu solución y por qué funcionó. Usa palabras del Vocabulario crítico cuando sea apropiado.

Mi tema: ____

Problema	**Ambiente**
Acontecimientos/Pasos	
Solución	

HACER UN BORRADOR

Escribe tu relato.

Escribe una **introducción** que enuncie claramente tu problema. ¡Haz que los lectores se interesen en saber cómo lo resolviste!

Escribe los **párrafos de desarrollo** que expliquen cómo usaste la creatividad para resolver tu problema. Escribe los pasos en orden, cada uno en un párrafo.

Escribe una **conclusión** satisfactoria que explique tu solución.

REVISAR Y EDITAR ········ Revisa tu borrador.

Ahora es el momento de revisar tu borrador y hacer cambios para mejorarlo. Lee tu relato a un compañero. Pídele sugerencias para hacerlo más claro e interesante. Además, usa estas preguntas para evaluar y mejorar tu relato.

PROPÓSITO/ ENFOQUE	ORGANIZACIÓN	EVIDENCIA	LENGUAJE/ VOCABULARIO	CONVENCIONES
☐ ¿Muestra mi relato cómo usé la creatividad para resolver el problema? ☐ ¿Cuenta cada párrafo cómo se resolvió el problema?	☐ ¿Se presentan los pasos o acontecimientos en una secuencia clara? ☐ ¿Explica la conclusión la solución al problema?	☐ ¿Incluí ejemplos e inspiración de los textos que leí sobre los inventores?	☐ ¿Usé palabras concretas y detalles sensoriales? ☐ ¿Usé palabras de transición para conectar mis ideas?	☐ ¿Escribí correctamente las palabras? ☐ ¿Hice uso correcto de la coma y otros signos de puntuación?

PUBLICAR ········ Comparte tu trabajo.

Crear la versión final. Haz una copia final de tu relato personal. Tal vez quieras incluir una foto o dibujo de la solución a tu problema. Considera estas opciones para compartir tu relato.

1. Une tu relato al de tus compañeros para crear la colección de *Los inventores de la clase en acción*.
2. Organiza una conferencia de inventores en la que tú y otros estudiantes lean en voz alta sus relatos y respondan preguntas del público.
3. Crea una grabación de audio de tu relato. Lee con expresión para mantener interesados a tus oyentes. Sube la grabación a un sitio web o blog escolar para que otros puedan escucharla y hacer comentarios.

MÓDULO 2

¡Qué imaginación!

"El que tiene imaginación, con qué facilidad saca de la nada un mundo."

—Gustavo Adolfo Bécquer

Pregunta esencial

¿Qué efecto tiene el género en la forma en que se narra una historia?

Video de Mentes curiosas

Palabras acerca de las historias

Las palabras de la tabla te ayudarán a hablar y a escribir sobre las selecciones de este módulo. ¿Cuáles de las palabras acerca de las historias ya has visto antes? ¿Cuáles son nuevas para ti?

Completa la Red de vocabulario de la página 83. Escribe sinónimos, antónimos y palabras y frases relacionadas para cada palabra acerca de las historias.

Después de leer cada selección del módulo, vuelve a la Red de vocabulario y añade más palabras. Si es necesario, dibuja más recuadros.

PALABRA	SIGNIFICADO	ORACIÓN DE CONTEXTO
prosa (sustantivo)	A diferencia de la poesía, la prosa es "escritura común", en forma de oraciones y párrafos.	La mayoría de las historias están escritas en prosa, pero algunas están escritas en forma de poema.
diálogo (sustantivo)	El diálogo es la conversación entre los personajes de una historia.	La manera en que este personaje habla en su diálogo me hace comprender más sobre él.
clímax (sustantivo)	El clímax de una historia es el acontecimiento más importante y, generalmente, ocurre cerca del final.	En el emocionante clímax de la historia, el héroe corrió hacia un edificio en llamas.
prólogo (sustantivo)	Se llama prólogo a la introducción de un libro.	Deberías leer el prólogo del libro antes de leer el resto de la historia.

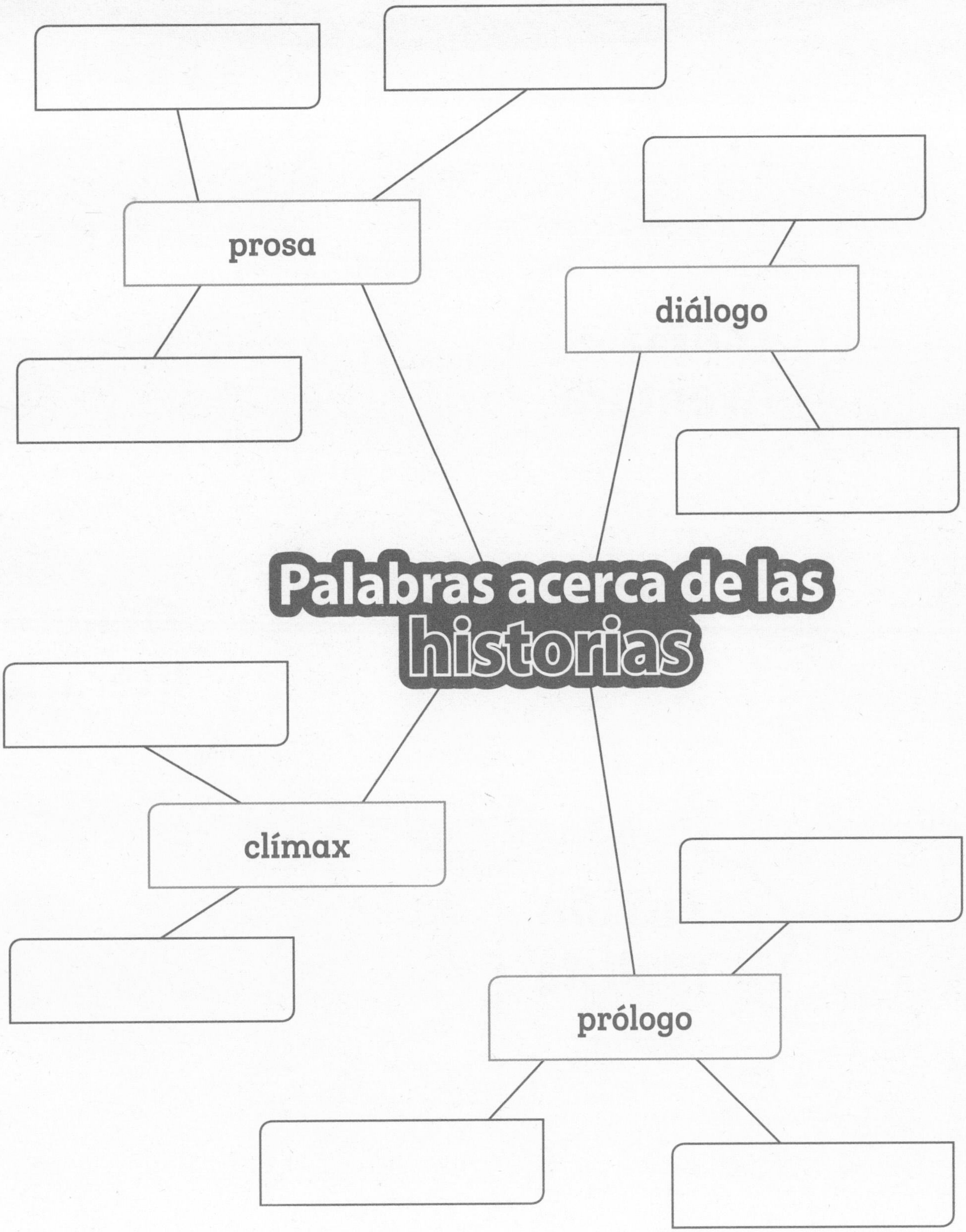
Palabras acerca de las
historias
prosa
diálogo
clímax
prólogo

Fantasía/
Aventura
Géneros
literarios
Ficción
realista

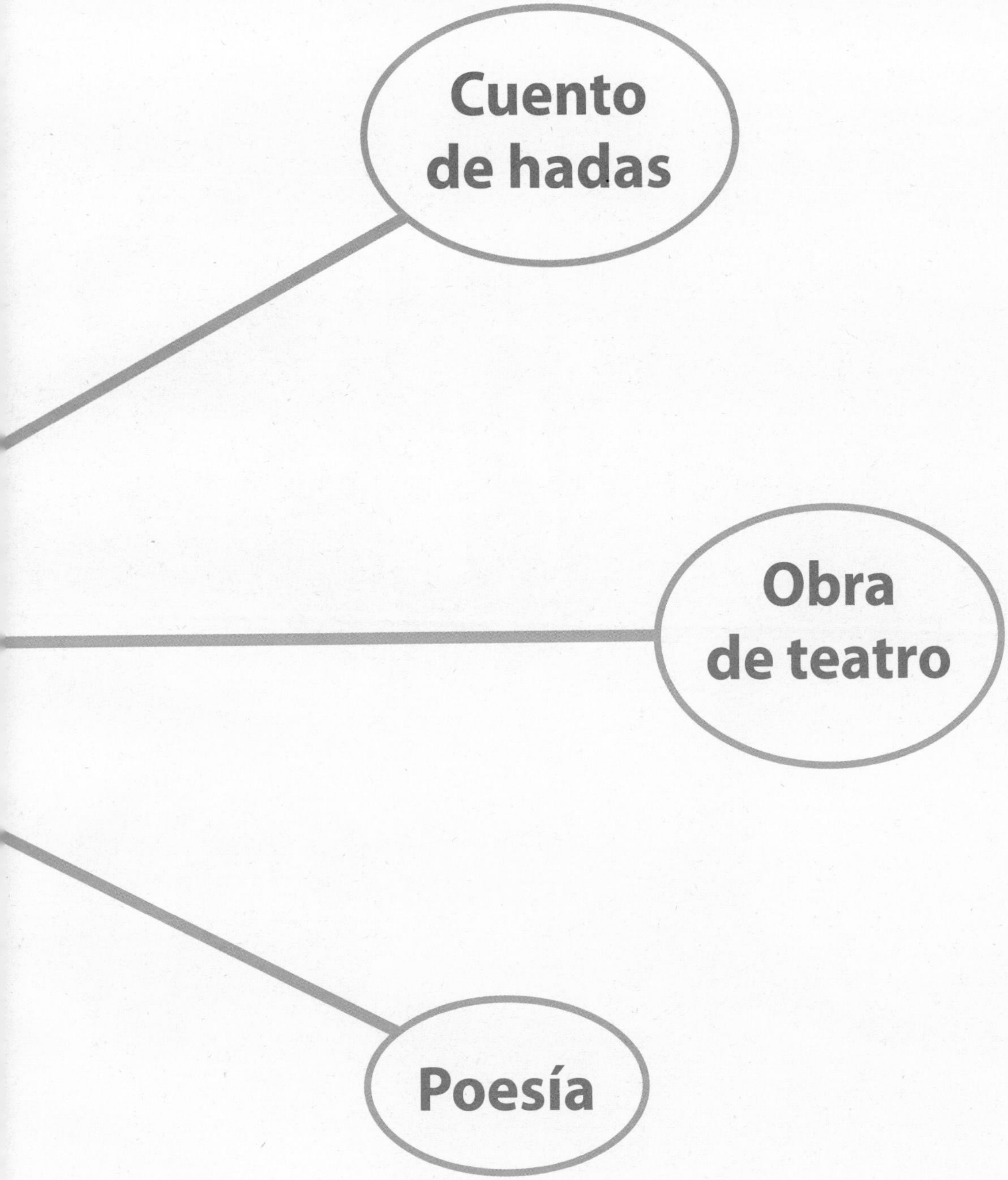
Cuento de hadas
Obra de teatro
Poesía

Mis notas

Lectura breve

¡Cuántas formas de contar una historia!

1 Cuando se habla de libros y de historias, muchos piensan que solo hay una clase y una forma de contarlas, pero no es así. Puede haber narraciones en **prosa**, como los mitos y las fábulas; obras de teatro, poemas, películas y hasta canciones. Hay historias para todos los gustos, y ¡hay incontables maneras de disfrutarlas y compartirlas con los demás!

Formatos digitales

2 ¿Has leído alguna vez un libro electrónico en una tableta, o un cuento en un sitio web? Si lo has hecho, probablemente sepas que, a veces, los formatos digitales incluyen elementos que no se encuentran en un libro impreso. Podrías seleccionar un nombre o un lugar, y verte conducido a un sitio web con información, imágenes o videos adicionales sobre ese tema. Incluso, algunos libros electrónicos tienen incorporados elementos multimedia, como la música que el autor quiere que los lectores escuchen durante ciertas escenas o capítulos.

Películas, televisión y obras de teatro

3 A todos nos encantan las historias presentadas en películas, programas de televisión y obras de teatro, medios en los cuales cobran vida los personajes, el diálogo, los ambientes y los acontecimientos. A menudo, incluyen música que va con el ambiente de las escenas del relato, especialmente en el clímax. Sin embargo, muchas personas siguen prefiriendo la sensación especial de sentarse con un buen libro impreso. Los libros permiten que los lectores usen su imaginación. También permiten que los autores comuniquen lo que están pensando los personajes, más de lo que podría hacerse normalmente en una obra de teatro o una película. En los libros hay espacio casi ilimitado para que el autor brinde a los lectores descripciones e información previa. Este tipo de información aparece generalmente en un prólogo al comienzo del libro, pero puede también encontrarse repartida a través del libro.

Música y otras formas de arte

4 ¿Se te hace difícil de imaginar una historia contada a través de la danza? Piensa en *ballets* famosos, como *El cascanueces*. Como en las obras de teatro, en muchas producciones de *ballet* se presentan personajes y acontecimientos y se usan trajes, escenarios decorados y música para darle vida a la historia.

5 Las canciones también cuentan una historia, no a través del diálogo, sino a través de los personajes, los acontecimientos y el ambiente creados por la letra y la música de la canción y la interpretación del cantante. Una sinfonía llamada *Pedro* y *el lobo* narra todo un cuento de hadas a través de la música. Los instrumentos de los músicos desempeñan los papeles de los personajes del cuento.

6 Algunas pinturas y otras obras artísticas cuentan también una historia. El tapiz de Bayeux, que es una tela bordada que se creó hace cientos de años, cuenta la historia de una batalla por el control de Inglaterra. Algunos pueblos nativos del noroeste del Pacífico tallaron tótems que representan personajes y acontecimientos de los mitos y leyendas de su cultura.

7 ¿En qué forma prefieres que te cuenten una historia?

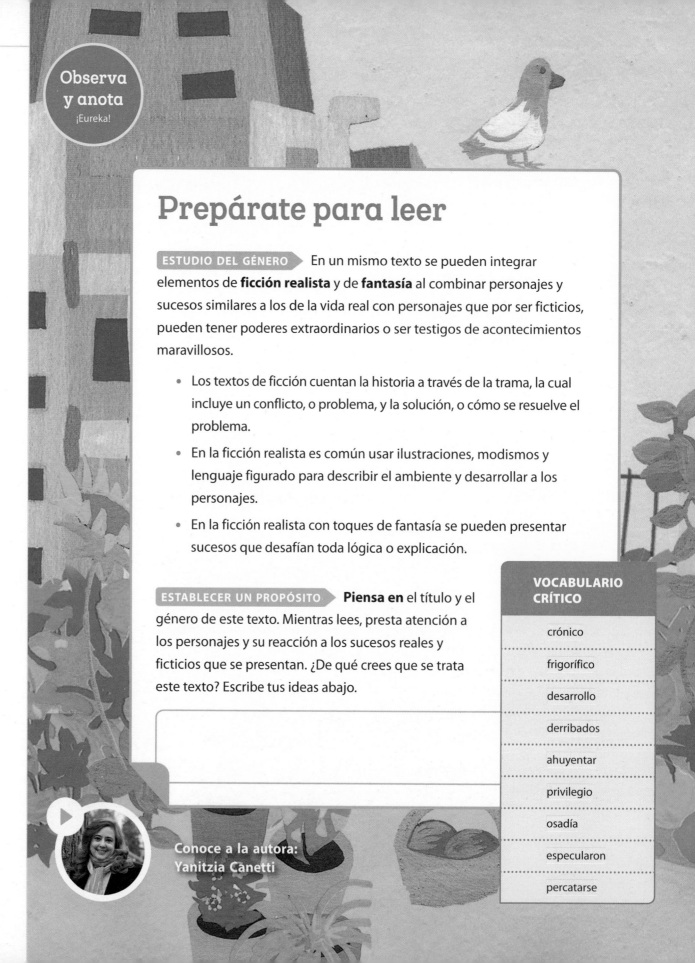

Observa y anota
¡Eureka!

Prepárate para leer

ESTUDIO DEL GÉNERO En un mismo texto se pueden integrar elementos de **ficción realista** y de **fantasía** al combinar personajes y sucesos similares a los de la vida real con personajes que por ser ficticios, pueden tener poderes extraordinarios o ser testigos de acontecimientos maravillosos.

- Los textos de ficción cuentan la historia a través de la trama, la cual incluye un conflicto, o problema, y la solución, o cómo se resuelve el problema.
- En la ficción realista es común usar ilustraciones, modismos y lenguaje figurado para describir el ambiente y desarrollar a los personajes.
- En la ficción realista con toques de fantasía se pueden presentar sucesos que desafían toda lógica o explicación.

ESTABLECER UN PROPÓSITO **Piensa en** el título y el género de este texto. Mientras lees, presta atención a los personajes y su reacción a los sucesos reales y ficticios que se presentan. ¿De qué crees que se trata este texto? Escribe tus ideas abajo.

VOCABULARIO CRÍTICO

- crónico
- frigorífico
- desarrollo
- derribados
- ahuyentar
- privilegio
- osadía
- especularon
- percatarse

Conoce a la autora: Yanitzia Canetti

Doña Flautina

RESUELVELOTODO

por YANITZIA CANETTI ilustraciones AVI

Mis notas

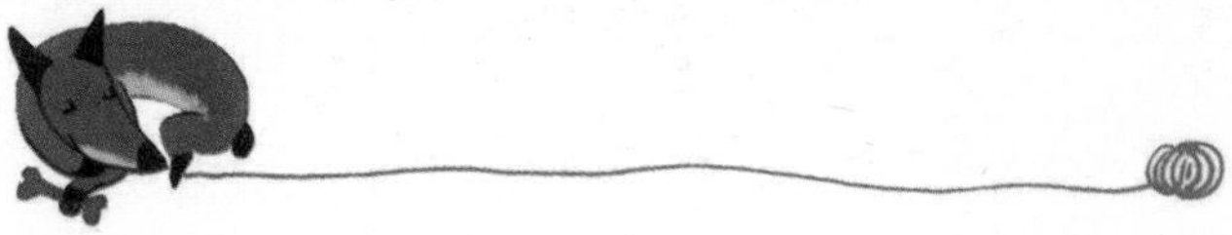

Así era más o menos doña Flautina

1 Que doña Flautina fuera más flaca que una flauta era lo más natural del mundo. Flaca debía ser si siempre andaba trajinando de un lado a otro, para arriba y para abajo, sin parar.

2 Era pequeña, más bien, muy pequeña, de caminar ágil y gestos graciosos. Tenía la cara tan arrugada como una sábana dentro de una botella, y una larguísima y lacia cabellera blanca, como la misma sábana, pero tendida al viento. De ojos muy vivaces color caramelo, nariz tristona y boca alegre.

3 Era más hermosa que bella y más bella que bonita. Lo que se dice: una preciosidad de anciana.

4 Nadie podía sospechar que ya pronto cumpliría ochenta años.

5 A doña Flautina todo se le hacía fácil de resolver, desde zurcir unos calcetines rotos hasta rescatar a un elefante de una locomotora en marcha. Por más complicadas que fueran las tareas, ella juraba y rejuraba que eran sencillísimas. Es más, decía que las podía solucionar en un dos por tres, en un tin-marín y en un santiamén.

6 Vivía en la última casa al final de una calle, en el pueblo más viejo del más viejo de los países. Tan viejo que ya nadie se acuerda ni del nombre.

7 En el hogar de doña Flautina, las cosas tenían más años que los años que podrían tener diez Flautinas juntas. Por supuesto que ya no funcionaban como en sus buenos tiempos. La chimenea, por ejemplo, no podía ni oler el humo y era alérgica a la leña...

8 ¡Con lo bien que calentaba hacía un montón de años! Quién la ha visto y quién la ve: toda mustia, apagadita y cenicienta. La cocina de cuatro fogones tampoco servía ni para freír huevos con chorizo. Y el horno, ¡ni hablar! Pollo que entraba sin cocinar, pollo que salía achicharrado.

Mis notas

9 Pero para qué les cuento esto, si doña Flautina era enormemente feliz. Tan pero tan feliz, que se ponía feliz de lo feliz que era. Era feliz porque podía respirar a todo pulmón y durante los siete días de la semana, porque podía caminar a cualquier lugar adonde la llevaran sus alpargatas, porque podía mirar desde su ventana un pedazo de planeta, el sol y la luna, y porque podía cantar (aunque los vecinos preferían que no lo hiciera tan a menudo: su voz era, digamos, la de una soprano con catarro crónico).

10 Además, doña Flautina era feliz por tres cosas:

1. Porque le gustaba ayudar a la gente.
2. Porque tenía un gato amarillo.
3. Y, sobre todo, porque para ella todo era facilísimo de resolver.

11 La gente del pueblo quería mucho a doña Flautina. MUCHO es poco. De aquí al punto más hondo del cielo, para ser precisos. Bueno, siempre hay gente mala cara que no quiere ni a las lagartijas. Pero, por suerte, son tan poquitos que ni merece la pena contarlos.

12 Para doña Flautina no había mal que por bien no viniera, al mal tiempo había que ponerle buena cara, no había mayor dificultad que la poca voluntad, y todo era tan fácil como coser y cantar.

13 Estaba siempre presta para regalar una solución a cualquier problema. Y créanlo o no, nunca cobraba por ello. Un «gracias, doña Flautina» era más que suficiente para que el corazón le galopara en el pecho. Es más, a veces daba dos o tres soluciones cuando el problema era tan sólo uno.

14 Creo que ahora ya la conocen un poco. Así era más o menos doña Flautina. Ah, ya sabía yo que me faltaba contarles algo, quizá lo más importante: doña Flautina era como una niña, pero con muchos años encima (y en vez de dos, le faltaban más dientes).

crónico Algo crónico es algo que ocurre habitualmente y dura mucho tiempo.

Mis notas

El día en que doña Flautina ganó fama de resuelvelotodo

15 En casa de doña Flautina no había lavadora. A ella le parecía mucho más fácil lavar a mano, como le había enseñado su madre; y a su madre, su abuela; y a su abuela, su bisabuela..., y así hasta la primera doña Flautina que habitó el mundo y que tuvo que lavar su ropa.

16 Tampoco tenía radio, ni televisor, ni microondas, ni tostadora, ni lavaplatos, ni nevera, ni ningún aparato eléctrico, a pesar de que hacía tiempo que ya se habían inventado unos cuantos. Y no porque no tuviera dinero para comprarlos (con el paso de los años, ya su alcancía había engordado muchísimo), sino porque le gustaba ingeniárselas a su manera y reinventar lo inventado.

17 Durante toda su vida, doña Flautina había resuelto fácilmente las cosas sin tener que usar ningún artefacto moderno.

18 En el pueblo siempre había gente buena que regalaba su frigorífico cuando se compraba uno nuevo; y otra gente, algo menos generosa, que los vendía por tres patatas fritas, dos coles y una mazorca de maíz.

19 —No, gracias —decía doña Flautina las mil y una veces que le quisieron regalar una batidora, una plancha o una olla a presión. Yo puedo hacer mis faenas sin usar esos objetos... Y todo lo hago en un dos por tres, en un tin-marín y en un santiamén.

20 Para todo el mundo era un misterio cómo doña Flautina lograba resolver todo, así de rápido y así de sencillo.

21 Cuando la gente le preguntaba por qué no tenía radio, ella decía: «porque prefiero escuchar el trinar de los pájaros».

22 Cuando la gente le preguntaba por qué no tenía televisor, ella decía: «porque es más divertido enterarse de las noticias en la plaza del pueblo y ver lo que pasa en la calle».

23 Cuando la gente le preguntaba por qué no tenía microondas, ella decía: «porque me gusta calentar la comida sobre el carbón; sabe deliciosa».

24 Las respuestas eran tan rápidas y sencillas como las soluciones que encontraba doña Flautina para todo. No faltó quien creyera que doña Flautina estaba completamente chiflada.

frigorífico Un frigorífico es un aparato que se usa para conservar fríos los alimentos.

25 —¿A quién se le ocurre cortar la hierba a mano en estos tiempos? —comentaba doña Ricolina Mendieta—. Las segadoras lo hacen a las mil maravillas. ¡Quién puede negar el desarrollo!

26 A doña Flautina nada le parecía tan divertido como saber hacer las cosas por ella misma. Jamás se le escuchó decir que estaba aburrida o que no encontraba nada que hacer. Iba cuesta arriba y cuesta abajo por todo el pueblo, buscando la forma de ser útil y repartiendo sonrisas, saludos y buenos días.

desarrollo El desarrollo es el progreso o avance de algo.

Mis notas

27 Los días pasaron, unos a pie y otros volando. Hasta que llegó un día de esos que nadie quiere que lleguen, pero como a los días nadie los gobierna, llegó sin siquiera avisar. Era un miércoles del mes de mayo, creo. El segundo miércoles del mes, si mi memoria no me falla. Un miércoles que amaneció gris y que luego se llenó de truenos y relámpagos.

28 Los habitantes del pueblo corrieron a refugiarse en sus casas, y a los que no les dio tiempo, se cobijaron en la casa del vecino más cercano. Cayó tal aguacero que surgieron dos lagos y tres ríos. Supondrán que las calles estaban completamente inundadas y que las ranas tuvieron que pegar unos saltos enormes para no ser arrastradas por la corriente.

29 Doña Flautina se mecía en su sillón y esperaba pacientemente a que las nubes se desinflaran del todo. «Siempre que llueve, escampa», le comentaba a su gato, que estaba aterrorizado en un rincón.

30 Y efectivamente, escampó. Pero, para entonces, el pueblo ya estaba completamente a oscuras.

31 Algunos cables eléctricos habían sido derribados y había dejado de circular la corriente eléctrica.

32 —¡Que desgracia! —se quejaba don Basilio.

33 —¡Que calamidad! —se lamentaba doña Remigia.

34 —¿Que vamos a hacer ahora? —se preguntaba muy alarmada doña Ricolina Mendieta. ....

35 La vida del pueblo se volvió silencio y temor.

36 Nadie sabía lavar sin lavadora, ni cocinar sin cocina eléctrica o microondas, ni tenía la menor idea de cómo resolver el grave problema.

37 Doña Flautina parecía ser la única persona despreocupada. Sonreía como siempre. Cantaba tan mal como siempre. Iba y venía, tan animosa y ligera, como si el aguacero no hubiera mojado una sola teja de su casa.

38 Para ella la vida no se había detenido. Sabía lavar sin lavadora, cocinar sin cocina eléctrica, batir sin batidora, planchar sin plancha, refrescarse sin ventilador, y, claro está, además de saber hacer muchas cosas más, también sabía sumar y restar sin calculadora eléctrica y escribir sin ordenador.

derribado Si los cables han sido derribados quiere decir que se han caído.

Como doña Flautina era tan buena persona, le era difícil pasar de largo con cara de me-importa-un-pepino-lo-que-les-pase. Así que empezó a repartir soluciones a todo el que se lo pidió (y al que no se lo pidió, también). ...

39 Le enseñó a don Goloberto cómo hacer frijoles al carbón, y a doña Filomena cómo secarse el pelo sin secador, y a don Gaspar cómo alumbrarse sin bombillas, y a doña Enriqueta cómo hacer un abanico de hojas secas para ahuyentar el calor del mediodía... Repartió soluciones grandes, medianas y pequeñas, pero todas sencillísimas de hacer. Ah, y le mostró a doña Ricolina Mendieta cómo cortar la hierba sin segadora eléctrica. ¡Con la mano, por supuesto! ¡Nada más fácil!

ahuyentar Ahuyentar algo es hacer que se vaya o se aleje.

Mis notas

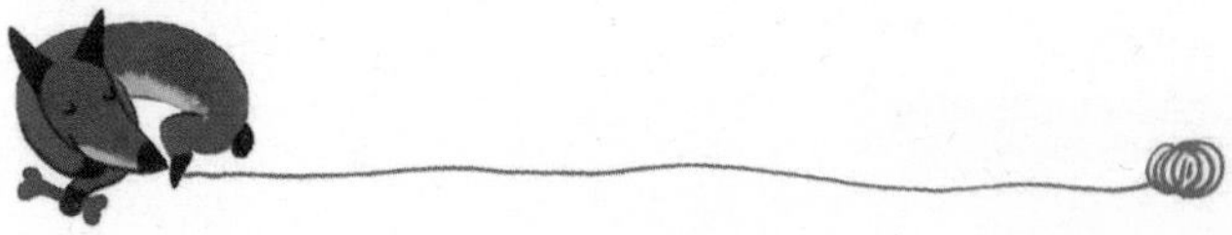

El día en que doña Flautina descubrió lo que ya estaba descubierto

40 Equivocarse es tan común como tropezar y caerse por la calle sobre todo cuando hay dos o tres pedruscones atravesados y un hueco invisible plantado en medio del camino (esos huecos que uno nuca ve hasta que se cae en ellos). También doña Flautina se equivocaba con frecuencia. Confundía las direcciones, se le olvidaban los nombres y juraba que las cosas estaban donde no estaban.

41 Por eso creyó que tenía la razón cuando no la tenía. Al menos, no completamente.

42 Se dio cuenta el día en que don Gervasio fue a visitarla. Don Gervasio era el nuevo vecino de enfrente, el de las dos matas de mango y el perro rabicorto. Tenía ochenta y dos años, unas gruesas gafas moradas y la cabeza lisa como un huevo de avestruz. Solía cubrirse la cabeza con un sombrero de alas anchas que heredó de su padre, que también era calvo.

43 Don Gervasio buscaba cualquier ocasión para hablar con doña Flautina. Los temas podían ser los más diversos. Lo mismo charlaban de lo mucho que habían crecido los nietos de Ramón y Ramona, que de lo mala que había sido la cosecha de este año...

44 Pero ese día, don Gervasio quiso visitar a su amiga. Estaba algo nervioso, como si en vez de ochenta y dos años tuviera doce. Le llevaba un girasol, dos mangos filipinos y una nota con letra de molde que decía:

45

Querida vecina:
No sabe cuánto me
gusta charlar con usted.

46 Cuando doña Flautina leyó la nota, se sintió muy halagada. Nunca nadie le había dicho algo tan bonito. ¡Con lo que a ella le gustaba charlar!

47 —Ay, gracias, don Gervasio —suspiró doña Flautina—. La verdad, no sé qué decir. Es usted un caballero.

48 —Solo quiero tener siempre el privilegio de ser su amigo —dijo don Gervasio con voz queda y ceremoniosa—. Usted es la mujer más hermosa y amable del pueblo, créame.

privilegio Un privilegio es un beneficio especial que tiene una persona.

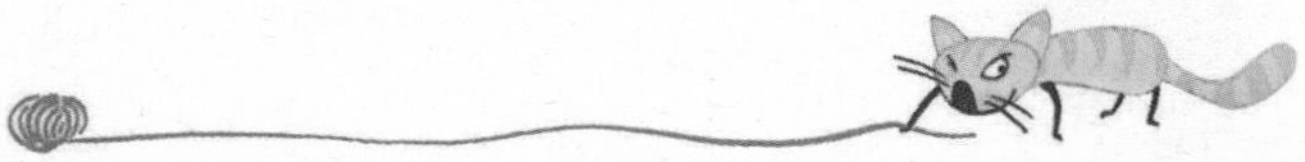

49 Se sentaron en el portal, en unas mecedoras muy viejas que conservaba doña Flautina. El gato amarillo ronroneaba entre las acariciantes manos de su dueña. El perro rabicorto de don Gervasio se había acostado a su lado y levantaba las orejas cada vez que pasaba alguien en bicicleta...

50 Para no hacerles largo el cuento, iré un poco más deprisa. Doña Flautina preparó los huevos con chorizo en un dos por tres, y el jugo de mango en un santiamén, pero cuando don Gervasio quiso escuchar un disco de su época, doña Flautina dijo con pena:

51 —Mire usted, don Gervasio, que no tengo tocadiscos. ¿Prefiere que le cante?

52 Por más que don Gervasio estimara a doña Flautina, declinó tal ofrecimiento con un gesto que pretendió ser cortés. ...

53 —Bueno, podríamos escuchar la radio. Hay un programa de música que sale ahora a las siete.

54 —Mire usted, don Gervasio, tampoco tengo radio. ¿De veras que no prefiere que le cante?

55 Don Gervasio sacó algo de su bolsillo e hizo girar un botón.

56 —Hombre precavido vale por dos. Yo suelo cargar con mi pequeña radio para no perderme mi programa favorito. Escuche usted, doña Flautina.

57 Del diminuto aparato comenzó a salir una música delgada y cadenciosa. Doña
Flautina suspiró. Era una canción que solía cantar su abuela y que ella ya apenas
58 recordaba...

—Ay, don Gervasio, dijo doña Flautina cuando terminó la melodía—, cuánto desearía tener una radio para escuchar mis canciones favoritas.

59 Seguro pensarían que don Gervasio, presto a complacer a dona Flautina, le regaló su pequeña radio portátil. Acertaron.

Mis notas

60 Pero el cuento no se termina aquí. De eso nada. Al día siguiente, dona Flautina aprendió muchas cosas más.

61 Don Gervasio cruzó otra vez la calle. Esta vez, con el pretexto de pedir ayuda.

62 —Por favor, doña Flautina, si fuera usted tan amable y se tomara la molestia de arreglar mi televisor. Le han salido rayas.

63 Doña Flautina no tenía la menor idea de cómo curar a un televisor de un mal de rayas, pero como tenía fama de resuelvelotodo, cruzó la calle para socorrer a su vecino, y de paso, volver a darle las gracias por la pequeña radio.

64 Acto seguido salió corriendo en busca de un enfermero de televisores. Me parece que los llaman técnicos y suelen saber mucho del mal que aqueja a estos aparatos difusores...

65 Al técnico no le tomó un dos por tres arreglar el aparato, pero tampoco tardó mucho más. Las rayas se volvieron personas, y las personas hablaban sobre el tiempo.

66 —¡Es maravilloso! —dijo doña Flautina efusivamente—. Mañana va a llover un poco por la tarde. Y yo me he enterado antes de que llegue mañana...

67 Ese mismo día, doña Flautina compró un televisor chiquitín para enterarse de cómo iba a estar el tiempo. Pero además, para saber qué pasaba en otras partes del mundo, más allá de su pueblo. Y para ver programas sobre descubrimientos científicos, sobre la vida de grandes héroes o sobre cómo llevar una dieta equilibrada. Sin embargo, la mayor parte del tiempo permanecía apagado: doña Flautina se complacía más leyendo un buen libro.

68 Días más tarde, compró una cocina eléctrica de dos quemadores donde pudo ensayar nuevas recetas de cocina (pero el pavo prefirió seguir cocinándolo al carbón, sabía tan delicioso...). Y compró una lavadora pequeña, mucho más veloz que sus manos. Y dio mil gracias por la nevera que le dio don Emetelio, donde los alimentos se conservaban fresquitos. Y se hizo con un ventilador verde cuyas aspas ventilaban casi toda la casa.

69 Doña Flautina tuvo que reconocer que había estado equivocada. Tan provechoso era saber cómo se hacían las cosas sin aparatos eléctricos, como saber usarlos. Por algo se habían inventado, ¿no?

70 Comprendió que la carne en el frigorífico se conservaba mucho mejor que con sal y especias, que los zumos de guayaba eran más rápidos y fáciles de hacer en una batidora que batidos a mano, que la ropa quedaba más lisita con una simple plancha que tendida al sol, que las lentejas se ablandaban más rápidamente en una olla a presión que cocinadas a fuego lento... En resumen: descubrió lo que ya estaba descubierto desde mucho antes de que ella naciera.

71 Ahora era doblemente feliz.

72 Ah, y claro que aprendió que la hierba se cortaba más rápido con una segadora y que quedaba mucho más parejita y esponjosa. Adivinen quién se lo enseñó. ¡Ésa misma!

Mis notas

El día en que doña Flautina bajó la luna y las estrellas

73 Hay personas que sueñan mucho y otras que sueñan demasiado. Doña Flautina era del segundo grupo.

74 Soñaba que podía criar peces de colores en su larga cabellera blanca. ... Soñaba que era una cantante de opera y que la gente le pedía «¡otra!, ¡otra!, ¡otra!, ¡otra!», y que ella salía una y otra vez de detrás del telón para saludar al público que la aclamaba. ...

75 Cuando no estaba resolviendo cosas, doña Flautina soñaba.

76 Y con los sueños resolvía aquello no que podía resolver en un dos por tres, en un tin-marín o en un satiamén.

77 —Soñar no cuesta nada —solía decir cuando alguien se asombraba de la cantidad de sueños que cargaba doña Flautina a todas partes.

78 A veces, de tanto soñar, los sueños iban cobrando forma hasta pasar del mundo de la fantasía al mundo de la realidad. El truco consistía en soñar seguido y sin parar. Con decirles que una vez soñó con volar sobre un pato y terminó haciéndolo...

79 En una ocasión a alguien se le ocurrió decir que doña Flautina era capaz de bajar la luna y las estrellas en un dos por tres, en un tin-marín y en un santiamén. Quien no conociera a doña Flautina podría creer que aquello era una reverenda locura, pero para los vecinos del pueblo resultaba tan posible como que ella pudiera caminar por la cuerda floja del circo.

80 —¡Imposible! —aseguró un viajero de Turislandia—. La luna pesa demasiado y no cabe ni en mis enormes maletas. ...

81 —¿A quién se le ocurre tamaña osadía? —comentó un estudiante de astronomía—. Las estrellas quedan a millones de años luz, y algunas ni siquiera existen ya. ...

82 Los que conocían bien a doña Flautina preferían pensar en las mil y una formas en que la anciana se las arreglaría para bajar la luna y las estrellas.

83 Para los niños resultaba divertidísimo imaginar la manera que eligiría doña Flautina para traerles, si no la luna entera, al menos un cuarto menguante.

84 —Usará una escalera de calabaza —decía Gracielita, la más chica de don Filomeno.

osadía una osadía es una idea o acción irresponsable y arriesgada.

Mis notas

Mis notas

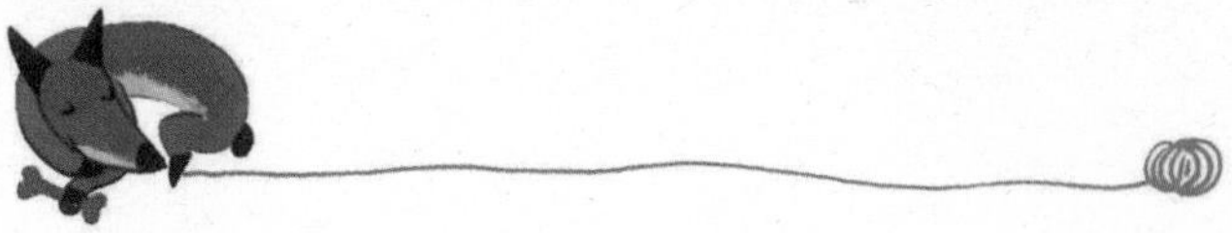

85 —Inflará miles de globos de colores y se sujetará a ellos con un cordón de zapatos —aseguró Tomás, un niño tan alto que parecía mayor—.

86 «A lo mejor contrata a una bandada de patos para que la eleven» dijeron unos.

87 «Quizá fabrique su propio avión con cáscaras de calabaza secas», especularon otros.

88 Para los adultos, era un verdadero misterio la forma que usaría doña Flautina para bajar la luna y las estrellas.

89 —Tendrá que bajarlas una a una. Ya ven que son demasiadas las estrellas
90 —comentó don Casimiro.

En el pueblo no se hablaba de otra cosa.

91 Los días pasaban y la gente estaba cada vez más curiosa. Hasta que, por fin, un buen día, o mejor dicho, una buena noche, a alguien se le ocurrió preguntar:

92 —Díganos, doña Flautina, ¿cómo va a hacer para bajar la luna y las estrellas en un dos por tres, en un tin-marín y en un santiamén?

93 —¡Muy fácil! —dijo doña Flautina con una sonrisa de luna en cuarto creciente—. Soñando...

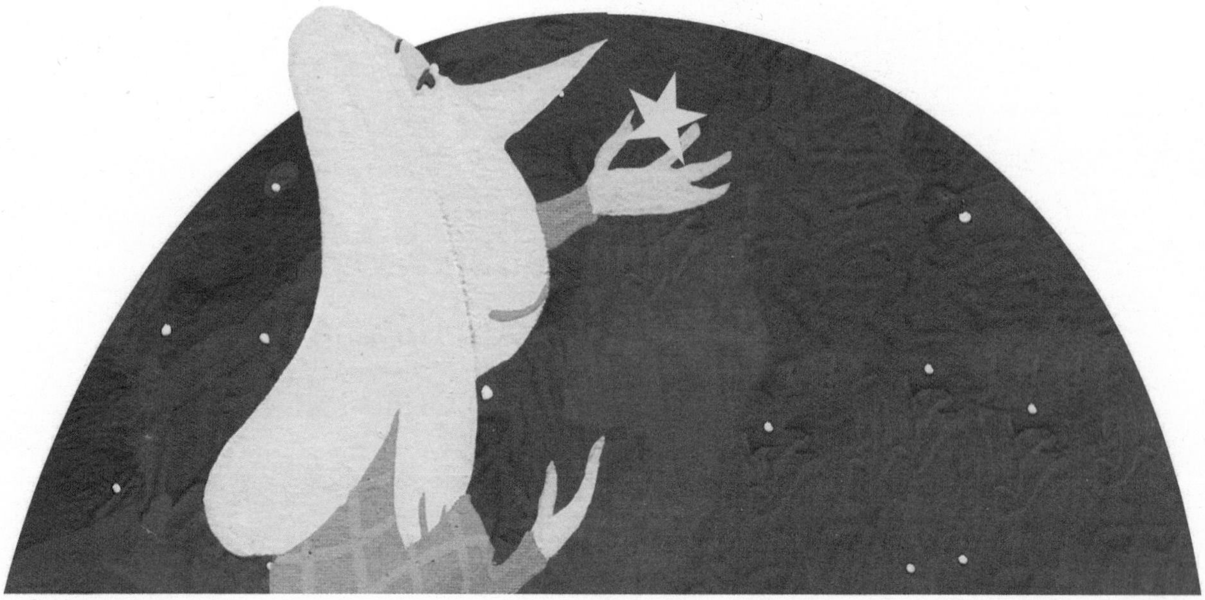

especular Si especularon quiere decir que hicieron una deducción y la dieron por cierta.

Mis notas

El día en que doña Flautina no encontraba la solución

94 Una mañana, doña Flautina estaba distraída, contando cuántas mariposas se posaban en una amapola y cuántos estorninos cabían en la rama de un árbol, cuando sintió un extraño olor que salía de su casa. Era un olor a hierba seca, a azúcar moreno, a café quemado, a leña encendida, a carbón derretido. Un olor a..., a... ¿Albóndigas? ¿Albóndigas quemadas? Doña Flautina necesitó dos segundos más para percatarse de que había dejado las albóndigas sobre el carbón y que... ¡Ay, no! Un trozo de carbón hirviente había rozado un madero, y el madero había rozado otro y otro y otro hasta provocar un incendio. ¡Un tremendo incendio en su casa!

95 El gato pegó un brinco y salió disparado a refugiarse entre los pies de su dueña. Se armó un gran revuelo en todo el pueblo. Doña Flautina llegó lo más rápido que pudo y empezó a llenar cubos de agua en el grifo de su portal. Pero el fuego era más veloz y quemaba dos pedazos de casa en lo que ella no había llenado ni siquiera la mitad de un cubo. Gervasio intentaba en vano ayudarla a cargar y echar los cubos para aplacar las llamaradas.

96 Los bomberos llegaron antes de que los llamaran, e hicieron lo posible, ¡y hasta lo imposible!, por salvar algunos muebles y un viejo retrato donde aparecían sentados en tres hileras y muy seriecitos, los familiares de doña Flautina, pero fue inútil. Cuando por fin las llamas se escurrieron bajo los chorros de agua de las mangueras, la casa de la anciana estaba completamente achicharrada.

97 Fue la primera vez que alguien recuerda haber visto llorar a doña Flautina. Lloraba a lágrima viva. De cada ojo le salía un arroyuelo.

98 —¡Cálmese, doña Flautina! —la consolaba Gervasio—. Ya sabe que vivo solo y que mi casa es demasiado grande para una sola persona. Además, donde cabe uno, caben dos, o bueno, caben tres, porque su gato también puede venir a vivir con nosotros. No tenga pena, mire que le brindo mi casa con todo gusto. Y podrá sembrar sus calabazas. Y...

99 Pero doña Flautina lloraba a borbotones. Lloraba a moco tendido. Lloraba sin consuelo.

percatarse Percatarse de algo es darse cuenta o tomar conciencia de ese algo.

100 —Y por mí no se preocupe, que todo lo que usted haga va a estar bien —insistía don Gervasio—.

101 El gato también puede hacer lo que mejor le parezca. A mi perro rabicorto le caen bien los gatos amarillos...

102 Pero Flautina estaba que se deshacía de tanto llorar. Lloraba torrencialmente. Daba pena verla. Ella que siempre era una sonrisa ambulante...

103 Cuando parecía que iba a terminar de llorar, empezaba otra vez con más fuerza, como si se le hubiera llenado el tanque de lágrimas otra vez.

104 —¡Que no queremos otro diluvio universal, mi querida doña Flautina! —decía en broma doña Ricolina Mendieta, intentando aliviar la pena de la buena anciana.

105 Pero nada, ni el gato amarillo con sus mimos y ronroneos, ni el perro rabicorto de don Gervasio con sus saltos vivarachos, ni don Gervasio con sus galanterías, ni doña Ricolina Mendieta con sus bromas sin gracia, ni el resto de los vecinos con sus palabras de cariño lograron consolar a doña Flautina, aunque sí la aliviaron bastante.

106 Esa noche durmió en casa de don Gervasio, que se esmeró en que su amiga durmiera cómoda, entre sábanas almidonadas y almohadones de algodón.

107 El perro de Gervasio no ladró. El gato de doña Flautina no maulló. Se quedaron quietecitos y acurrucados para que doña Flautina pudiera descansar.

108 Entre tanto, los vecinos conversaban sobre cómo resolver el problema que aquejaba a la pobre chiquilla, digo, a la pobre anciana.

109 —Yo tengo muchos ladrillos de adobe en el patio de mi casa, y puedo ir por más a la parcela de mi amigo Julián —dijo don Arnoldo.

110 —Y yo también tengo unos cuantos, y dos carretillas para cargarlos —dijo don Edmundo.

—Y yo y mis hermanos podemos colocarlos —dijo don Sebastián.

—Y yo y mis hermanos podemos poner los ladrillos para construir la casa —añadió don Herminio.

111 —Y nosotras podemos preparar la mezcla de agua y cemento para unir los ladrillos —dijeron doña Josefina y sus cuatro hijas, jóvenes atléticas y animosas.

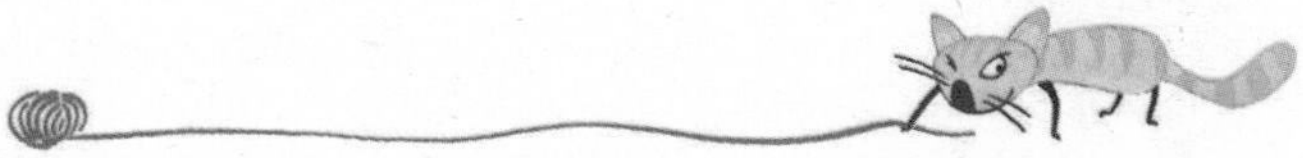

112 Así, cada cual decidió hacer algo para construirle una casa nueva a doña Flautina. Algunos pondrían las ventanas, muy grandes para que entrara el fresco. Otros pondrían dos puertas, una que diera al portal y otra que diera al patio. Otros pondrían las losas del piso, otros las tejas anaranjadas para el techo y otros las columnas del portal... ¡Y el alcalde y sus once hijos se encargarían de pintar de azul toda la casa!

Mis notas

113 —Será un estupendo regalo de cumpleaños —dijo Cuquita—. Mañana cumple... Creo que ochenta, ¿no?

114 Entonces, también hicieron los preparativos para una gran fiesta.

115 Doña Cristina y doña Enriqueta hicieron pasteles de guayaba; don Facundo y su esposa hicieron empanadas de ciruela; doña Carmina y su sobrino hicieron unos ricos dulcecillos de albaricoque; Flora y su prima Carmina hicieron los emparedados de jamón y queso; doña Ricolina Mendieta y su esposo prepararon zumos de varios sabores; don Patipanza hizo una enorme tinaja de mermelada de mango, y don Gervasio, después de dejar dormidos a doña Flautina, al gato y al perro, se fue a a la cocina y se esmeró en lograr el mejor gusto y aroma para su famoso té de girasoles.

Mis notas

116 Toda la noche, la gente iba y venía, subía y bajaba, corría de un lado al otro, y se traía un jaleo tremendo.

117 A la mañana siguiente el sol tardó un poco en despertarse, y eso fue estupendo para que a los vecinos les diera tiempo a colgar los globos y las serpentinas.

118 Doña Flautina también se levantó un poco tarde y, cuando ya iba a empezar a llorar de nuevo, don Gervasio le preguntó entre bostezos:

119 —¿Ha dormido usted bien, mi querida amiga?

120 —Pues yo sí, y mi gato también. Y creo que su perro también ha dormido a pierna suelta. Pero el que parece que no ha dormido nada es usted. No ha dejado de bostezar —dijo doña Flautina y sonrió un poco.

121 Luego, un poquillo dulzona, agregó:

122 —Muchas gracias, don Gervasio. Perdone tanta molestia pero yo...

123 —Usted no diga nada y alégrese que hoy es su cumpleaños.

124 —¡Es cierto! Lo había olvidado. ¿Cuántos cumplo?

125 Doña Flautina se arregló en un dos por tres y se dispuso a salir para ver qué había quedado de su casa. Ya era hora de pensar en algo para resolver el problema. Pensó que quizás algunas tablas de madera podrían servir aún. A lo mejor se les iba lo tiznado con una pinturita... ¿Verde? ¿Azul? ¿Rosada? No sabía.

126 Lo que sí sabía era que no podía pasarse llorando la vida entera y que al mal tiempo había que ponerle buena cara. «Ocurren cosas peores», pensaba la anciana con una leve sonrisa. «Y hoy es otro día.»

127 La luz del sol inundaba la calle con sus tonalidades doradas. Y entre tanta luz, doña Flautina logró ver algunos maderos quemados en el lugar donde antes estaba su casa. Al lado, vio una hermosa casita azul, con tejas anaranjadas, un caminito verde y miles de flores multicolores sembradas en todo el jardín.

128 —¡Es la casa más linda que he visto en toda mi vida! —exclamó doña Flautina—. ¿De quién es, don Gervasio?

129 —Es suya, mi querida amiga, ¡entre y compruébelo usted misma!

Mis notas

129 Doña Flautina cruzó la calle y llamó a la puerta, sin creer aún lo que decía don Gervasio. La puerta se abrió y dentro había mucha, muchísima gente cantando «cumpleaños feliz, te deseamos a ti...». En la sala estaba colgado el retrato de la familia de la anciana que los bomberos lograron salvar en el incendio. ... Compartieron, cantaron, comieron y bailaron. Doña Flautina sentía que eran demasiada sorpresas para un solo día de cumpleaños, ¡ni que hubiera cumplido cien! ...

130 Doña Flautina estaba agradecida, feliz, alegre, contenta, requetecontenta..., y tan emocionada que otra vez empezó a llorar a raudales. En uno de los descansos que tomó para suspirar, preguntó a todos sus vecinos con una sonrisa de extrema felicidad:

131 —¿Y cómo han hecho para construir una casa tan bonita?

132 —Cuando se quiere, se puede —dijo el alcalde—. Eso hemos aprendido de usted, doña Flautina.

133 Cada uno hizo un poco, y entre todos hicimos un poco más.

134 —¿Y en qué tiempo? —preguntó doña Flautina, más asombrada que un merengue que lleva tres semanas en la puerta de un colegio.

135 —¡Muy fácil! —añadió un chico muy pequeño, muy pelirrojo y con unas gafas enormes—. ¡En un dos por tres, en un tin-marín y en un santiamén!

Responder al texto

Conversación colaborativa

Repasa lo que escribiste en la página 88 y habla con un compañero sobre lo que aprendiste en la lectura. Luego comenta en grupo las preguntas de abajo. Busca detalles en *Doña Flautina Resuelvelotodo* para apoyar tus respuestas. Piensa en maneras de relacionar tus ideas con las de los otros miembros del grupo.

1 Vuelve a leer las páginas 91 a 94. ¿Qué aprendes sobre doña Flautina a partir de las descripciones del narrador?

2 Repasa las páginas 100 a 101. ¿Cuál es el poder extraordinario que tiene doña Flautina y qué puede hacer con él?

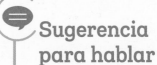

3 ¿Qué acontecimientos cambian la vida de doña Flautina y en qué puedes decir que se diferencia ella de cómo era al comienzo del cuento?

Sugerencia para escuchar

Escucha las ideas y los detalles que comparten los demás. ¿Qué información nueva puedes agregar?

Sugerencia para hablar

Piensa en cómo se relacionan las ideas de los demás con las tuyas. Haz preguntas para asegurarte de que comprendes sus ideas.

Citar evidencia del texto

Escribir una entrada de diario

TEMA PARA DESARROLLAR

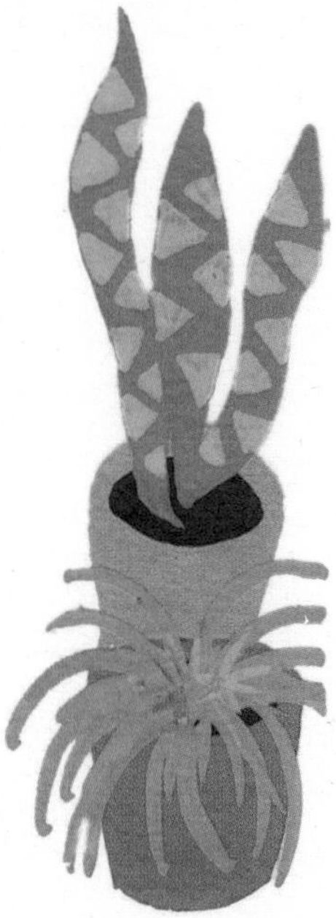

En *Doña Flautina Resuelvelotodo*, la narradora desarrolla la historia a través de los acontecimientos diarios en la vida de doña Flautina, sus experiencias y su trato con los otros personajes.

Imagina que eres doña Flautina y que llevas un diario de las experiencias que tienes día a día. Escribe una entrada de diario contando lo que sucede cuando decides bajar la luna y las estrellas. ¿Por qué lo haces? ¿Cómo lo haces y qué dicen tus vecinos? Asegúrate de contar los acontecimientos en el orden en que sucedieron, y con base en detalles del texto. Incluye modismos relacionados con los personajes o sus acciones y no te olvides de usar algunas de las palabras del Vocabulario crítico en el texto.

PLANIFICAR

Escribe una lista numerada de los acontecimientos que vas a describir en tu entrada. Crea notas sobre cada acontecimiento.

ESCRIBIR

Ahora describe en tu diario tu experiencia al bajar la luna y las estrellas.

Asegúrate de que tu entrada de diario

- ☐ incluya una fecha y una hora.
- ☐ se desarrolle a partir de la evidencia del cuento.
- ☐ describa los acontecimientos en un orden que tenga sentido, e incluya palabras de transición para mostrar la secuencia.
- ☐ use detalles vívidos y modismos para describir la experiencia.

Mis notas

Observa y anota
Contrastes y contradicciones

Prepárate para leer

ESTUDIO DEL GÉNERO La **ficción realista** cuenta una historia sobre personajes y acontecimientos que podrían darse en la vida real.

- Los autores de ficción realista dan vida a sus historias a través de los acontecimientos, acciones y personajes creíbles de la trama.
- Ocurre en un lugar que parece real y con personajes que actúan, piensan y hablan como lo harían las personas del mundo real.
- Es común narrar la historia desde el punto de vista de la tercera persona, o sea, a través de un observador externo.

ESTABLECER UN PROPÓSITO **Piensa en** el título y el género de este texto. Mientras lees, presta atención a las descripciones que te hacen imaginar a los personajes y el ambiente. ¿Qué crees que hace que este jardín sea especial? Escribe tus ideas abajo.

VOCABULARIO CRÍTICO

- misterioso
- enmarañado
- zarcillos
- ligaduras
- despertar

Conoce a la autora y a la ilustradora: Frances Hodgson Burnett y Helena Perez Garcia

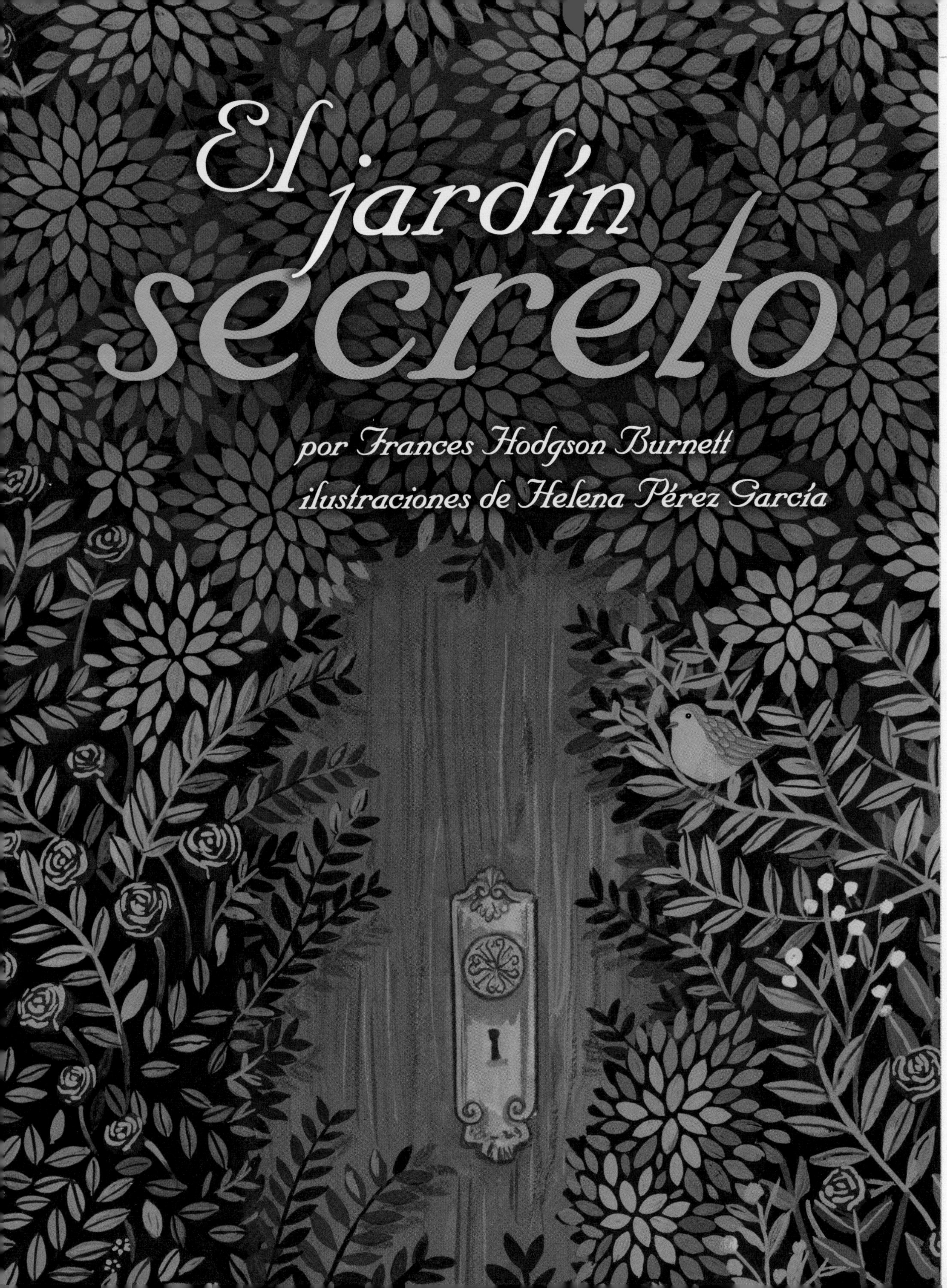

El jardín secreto

por Frances Hodgson Burnett

ilustraciones de Helena Pérez García

Mis notas

1 *La niña huérfana de diez años, Mary Lennox, acaba de mudarse de la India a la mansión de su tío en Inglaterra. En la mansión ha hecho unos pocos amigos, entre ellos el jardinero, Ben Weatherstaff, y un amistoso petirrojo que a menudo acompaña a Ben. Ha descubierto también un misterioso jardín amurallado que estuvo abandonado durante diez años. A Mary le encantaría entrar en ese jardín secreto, pero no ha podido encontrar una entrada. No obstante, el día anterior encontró una llave antigua, medio hundida en la tierra.*

Saltar la cuerda era maravilloso. Ella contaba y saltaba, saltaba y contaba, hasta que las mejillas se le ponían muy rojas, y se mostraba más interesada de lo que había estado jamás. El sol brillaba y el viento soplaba; no era un viento fuerte, más bien unas ráfagas agradables que traían un aroma fresco a tierra recién removida. Ella saltaba por el jardín de la fuente, por un sendero iba y por otro volvía. Siguió saltando y al fin llegó al huerto, donde vio que Ben Weatherstaff cavaba la tierra y hablaba con su petirrojo que daba saltitos a su alrededor. Tomó el sendero hacia él. Ben levantó la cabeza y la miró con expresión curiosa. Ella se preguntó si la habría visto. Lo que en realidad quería era que él la viera saltar.

3 Mary fue saltando y rodeando los jardines y el huerto, descansando cada tanto. Finalmente, tomó su propio sendero y se fue saltando a lo largo del camino. Era un tramo bastante extenso, así es que partió despacito; pero, antes de llegar a la mitad, estaba tan acalorada y sin aliento, que se vio obligada a detenerse. No le importó demasiado, porque ya había contado hasta treinta. Se detuvo con una sonrisa de satisfacción. Allí se mecía el petirrojo en una larga rama de hiedra. La había seguido y la saludaba con un gorjeo. Mientras se acercaba a él, Mary sentía que, con cada salto, algo pesado en el bolsillo la golpeaba. Al ver el petirrojo, volvió a reír.

4 "Ayer me mostraste dónde estaba la llave —le dijo—. ¡Hoy deberías mostrarme dónde está la puerta, pero no creo que lo sepas!"

5 El petirrojo voló desde su columpio de hiedra hasta lo alto de un muro, abrió el pico y cantó fuerte con un trino precioso, tan solo para presumir. Nada en el mundo es tan encantadoramente adorable como un petirrojo cuando presume, y los petirrojos lo hacen casi todo el tiempo.

Mis notas

6 Mary Lennox había leído bastante acerca de la magia en algunos cuentos, y siempre dijo que lo que ocurrió en ese momento fue magia.

7 Una de esas agradables ráfagas de viento que soplaba por el sendero fue más fuerte que el resto. Lo suficientemente fuerte como para sacudir las ramas de los árboles. Y más que suficiente como para remover las ramas de la hiedra sin podar que colgaban del muro. Mary se había parado cerca del petirrojo y, de pronto, la ráfaga de viento apartó unas ramas sueltas. Más repentinamente aún, Mary saltó hacia ellas y las atrapó con la mano. Hizo eso, porque había visto algo debajo: una perilla redonda que había quedado tapada por las hojas que colgaban sobre ella. Era la perilla de una puerta.

8 Mary metió las manos debajo de las hojas y empezó a tirar de ellas y a apartarlas. La hiedra colgaba espesa, casi como una cortina bamboleante, aunque una parte había trepado por la madera y el hierro. El corazón le empezó a latir de alegría y entusiasmo, y las manos empezaron a temblarle un poco. El petirrojo seguía cantando y gorjeando, e inclinaba la cabeza a un lado como si estuviera tan entusiasmado como ella. ¿Qué era esto que tocaba con las manos, que era cuadrado y de hierro y, además, tenía un agujero?

9 Era la cerradura de la puerta que había estado cerrada diez años. Metió la mano en el bolsillo, sacó la llave y vio que cabía en el ojo de la cerradura. Puso la llave y la giró. Tuvo que usar las dos manos, pero giró.

10 Entonces respiró muy profundo y miró hacia atrás a lo largo del sendero para ver si alguien venía. Nadie venía. Nadie venía nunca, al parecer. Volvió a respirar profundamente. Esto era demasiado para ella. Apartó la bamboleante cortina de hiedra y empujó la puerta, que se abrió lenta, muy lentamente.

Mis notas

Mis notas

Mis notas

11 Entonces Mary se deslizó a través de la puerta, la cerró tras de sí y se quedó con la espalda apoyada contra ella mirando a su alrededor y respirando aceleradamente con entusiasmo, asombro y alegría.

12 Estaba *dentro* del jardín secreto.

13 Era el lugar más adorable y más misterioso que nadie pudiera imaginarse. Los altos muros que lo encerraban estaban cubiertos de tallos de rosas trepadoras deshojados, tan gruesos que se habían enmarañado. Mary Lennox supo que eran rosas, porque había visto muchas rosas en la India. Todo el suelo estaba cubierto de un pasto marrón invernal. Había matorrales de arbustos que seguramente serían rosales si estuvieran vivos. Innumerables rosales comunes habían extendido tanto sus ramas, que parecían árboles.

14 En el jardín había también otros árboles, y una de las cosas que hacía que el lugar fuera de lo más raro y hermoso era que, encima de ellos, habían crecido los rosales trepadores, de los cuales pendían largos zarcillos que formaban livianas cortinas bamboleantes. Aquí y allá se habían enredado unos a otros o a una rama de gran tamaño, y habían trepado de un árbol a otro formando preciosos puentes. Ahora no tenían ni hojas ni rosas, y Mary no sabía si estaban vivos o no. Pero sus delgadas ramas y tallos grises o marrones parecían una especie de manto borroso que lo cubría todo: muros, árboles y hasta el pasto marrón envuelto en ligaduras que se habían desprendido y seguían extendiéndose por el suelo. Era esta maraña confusa de árbol a árbol lo que le daba al jardín ese aire de misterio. Mary pensó que habría sido tan diferente de otros jardines si no hubiera estado abandonado por tanto tiempo. Y ciertamente era diferente de cualquier otro lugar que hubiera visto jamás en su vida.

15 “¡Qué tranquilo es! —susurró—. ¡Qué tranquilo!”

16 Luego esperó un momento y escuchó la calma. El petirrojo, que había volado a la cima de su árbol, estaba tranquilo como todo el resto. Ni siquiera aleteaba; estaba sentado sin moverse y miraba a Mary.

misterioso Algo misterioso no puede entenderse o explicarse del todo.

enmarañar Algo que está enmarañado está enredado y en desorden.

zarcillo Los zarcillos de las plantas son partes largas y delgadas que a menudo se enroscan alrededor de un objeto o de otra planta.

ligadura Las ligaduras sujetan cosas a otras cosas.

Mis notas

16 “No me sorprende que esté en calma, —volvió a susurrar—. Soy la primera persona que ha hablado aquí en diez años.”

17 Se alejó de la puerta caminando muy suavemente, como si tuviera miedo de despertar a alguien. Se alegró de que hubiera pasto bajo sus pies y de que sus pasos no hicieran ruido. Se puso bajo uno de los arcos grises como de cuento de hadas entre los árboles y levantó la vista a los tallos y zarcillos que lo formaban.

18 “Me pregunto si todos estarán completamente muertos —dijo—. ¿Estará todo el jardín completamente muerto? Ojalá que no.”

19 Si ella fuera Ben Weatherstaff, podría saber si la madera estaba viva con tan solo mirarla. Pero lo único que ella podía ver eran tallos y ramas grises o marrones, y nada daba señales de que al menos una hojita fuera a brotar en alguna parte.

20 No importaba. Estaba *dentro* del maravilloso jardín y podría cruzar la puerta bajo la hiedra en cualquier momento que quisiera. Sintió como si se hubiera encontrado un mundo para ella sola.

despertar Despertar a alguien es interrumpir su sueño.

Responder al texto

Conversación colaborativa

Fíjate en lo que escribiste en la página 112. Cuéntale a un compañero lo que aprendiste acerca del jardín. Luego trabaja en grupo y comenta las preguntas de abajo. Usa detalles de *El jardín secreto* para respaldar tus respuestas. En la conversación, amplía lo que otros digan o agrega más detalles y ejemplos.

1 Vuelve a leer las páginas 114 a 115. ¿Qué palabras y frases hacen que Mary y sus acciones parezcan reales?

2 Repasa las páginas 119 a 120. ¿Qué detalles te hacen comprender por qué Mary se siente emocionada mientras explora el jardín?

3 ¿Qué hace que el jardín secreto haga sentir a Mary como si "se hubiera encontrado un mundo para ella sola"?

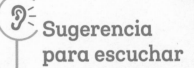

Sugerencia para escuchar

Escucha atentamente los ejemplos que los demás miembros del grupo comparten. Agrega o apoya sus ideas usando evidencia del texto.

Sugerencia para hablar

Usa palabras de enlace como *además* u *otro ejemplo* para mostrar cómo se conecta tu idea con lo que otra persona ha dicho.

Citar evidencia del texto

Escribir la escena siguiente

TEMA PARA DESARROLLAR

En *El jardín secreto,* leíste que Mary descubrió una puerta oculta y cerrada con llave, y que sintió curiosidad sobre lo que había del otro lado. Cuando abrió la puerta y vio el jardín muerto pero de aspecto salvaje, se sintió "como si se hubiera encontrado un mundo para ella sola".

Imagina qué podría ocurrir a continuación, ahora que Mary ha descubierto este lugar secreto. Escribe una escena para continuar la historia. Incluye un principio, un desarrollo y un final para la escena, así como detalles basados en la evidencia tomada de la historia. No te olvides de usar en tu escena algunas de las palabras del Vocabulario crítico.

PLANIFICAR

Toma notas sobre los acontecimientos para tu nueva escena y organízalos en "principio", "desarrollo" y "final". Incluye detalles reunidos a partir de la evidencia del texto.

ESCRIBIR

Ahora escribe la escena siguiente en ***El jardín secreto***.

Asegúrate de que tu escena

- ☐ amplíe la información previa tomada del texto.
- ☐ incluya un principio, un desarrollo y un final claros.
- ☐ explique los acontecimientos en un orden que tenga sentido.
- ☐ use palabras descriptivas y precisas para describir a los personajes, el ambiente y los acontecimientos.

Observa y anota
Contrastes y contradicciones

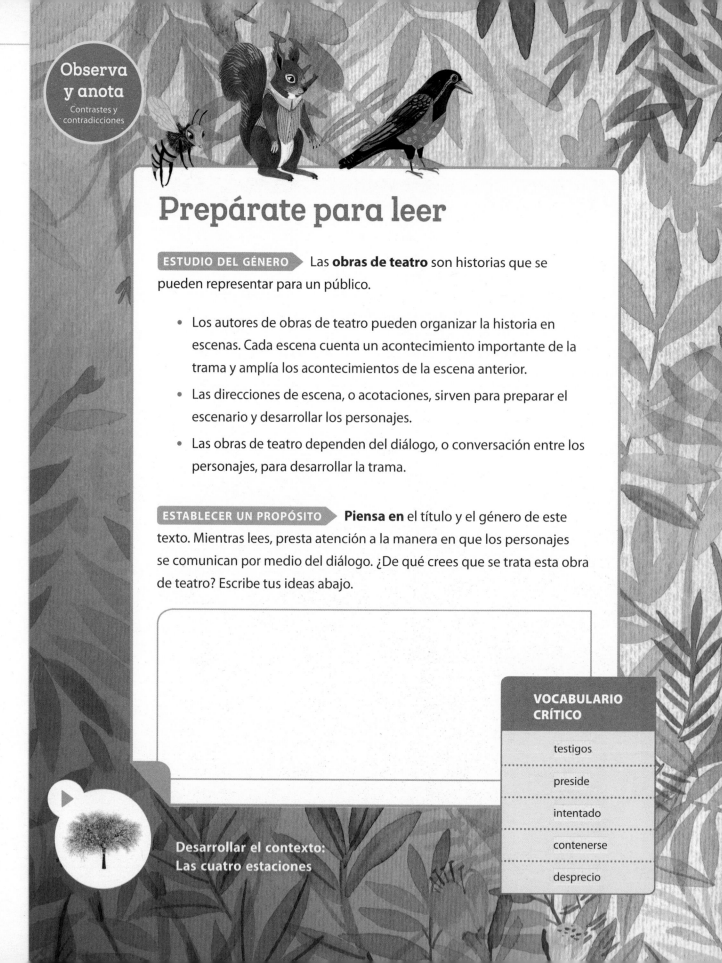

Prepárate para leer

ESTUDIO DEL GÉNERO Las **obras de teatro** son historias que se pueden representar para un público.

- Los autores de obras de teatro pueden organizar la historia en escenas. Cada escena cuenta un acontecimiento importante de la trama y amplía los acontecimientos de la escena anterior.
- Las direcciones de escena, o acotaciones, sirven para preparar el escenario y desarrollar los personajes.
- Las obras de teatro dependen del diálogo, o conversación entre los personajes, para desarrollar la trama.

ESTABLECER UN PROPÓSITO **Piensa en** el título y el género de este texto. Mientras lees, presta atención a la manera en que los personajes se comunican por medio del diálogo. ¿De qué crees que se trata esta obra de teatro? Escribe tus ideas abajo.

VOCABULARIO CRÍTICO

- testigos
- preside
- intentado
- contenerse
- desprecio

Desarrollar el contexto: Las cuatro estaciones

Mis notas

El milagro de la primavera

por Helen Hanna
ilustraciones de Olga Baumert

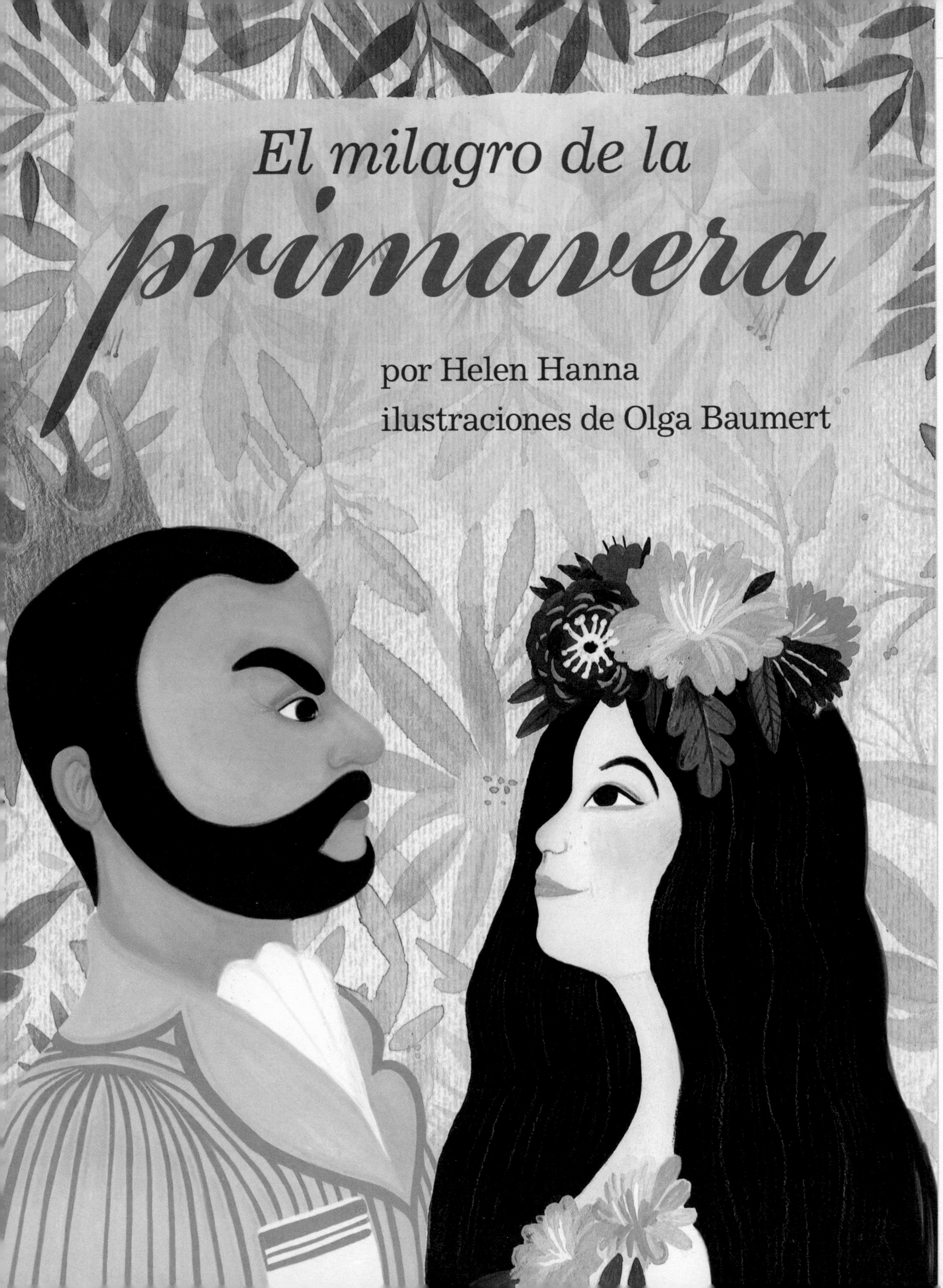

Personajes

REY BARTHOLOMEW

CRIADO DEL REY

PRIMERA MINISTRA

GUARDIA DE ENTRADA

CAPITÁN DE LA GUARDIA

DOS GUARDIAS

PRIMAVERA

TRIBUNAL DE LA MADRE NATURALEZA

JUEZ BÚHO SABIO

CUERVO

CASTOR TRABAJADOR

SEÑORA MANZANO

SEÑOR ARDILLA

SEÑORITA TRIGO DE INVIERNO

SEÑORITA HABICHUELA

SEÑORITA VACA BESSIE

SEÑOR CORDERO LANUDO

SEÑORITA ABEJA

JURADO

ANIMALES

AVES

INSECTOS

ÁRBOLES

FLORES

El Rey Bartholomew impide la llegada de Primavera y acaba dándose cuenta de que le ha faltado el respeto a la Madre Naturaleza, ha alterado los ciclos de las estaciones y ha destruido el suministro de alimentos.

Notas de producción

PERSONAJES: 3 masculinos, 6 femeninos, 9 masculinos o femeninos; tantos masculinos y femeninos como se deseen para el jurado. (Los actores también pueden representar más de un papel con un cambio de vestuario).

TIEMPO DE REPRESENTACIÓN: 15 minutos

VESTUARIO: El Rey lleva pijama, una corona pequeña y una bata al final de la obra. Los miembros de su corte llevan los trajes tradicionales de las cortes de los cuentos de hadas. El Tribunal de la Madre Naturaleza tiene máscaras que cubren la cabeza de acuerdo con sus caracterizaciones particulares. El Juez Búho Sabio lleva toga larga negra y anteojos. Primavera lleva vestido largo blanco, una guirnalda de flores en el cabello y la palabra "Primavera" en una banda que le cruza el pecho.

UTILERÍA: Bandeja con cuchara, platos, medicamento, banco del Juez, martillo, estrado de los testigos, hoja de papel para el informe de la Primera Ministra.

AMBIENTE: Dormitorio del Rey. Abajo a la derecha, hay una puerta que conduce al interior del castillo. A la izquierda, una "puerta ventana" grande. En el centro, una cama grande con muchas almohadas y colchas. Cerca de la cama, hay una mesa de noche y una cuerda de campana.

ILUMINACIÓN: Las luces bajan para la secuencia del sueño y vuelven a encenderse a pleno según lo indica el texto.

SONIDO: Tañido de campana seis veces.

testigo Los testigos son los que se presentan ante un tribunal para decir lo que saben acerca de un delito.

Mis notas

Acto primero

AMBIENTE: *Dormitorio del Rey Bartholomew.*

AL LEVANTARSE EL TELÓN: *El REY BARTHOLOMEW está sentado en su cama con una bandeja de comida sobre el regazo. Su CRIADO está de pie junto a la cama. En la puerta está el GUARDIA DE ENTRADA.*

1 **REY** (*Con una mueca y volviendo a poner la cuchara en el plato*): ¡Caramba! ¿Qué es esta papilla desabrida?

2 **CRIADO:** El cocinero la llama pudin de primavera, Señor. ¡Está en su dieta!

3 **REY:** ¡Bah! Llévatela. No es la comida lo que me da dolor de estómago. ¡Es fastidio! ¡Ese recorrido de ayer por el reino fue lo que me hizo mal!

4 **CRIADO:** Fue un día hermoso para pasear, Señor. La primavera entibió el aire e hizo brotar los árboles.

5 **REY** (*Extremadamente fastidiado*): ¡Ya lo creo! Y ha convertido a mis trabajadores en haraganes soñadores que dormitan bajo el sol. En todos los lugares que visité, ¡nadie trabajaba!

6 **CRIADO:** Solo un toque de fiebre de primavera, Su Majestad.

Mis notas

7 **REY:** ¡Fiebre de primavera es otra forma de decir pereza! ¡Y yo no la tendré! ¿Ya se ha reportado el Capitán de la Guardia?

8 **CRIADO:** No, Señor, pero la Primera Ministra está esperando para verlo.

9 **REY:** Hazla pasar. Y búscame al Canciller.

10 **CRIADO** (*Al GUARDIA DE ENTRADA*): El Rey verá a la Primera Ministra. (*Sale el CRIADO*).

11 **GUARDIA DE ENTRADA:** La Primera Ministra para ver al Rey. (*Entra la PRIMERA MINISTRA y hace una reverencia*).

12 **PRIMERA MINISTRA:** Su Majestad, buenas noches.

13 **REY:** ¿Dónde está el informe que ordené?

14 **PRIMERA MINISTRA:** Todavía no está terminado, Señor. Vine a pedir un favor. Me gustaría mañana tomarme el día libre para llevar a mis hijos de pesca.

15 **REY** (*Explotando*): ¡De pesca! ¡Vaya ridiculez! (*Se dobla en dos de dolor*). ¡Fuera, vete de aquí! (*Mientras la PRIMERA MINISTRA se retira a toda prisa, entra el CRIADO*).

16 **CRIADO:** El Canciller no ha regresado aún del torneo.

17 **REY** (*Explotando de nuevo*): ¡Torneo! Entonces hablaré con el Camarero.

18 **CRIADO:** Fue con su familia de excursión, Señor.

19 **REY** (*De nuevo con dolor*): ¡De excursión! Dame mi medicamento. Llama al Capitán de la Guardia, ¡inmediatamente!

20 **CRIADO** (*Al GUARDIA DE ENTRADA*): Llama al Capitán. (*Sale el GUARDIA*).

21 **REY:** (*Tomando el medicamento que el CRIADO le dejó sobre la mesita de noche*): ¡De pesca! ¡Torneos! ¡De excursiones! (*Entra el GUARDIA DE ENTRADA*).

22 **GUARDIA DE ENTRADA:** ¡El Capitán de la Guardia Real! (*Entra el CAPITÁN*).

23 **CAPITÁN:** A sus órdenes, Su Majestad.

24 **REY:** ¿Ya tienes a la acusada?

25 **CAPITÁN:** Sí, Su Majestad, la acusada está afuera.

26 **REY:** Entonces tráela ante mí. (*El CAPITÁN saluda y sale, regresando inmediatamente con DOS GUARDIAS que traen entre ellos a PRIMAVERA*).

Mis notas

27 **CRIADO** *(Horrorizado)*: ¡Es la doncella, es Primavera!

28 **REY:** ¡Tú! ¡Tú eres la que ha puesto mi reino patas arriba con pesca, torneos y excursiones! ¡No lo consentiré!, ¿entiendes? ¡Te encerraré bajo llave, para que no puedas hacer más travesuras! *(PRIMAVERA permanece en silencio)*. Llévenla al calabozo y asegúrense de tomar todas las medidas para que no se escape. *(El REY cae sobre las almohadas, agotado, mientras los GUARDIAS saludan y se llevan a PRIMAVERA; luego se dirige débilmente al CRIADO)*. Tú, deja de mirar como un bobo y sal de aquí. Estoy agotado. Mañana por la mañana despiértame a las seis en punto.

29 **CRIADO:** Como desee, Su Majestad. Que descanse bien, Señor. *(El CRIADO toma la bandeja y sale)*.

30 **REY** *(Al GUARDIA DE ENTRADA)*: ¡Tú también, fuera!

31 **GUARDIA DE ENTRADA:** Buenas noches, Su Majestad. *(Sale)*.

(El REY cierra los ojos. Bajan las luces).

Acto segundo

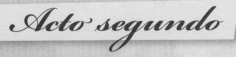

Escena primera

AMBIENTE: *Dormitorio del Rey.*

AL LEVANTARSE EL TELÓN: *El* REY *está durmiendo. De repente se abre la gran ventana que está en el frente del escenario y entra el* CUERVO. *Echa un vistazo, luego hace una señal a los otros miembros del Tribunal de la Madre Naturaleza. Entran todos excepto el* JUEZ. *Llevan un banco y un estrado, y los instalan donde el* REY *pueda verlos. Los miembros del jurado se sientan juntos, ya sea en el piso o en sillas plegables que llevan ellos mismos. Los testigos permanecen juntos en otra área.*

1 **CUERVO:** ¡Cruaaac, cruaaac! ¡Atención! ¡Atención! El Tribunal de la Madre Naturaleza se encuentra ahora en sesión. Preside el Juez Búho Sabio. Todos de pie. *(Todos permanecen de pie mientras el Juez Búho entra, va hasta el banco y se sienta. El Rey se despierta).*

2 **JUEZ BÚHO** *(Dando golpes con el martillo)*: ¿Cuál es el primer caso que se presenta ante el tribunal?

3 **CUERVO:** Madre Naturaleza contra Rey Bartholomew, Su Señoría.

4 **JUEZ:** ¿Está preparado el abogado de la Madre Naturaleza?

5 **CASTOR TRABAJADOR:** Preparado, Su Señoría. Su Señoría, damas y caballeros del jurado, yo, Castor Trabajador, probaré más allá de cualquier mínima sospecha que el Rey Bartholomew es culpable de haber intentado provocar una hambruna.

6 **REY** *(Sentándose en su cama)*: ¡Hambruna! ¡Jamás permitiría que alguien pasara hambre!

7 **JUEZ:** Silencio, por favor.

8 **CASTOR:** Yo dije: "haber intentado provocar una hambruna".

9 **REY:** ¡Yo jamás siquiera he "intentado" provocar una hambruna!

10 **JUEZ:** Tendrá que contenerse, Señor, o quedará detenido por su desprecio por la autoridad. Puede proceder, señor Castor Trabajador.

11 **CASTOR:** Hablo del intento de privar de comida.

12 **REY:** ¡Yo jamás he privado de comida a nadie! ¡Si hasta a los reos de las cárceles les damos mantequilla de maní y una jalea muy exquisita!

13 **JUEZ:** Esta es su última advertencia, Señor.

presidir Cuando alguien preside un acontecimiento, está a cargo de él.
intentar Si has intentado algo, has tratado de hacerlo.
contenerse Para contenerse, alguien se abstiene de hacer algo que desea.
desprecio Cuando expresas desprecio, muestras poco respeto por alguien o por algo.

14 **CASTOR:** Llamo a mi primera testigo, la señora Manzano. *(Comparece MANZANO).*

15 **CUERVO:** Levante la mano derecha. ¿Jura decir la verdad, toda la verdad y nada más que la verdad?

16 **MANZANO** *(Levantando la mano)*: Sí, juro.

17 **CASTOR:** Señora Manzano, ¿podría usted, por favor, decirle al tribunal por qué está toda vestida de marrón oscuro, en lugar del verde brillante que generalmente luce en esta época del año?

18 **MANZANO:** Porque este año no hay primavera. El Rey Bartholomew impidió que la primavera llegara a este reino.

19 **CASTOR:** ¿Y es esa la razón por la que usted no luce su bonito sombrero cubierto de flores?

20 **MANZANO:** Sí, y lo extraño tanto. No es solo porque a todo árbol le gusta lucir hermoso, sino porque significa que este año no tendré manzanas. Las manzanas vienen de esas flores de la primavera.

21 **CASTOR:** ¿Y representa usted a los demás árboles frutales?

22 **MANZANO:** Claro. No habrá peras, ni duraznos, ni cerezas, ni ciruelas. Sin primavera, no hay flores ni fruta.

23 **CASTOR:** Gracias, señora Manzano. Eso es todo. Ahora hemos probado que este año la gente del reino no tendrá fruta para comer. Siguiente testigo, señor Ardilla. *(ARDILLA da un paso al frente y CUERVO le toma juramento).* Bien, señor Ardilla, en estos días no anda con su habitual alegría y optimismo. ¿Por qué?

24 **ARDILLA:** Estoy preocupado. Y también lo están todos mis hermanos, mis primos y mis amigos.

25 **CASTOR:** ¿Podría decirle al tribunal el motivo de su preocupación?

26 **ARDILLA:** Porque pasaremos hambre el próximo invierno. La cosecha de frutos secos del año pasado se está acabando y este año no habrá nada de frutos secos.

27 **CASTOR:** ¿Nada de frutos secos? ¿Cómo es eso?

28 **ARDILLA:** Porque los frutos secos crecen en los árboles, así como las manzanas y las peras son frutas de los árboles del huerto. Sin árboles florecidos, no hay frutos secos.

29 **CASTOR:** Gracias, señor Ardilla. Puede bajar del estrado *(ARDILLA regresa a su lugar).* El tribunal ha oído que este año en el reino no tendremos ni fruta ni frutos secos. Esto afectará la vida tanto de las personas como de los animales. Siguiente testigo: señorita Trigo de Invierno. *(CUERVO le toma juramento a TRIGO DE INVIERNO).* ¿Podría usted, por favor, contarle al tribunal por qué se la conoce como "Trigo de Invierno"?

30 **TRIGO DE INVIERNO:** Porque el granjero siembra mis semillas mucho antes de que llegue el invierno, antes de que la tierra se congele. Lo hace así porque quiere cosechar el trigo en cuanto comienza la primavera.

31 **CASTOR:** Ese es un granjero inteligente. ¿Podrá obtener una cosecha de trigo temprana?

32 **TRIGO:** No, no podrá. Porque la tierra tiene que descongelarse y calentarse antes de que nuestros brotes puedan asomarse. Como este año no habrá primavera, no habrá cosecha de trigo de invierno y, a decir verdad, ¡de ninguna otra clase de trigo!

33 **CASTOR:** ¿Qué significa eso para el pueblo?

34 **TRIGO:** Que no habrá trigo, ni alfalfa, ni cebada, ni maíz, ni ninguna otra clase de granos. Quiere decir que no habrá cereales, así que no habrá harina, ni pan, ni pancitos, ni tortas, ni pasteles.

35 **CASTOR:** Gracias, señorita Trigo. Puede bajar. *(Ella se baja)*. Muy bien... Sin frutas. Sin frutos secos. Sin granos. Sin cereales. Sin harina. Sin ningún producto de panadería para comer. Siguiente testigo, señorita Habichuela. *(CUERVO le toma juramento a HABICHUELA)*. Señorita Habichuela, este año su rostro luce especialmente alargado y delgado. ¿Por qué motivo?

36 **HABICHUELA:** Porque me da mucha lástima toda la gente que este año se quedará sin mí y sin todas las otras verduras.

37 **CASTOR:** ¿Nada de verduras este año? ¿Y por qué, señorita Habichuela?

38 **HABICHUELA:** Porque la tierra está dura y congelada, y los granjeros no pueden sembrar las semillas. Tampoco las semillas que cayeron en la tierra el año pasado de la mano de la Madre Naturaleza *(solloza)* pueden desarrollarse y convertirse en plantas sin un suelo cálido y sol. *(Solloza).*

39 **CASTOR:** Bueno, ya, señorita Habichuela. Me doy cuenta de que está usted consternada. Está disculpada. *(Ella regresa a su lugar).* Me parece que al tribunal le queda bastante claro por qué no habrá verduras este año. Siguiente testigo, señorita Vaca Bessie. *(CUERVO le toma juramento a VACA BESSIE).* Bessie, creo que usted tiene una historia para contarle al tribunal.

40 **BESSIE:** Una historia muy, muy triste. No sé por cuánto tiempo más habrá leche, crema, queso o helados para la gente del reino.

41 **CASTOR:** ¡Esto sí parece grave, de verdad! ¿Está usted segura?

42 **BESSIE:** Las vacas no podemos dar leche a menos que tengamos buen pasto fresco para comer. ¿Dónde vamos a encontrar buen pasto verde en este paisaje invernal? Y pronto se nos terminará la provisión de heno, alfalfa, avena y maíz que teníamos para el invierno. ¡Sin comida, no hay leche!

43 **CASTOR:** Gracias, Bessie. *(BESSIE regresa a su lugar).* Sin leche, mantequilla, crema, queso ni helados. Siguiente testigo, señor Cordero Lanudo. *(CUERVO le toma juramento a CORDERO LANUDO).* Señor Cordero, usted se encuentra extremadamente lanudo para esta época del año, ¿no es cierto?

44 **CORDERO LANUDO:** ¡Sí, usted tiene toda la razón! Generalmente el granjero ya me ha pasado por sus tijeras eléctricas en esta época. Pero ahora... ¡*brrr*! Hace demasiado frío para quitarme mi abrigo.

45 **CASTOR:** ¿Qué resultado tendrá esto para la gente del reino?

46 **CORDERO LANUDO:** No habrá lana para ropa de abrigo ni mantas, y si este clima invernal continúa, la gente necesitará más que nunca ropa de lana.

47 **CASTOR:** Gracias. *(CORDERO LANUDO regresa a su lugar).* Siguiente testigo, señorita Abeja. *(CUERVO le toma juramento a ABEJA).* ¿Por qué anda usted zumbando con tanta furia, señorita Abeja?

48 **ABEJA:** ¡Estoy tan enojada que podría picar a alguien!

49 **CASTOR:** ¿Por qué?

50 **ABEJA:** Porque soy la campeona de la producción de miel, por eso. El año pasado gané un primer premio en la feria del condado y este año no podré producir ni una gotita del delicioso néctar dorado.

51 **CASTOR:** ¿No habrá miel este año? Eso es terrible.

52 **ABEJA:** ¡Nadie lo sentirá más que el Rey Bartholomew, porque a él le encanta el pan con miel! Una abeja no puede producir miel sin flores y no se puede esperar que los jardineros cultiven flores cuando no hay primavera. Muy seriamente le digo: "abejas sin comida, colmenas perdidas".

53 **CASTOR:** Gracias, señorita Abeja. Puede bajar.

54 **ABEJA** *(Hablando con rabia mientras se aleja del estrado)*: Y los osos... ¡simplemente enloquecerán sin miel!

55 **CASTOR** *(Al jurado)*: Este año vamos a perder las flores, las aves, el sol. Pero, lo que es más importante *(dándose palmadas en el estómago)*, ¡vamos a perder nuestro alimento! ¡El Rey Bartholomew está haciendo todo lo posible para que pasemos hambre! ¡Yo digo que merece que lo declaren culpable y le den el castigo más severo que el Juez Búho pueda dictar!

56 **JURADO** *(Poniéndose de pie)*: ¡Sí! ¡Culpable! ¡Culpable! ¡Culpable!

57 **REY** *(Saltando de su cama)*: ¡Esperen!

58 **JUEZ:** Le advertí que la próxima irreverencia de su parte se tomaría como un desprecio por la autoridad. Vean que permanezca callado. *(El CUERVO, los testigos y el jurado avanzan amenazadoramente hacia el REY, quien corre a treparse de nuevo a la cama y tira de las colchas tapándose la cabeza).*

59 **JURADO** *(Cantando con voz baja y monótona)*: Culpable. Culpable. Culpable. *(De repente, repica una campana seis veces. Todos los personajes del Tribunal de la Madre Naturaleza salen rápidamente a través de la ventana del frente del escenario llevándose la utilería consigo).*

Mis notas

Escena segunda

AMBIENTE: *Dormitorio del Rey.*

AL LEVANTARSE EL TELÓN: *Las luces se encienden a pleno y el* REY *salta de la cama, tira de la cuerda de campana. El* GUARDIA DE ENTRADA *abre la puerta, toma su puesto habitual.*

60 **GUARDIA DE ENTRADA:** Buenos días, Su Majestad. Confío en que haya dormido usted bien.

61 **REY:** Fue una noche terrible, simplemente terrible. ¡Qué sueño! ¿Dónde está mi criado?

62 **GUARDIA DE ENTRADA:** Ya viene, Su Majestad. *(Entra el CRIADO).*

63 **CRIADO:** Buenos días, Su Majestad.

64 **REY:** Tráeme mi bata. ¡Apúrate! *(El CRIADO lo ayuda a ponerse la bata mientras habla).* ¡Busca al Capitán de la Guardia, de inmediato!

65 **CRIADO** *(Al GUARDIA DE ENTRADA)*: ¡El Capitán de la Guardia, de inmediato!

66 **REY** *(Paseándose)*: Hice algo terrible. Solo espero que no sea demasiado tarde.

67 **GUARDIA DE ENTRADA:** ¡El Capitán de la Guardia! *(Entra el CAPITÁN).*

68 **CAPITÁN** *(Temblando y cayendo de rodillas)*: No fue mi culpa. Las cadenas estaban ajustadas, y la puerta estaba cerrada con llave y tenía barrotes.

69 **REY:** Deja de cotorrear. No hay tiempo que perder. Ve enseguida y fíjate que le quiten las cadenas a la doncella, a Primavera, y tráemela para que pueda pedirle disculpas.

70 **CAPITÁN:** Eso es lo que estoy tratando de decirle. No está ahí. ¡Se ha ido!

71 **REY:** ¿Cómo que se ha ido?

72 **PRIMAVERA** *(Entrando por la ventana del frente del escenario)*: ¿Quería usted verme? *(Le sonríe al REY)*.

73 **REY** *(Cayendo de rodillas ante ella)*: ¿Puedes perdonarle a un hombre tonto el error más grande de su vida?

74 **PRIMAVERA** *(Extendiendo la mano hacia él e invitándolo a ponerse de pie)*: Sí, un hombre tonto; tonto por pensar que usted, o cualquier otro hombre o mujer, podría gobernar las fuerzas de la naturaleza a su voluntad. ¿Realmente creyó que las puertas del calabozo o las cadenas de hierro podrían evitar que Primavera recorriera su reino?

75 **REY** *(Arrepentido)*: Fui un tonto. Pero aprendí mi lección.

76 **PRIMAVERA:** La primavera es un milagro anual de la naturaleza, tan constante como la luna y las estrellas. Época de siembra y época de cosecha, verano e invierno, día y noche...; es lo que debe ocurrir siempre.

77 **REY:** ¿Qué puedo hacer para ganarme su perdón?

78 **PRIMAVERA:** Abra los ojos y el corazón a su medio ambiente. Ahora, si no le importa, debo seguir mi camino, llevar a cabo mis milagros de primavera. *(PRIMAVERA toma al REY del brazo y ambos van hacia la ventana. PRIMAVERA pasa a través de la ventana sonriendo y desaparece. El REY se queda en la ventana viéndola partir y saludándola con la mano. El REY respira profundo y, sonriendo, vuelve hacia la habitación)*.

79 **GUARDIA DE ENTRADA:** La Primera Ministra para ver al Rey.

80 **REY:** Bien. *(Entra la PRIMERA MINISTRA con un papel en la mano)*: Justo la persona a quién quería ver.

81 **PRIMERA MINISTRA:** Su informe. Me quedé en vela toda la noche para terminarlo.

82 **REY:** Eso no importa ahora. Dime, ¿es hoy que querías llevar a tus hijos de pesca?

83 **PRIMERA MINISTRA:** Perdóneme, Señor. Fue una tontería de mi parte.

84 **REY:** En absoluto. Puedes tomarte el día, con una condición.

85 **PRIMERA MINISTRA:** ¿Condición?

86 **REY:** Sí. ¡Con la condición de que me lleven con ustedes!

87 **PRIMERA MINISTRA:** *(Atónita)*. ¿A usted? ¿De pesca?

88 **REY:** Sí. Creo que me haría muy bien para el dolor de estómago. ¡Además, parece que tengo un toque de... fiebre de primavera! *(Telón)*.

Fin

Responder al texto

Conversación colaborativa

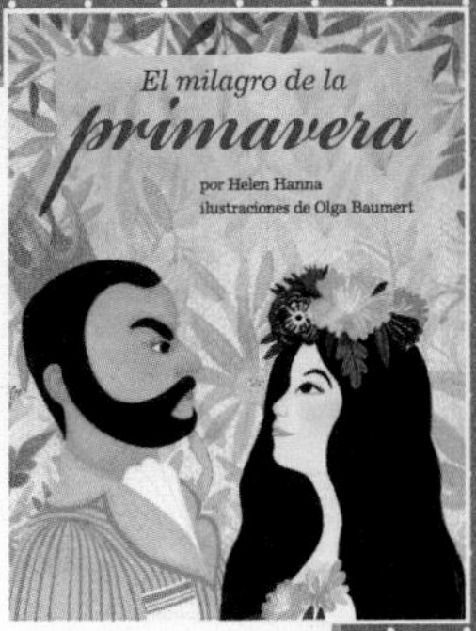

Fíjate en lo que escribiste en la página 124. Dile a un compañero dos cosas que aprendiste de la lectura. Luego trabaja en grupo para comentar las preguntas de abajo. Apoya tus respuestas con detalles de *El milagro de la primavera*. En la conversación, explica cómo se relacionan tus ideas con las de los demás miembros de tu grupo.

1. Vuelve a leer las páginas 128 a 129. ¿Por qué está el Rey Bartholomew tan enojado con sus trabajadores?

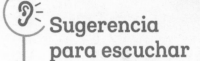

2. Repasa las páginas 132 a 136. ¿Por qué tendrán dificultades para encontrar alimentos si se impide que llegue Primavera? ¿Cómo se sienten los testigos acerca de esta posibilidad?

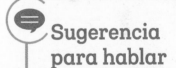

3. ¿Cómo cambia el Rey Bartholomew desde el comienzo de la obra de teatro hasta el final? ¿Qué causa este cambio?

Sugerencia para escuchar

Mira a cada persona que habla para que se vea que prestas atención.

Sugerencia para hablar

Piensa cómo están conectadas las ideas de la conversación. Cuando compartas tus ideas, amplía lo que otra persona haya dicho.

Citar evidencia del texto

Escribir una escena de una obra de teatro

TEMA PARA DESARROLLAR

En *El milagro de la primavera,* un rey está enojado porque el pueblo está disfrutando de la llegada de Primavera en lugar de trabajar. Entonces, intenta encerrar a Primavera. Luego, llevan a juicio al rey, y varios personajes animales y vegetales que están en la sala del juzgado explican qué hubiera sucedido sin Primavera.

Elige uno de estos personajes animales o vegetales. Escribe una escena de la obra de teatro en la cual el personaje vuelve a contar a su familia o sus amigos lo sucedido durante el juicio. Incluye los elementos básicos de una obra de teatro, como los nombres y los diálogos de los personajes, y las direcciones de escena o acotaciones. No te olvides de usar en tu escena algunas de las palabras del Vocabulario crítico.

PLANIFICAR

Toma notas sobre los acontecimientos del juicio a partir de la evidencia del texto, en el orden en que sucedieron. Incluye en tus notas los nombres de los personajes de la nueva escena y algunas ideas para las acotaciones.

ESCRIBIR

Ahora escribe tu escena de la obra de teatro, en donde vuelvas a contar lo sucedido durante el juicio.

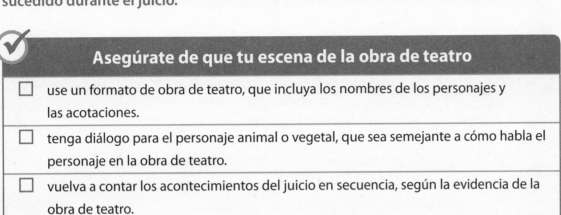

Asegúrate de que tu escena de la obra de teatro
☐ use un formato de obra de teatro, que incluya los nombres de los personajes y las acotaciones.
☐ tenga diálogo para el personaje animal o vegetal, que sea semejante a cómo habla el personaje en la obra de teatro.
☐ vuelva a contar los acontecimientos del juicio en secuencia, según la evidencia de la obra de teatro.

Mis notas

Observa y anota
Contrastes y contradicciones

Prepárate para leer

ESTUDIO DEL GÉNERO La **poesía** usa los sonidos y los ritmos de las palabras para mostrar imágenes y expresar sentimientos.

- Algunos poemas incluyen efectos de sonido, como la rima, el ritmo y la métrica, para reforzar el significado del poema. No todos los poemas riman, pero todos ellos tienen ritmo.
- También pueden incluir recursos de estilo como la aliteración y la repetición, para enfatizar palabras o ideas particulares.
- Los poetas pueden usar lenguaje figurado como la metáfora y la comparación para desarrollar sus ideas.
- Los poemas generalmente se estructuran en estrofas, relacionadas entre sí, para desarrollar el tema.

ESTABLECER UN PROPÓSITO **Piensa en** el título y el género de esta selección. Mientras lees, presta atención a la rima y el ritmo de los poemas. ¿Qué sabes sobre las formas poéticas? Escribe tus ideas abajo.

VOCABULARIO CRÍTICO

- ficciones
- confín
- caleidoscopio
- embeleso
- bóveda
- insólito
- insoluble

Conoce a los autores: Miguel de Unamuno, David Consuegra y Pablo Neruda.

Poemas para todos

Mis notas

Leer, leer, leer

por Miguel de Unamuno

Leer, leer, leer, vivir la vida
que otros soñaron.
Leer, leer, leer, el alma olvida
las cosas que pasaron.
Se quedan las que quedan, las ficciones,
las flores de la pluma,
las solas, las humanas creaciones,
el poso de la espuma.
Leer, leer, leer; ¿seré lectura
mañana también yo?
¿Seré mi creador, mi criatura,
seré lo que pasó?

ficciones Las ficciones son las cosas imaginadas, no reales.

Mis notas

Una vez tres veces

por David Consuegra

Las olas, las olas
que vienen y vienen y luego se van,
se cruzan, se cruzan y luego se juntan,
y se vuelven grandes y se vuelven chicas,
y se vuelven verdes, azules y blancas.
Al verse un barquito que lejos ya va,
parece que fueran las olas el cielo
y lento, muy lento, cruzara un lucero.

Mis notas

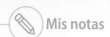

¡Siembro amapolas y girasoles
en mi campiña con gran amor,
porque prefiero las amarillas
que siempre brillan con más fulgor;
y porque en sueños soy millonario
como aquel príncipe floricultor
que por tesoro tenía el cielo
sembrado todo de sol a sol!

Mis notas

De verdes muy verdes y verdes más claros;
de verdes muy fuertes y verdes más suaves
he visto vestirse los bosques de verde
los bosques he visto vestirse en verano.
Y he visto —cual vieron en tiempos lejanos—
con mis propios ojos, por arte de magia,
que las verdes ramas de aquellos pinares
eran esmeraldas de un bosque encantado.

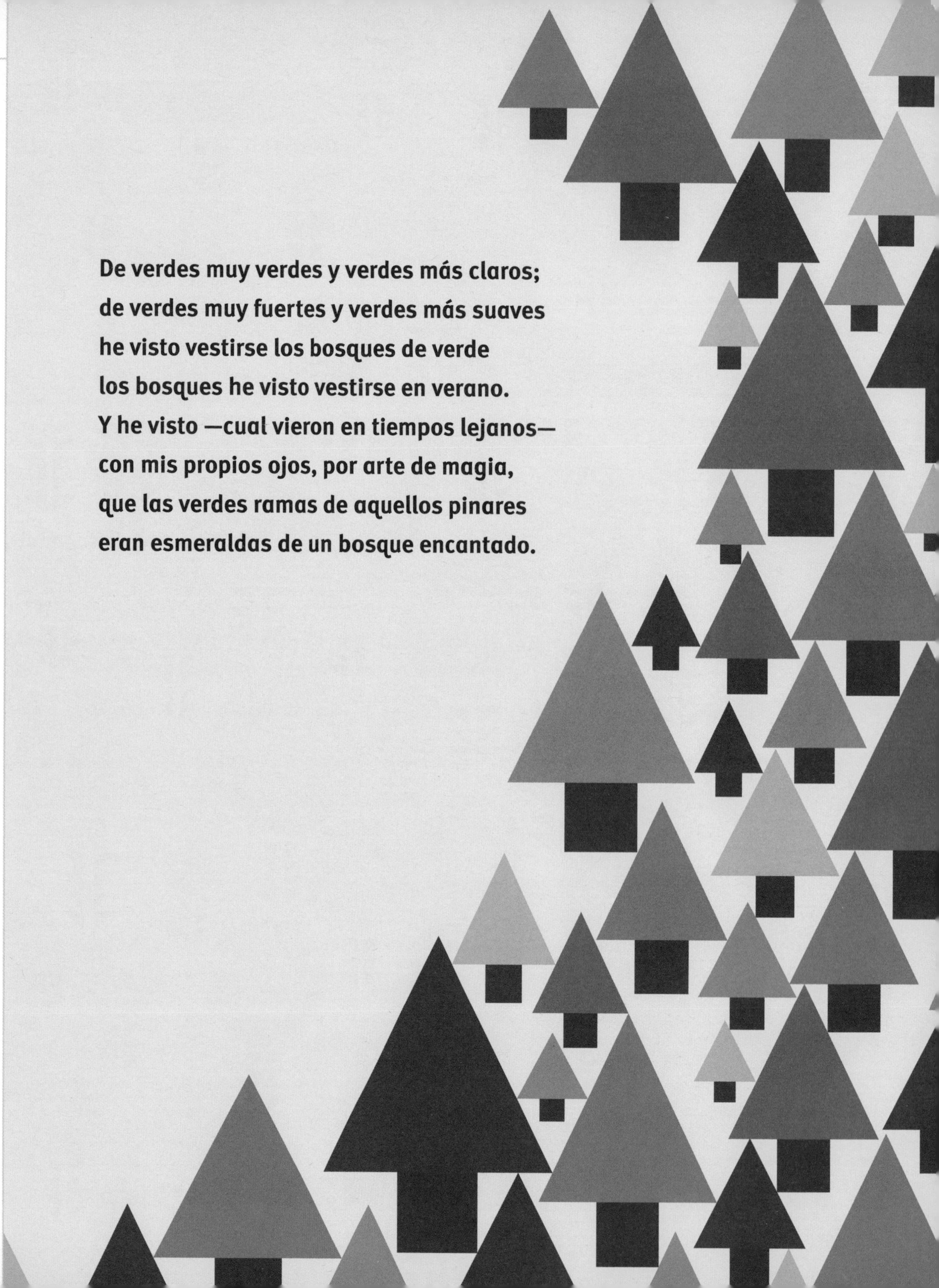

Mis notas

¡Vuelan y vuelan las mariposas
entre las rosas de mi jardín
y en el batir de sus finas alas
de galas visten el mes de abril;
posan y posan y luego pasan
volando alegres al gran confín
y pienso entonces que son las rosas
que se han volado de mi jardín!

confín El confín es el lugar en el horizonte hasta donde alcanza la vista.

Mis notas

"¡Qué lindos! ¡Qué hermosos!"
—me dijo con voz de chiquilla
mostrando los peces.
"¡Parecen, moviendo graciosos
sus cuerpos brillantes,
los mismos cristales de un caleidoscopio!".

caleidoscopo Un caleidoscopio es un juguete óptico en forma de tubo construido con espejos que permiten ver patrones cambiantes de figuras y colores.

Mis notas

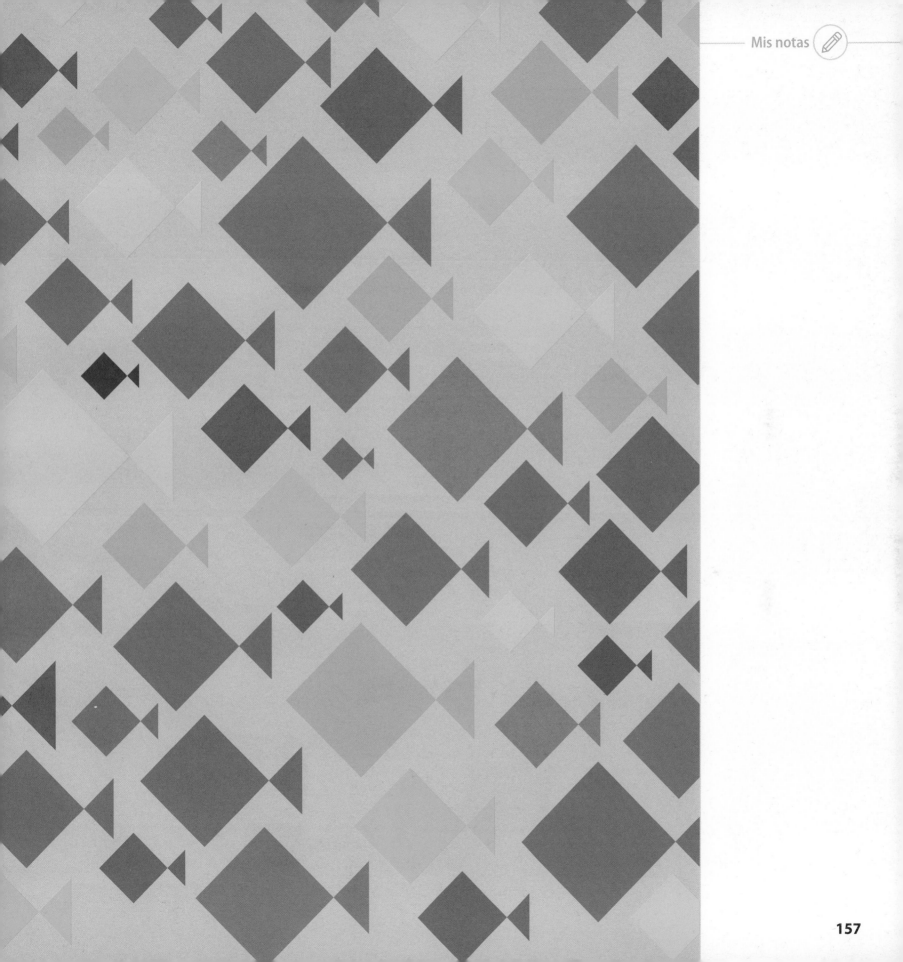

"¡Llegaron las fiestas, llegaron al pueblo!"
—gritaron los niños. Y hablaron los viejos:
"¡Pintemos los muros, pintemos los techos!"
"¿Verdad que lo haremos?" —dijeron los niños.
"¡Lo haremos de veras!" —dijeron los viejos.
"¡Qué gran embeleso sintieron los niños!"
—contaban los viejos—
"de ver que era el pueblo, con tanta pintura,
como un bizcochuelo!".

embeleso Algo que causa embeleso, causa asombro y admiración.

Mis notas

Mis notas

Pasaron las fiestas,
pasaron los ruidos, se fueron del pueblo...
Los niños cansados se fueron al lecho
y todo en el pueblo no es más que silencio...
"¡Grande ha sido el gozo!" —medito a lo lejos
mirando las luces, las luces del pueblo.
"¡La noche está oscura,
porque los luceros bajaron del cielo!"

Mis notas

Mis notas

Oda a una estrella

por Pablo Neruda

ASOMANDO a la noche
en la terraza
de un rascacielos altísimo y amargo
pude tocar la bóveda nocturna
y en un acto de amor extraordinario
me apoderé de una celeste estrella.

Negra estaba la noche
y yo me deslizaba
por la calle
con la estrella robada en el bolsillo.
De cristal tembloroso
parecía
y era
de pronto
como si llevara
un paquete de hielo
o una espada en el cinto.

bóveda La bóveda nocturna se refiere al firmamento.

La guardé
temeroso
debajo de la cama
para que no la descubriera nadie,
pero su luz
atravesó
primero
la lana del colchón,
luego
las tejas,
el techo de mi casa.

Incómodos
se hicieron
para mí
los más privados menesteres.
Siempre con esa luz
de astral acetileno
que palpitaba como si quisiera
regresar a la noche,
yo no podía
preocuparme de todos
mis deberes

y así fue que olvidé pagar mis cuentas
y me quedé sin pan ni provisiones.

Mientras tanto, en la calle,
se amotinaban
transeúntes, mundanos
vendedores
atraídos sin duda
por el fulgor insólito
que veían salir de mi ventana.

insólito Algo que es insólito es algo poco común e inesperado.

Mis notas

Entonces
recogí
otra vez mi estrella,
con cuidado
la envolví en mi pañuelo
y enmascarado entre la muchedumbre
pude pasar sin ser reconocido.
Me dirigí al oeste,
al río Verde,
que allí bajo los sauces
es sereno.

Tomé la estrella de la noche fría
y suavemente
la eché sobre las aguas.

Y no me sorprendió
que se alejara
como un pez insoluble
moviendo
en la noche del río
su cuerpo de diamante.

insoluble Algo insoluble es algo que no se puede disolver.

Responder al texto

Conversación colaborativa

Repasa lo que escribiste en la página 144 y habla con un compañero sobre lo que aprendiste en la lectura. Luego comenta en grupo las preguntas de abajo. Busca detalles en *Poemas para todos* para apoyar tus ideas. Asegúrate de hablar claramente: ni demasiado rápido, ni demasiado lento.

1. Vuelve a leer la página 146. ¿Qué crees que quiere decir el poeta cuando escribe: "Leer, leer, leer, vivir la vida que otros soñaron"?

2. Repasa las páginas 148 a 166. ¿Qué tema tienen en común *Una vez Tres veces* y *Oda a una estrella*?

3. ¿Con cuál de los tres poemas te identificas más? ¿Qué sentimientos despierta en ti ese poema?

Sugerencia para escuchar

Haz contacto visual con los que hablan para hacerles saber que estás prestando atención a sus ideas.

Sugerencia para hablar

Ayuda a los oyentes a comprender lo que tienes que decir. Comparte tus ideas con una voz que no sea ni muy fuerte ni muy suave.

Citar evidencia del texto

Escribir un poema

TEMA PARA DESARROLLAR

En *Poemas para todos*, los poetas escriben poemas sobre cosas presentes en la naturaleza y en su vida cotidiana, como la lectura, los barcos, los girasoles, los pueblos y el firmamento.

Imagina que estás escribiendo un poema para la revista de poesía en línea de tu escuela. El tema puede ser cualquiera de tu vida diaria: lavarte los dientes, almorzar o estudiar para un examen, ¡tú eliges! Elige una forma poética, o tipo de poema, de *Poemas para todos* y úsala como modelo para el tuyo. No tiene que tener rima, pero tiene que incluir palabras específicas y descriptivas, y frases que expresen tus sentimientos y tus ideas. Piensa en tus cinco sentidos mientras desarrollas estos detalles. No te olvides de usar algunas de las palabras del Vocabulario crítico en el texto.

PLANIFICAR

Crea una sección de notas sobre las características de la forma poética elegida. Luego crea otra sección de notas sobre las ideas para tu poema.

ESCRIBIR

Ahora escribe tu poema sobre algo de tu vida cotidiana.

Asegúrate de que tu poema

- ☐ use la estructura de uno de los poemas que aparecen en el texto.
- ☐ trate sobre algo de tu vida cotidiana.
- ☐ incluya detalles sensoriales y palabras específicas y descriptivas.

Tarea del rendimiento

Pregunta esencial

¿Qué efecto tiene el género en la forma en que se narra una historia?

Escribir un cuento corto

TEMA PARA DESARROLLAR Considera las diferentes maneras en que se contaron las historias de este módulo. ¿Cómo contarías tu propia historia?

Imagina que la biblioteca de tu escuela está haciendo un concurso de escritura de cuentos. El cuento ganador se imprimirá, se copiará y se pondrá a disposición de la biblioteca para que toda la escuela lo lea. Escribe un cuento corto para el concurso. Usa los textos de este módulo como modelos para una buena narración.

Escribiré un cuento acerca de ______________________________.

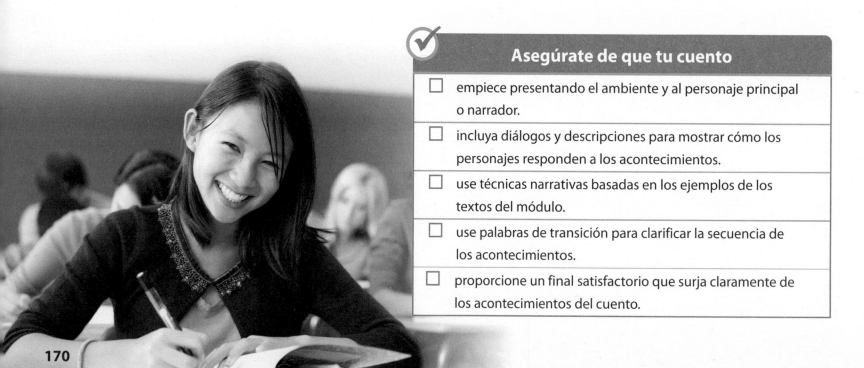

Asegúrate de que tu cuento

- ☐ empiece presentando el ambiente y al personaje principal o narrador.
- ☐ incluya diálogos y descripciones para mostrar cómo los personajes responden a los acontecimientos.
- ☐ use técnicas narrativas basadas en los ejemplos de los textos del módulo.
- ☐ use palabras de transición para clarificar la secuencia de los acontecimientos.
- ☐ proporcione un final satisfactorio que surja claramente de los acontecimientos del cuento.

PLANIFICAR ······ **Haz un mapa de tus ideas.**

¿Qué tipo de cuento vas a escribir? ¿Será un cuento de fantasía o realista? ¿Ocurrirá en el pasado, el presente o el futuro? ¿Quién narrará tu cuento? Vuelve a mirar tus notas y a leer los textos en busca de ideas.

Usa el mapa del cuento que está abajo para planificar tu cuento. Elige un ambiente y decide quiénes serán los personajes. Piensa en qué conflicto u obstáculo enfrentan los personajes y cómo responden. Usa palabras del Vocabulario crítico donde sea apropiado.

Mi tema: ______________________________

Ambiente:	**Personajes:**
Problema/Conflicto: **Acontecimientos:** **Solución/Resolución:**	

HACER UN BORRADOR

Escribe tu cuento.

Escribe un **principio** que haga pensar a tus lectores. Presenta el ambiente, los personajes principales o el narrador, y el conflicto que enfrentarán.

Escribe los acontecimientos que suceden en el **desarrollo** de tu cuento. Usa diálogo y detalles descriptivos para que los sucesos y tus personajes cobren vida en la imaginación de tus lectores. Asegúrate de que los acontecimientos ayuden a desarrollar el conflicto del cuento.

Escribe un **final** que lleve el cuento a una conclusión satisfactoria. Di cómo tus personajes resuelven su conflicto.

REVISAR Y EDITAR ······ Revisa tu borrador.

Dale otra mirada a tu borrador para ver cómo puedes mejorarlo. Trabaja en un grupo pequeño de compañeros para leer los borradores de los demás y hacerse comentarios. Usa estas preguntas para evaluar y mejorar tu cuento.

PROPÓSITO/ ENFOQUE	ORGANIZACIÓN	EVIDENCIA	LENGUAJE/ VOCABULARIO	CONVENCIONES
☐ ¿Establece mi cuento el ambiente y los personajes claramente? ☐ ¿Enfrentan y resuelven un conflicto los personajes? ☐ ¿Se relaciona el final con los acontecimientos que lo preceden?	☐ ¿Hay un principio, un desarrollo y un final claros? ☐ ¿Es fácil de seguir la secuencia de los acontecimientos?	☐ ¿Usé diálogo y descripciones como hacen los textos del módulo?	☐ ¿Usé palabras de transición para mostrar cómo están conectados los acontecimientos?	☐ ¿Escribí correctamente todas las palabras? ☐ ¿Usé los signos de puntuación correctos para los diálogos?

PUBLICAR ······ Comparte tu trabajo.

Crear la versión final. Haz la versión final de tu escrito. Si lo deseas, puedes incluir ilustraciones. Considera estas opciones para compartir tu cuento.

1. Encuaderna tu cuento con los de tus compañeros para crear una revista literaria de la clase.
2. Convierte tu cuento en un guión para el teatro del lector. Represéntalo con un grupo de compañeros.
3. Publica una copia de tu cuento en un sitio web de la escuela o la clase. Invita a los lectores a comentar o compartir sus propios cuentos.

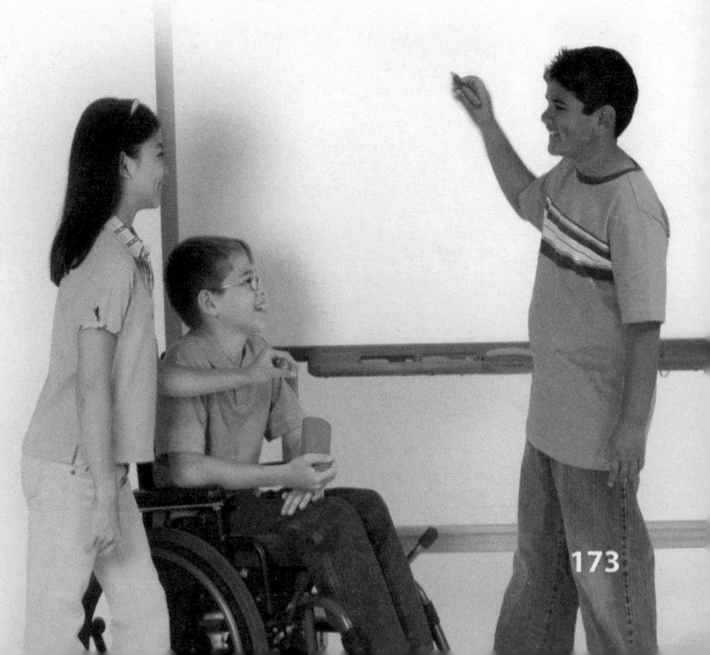

MÓDULO 3

Desastres naturales

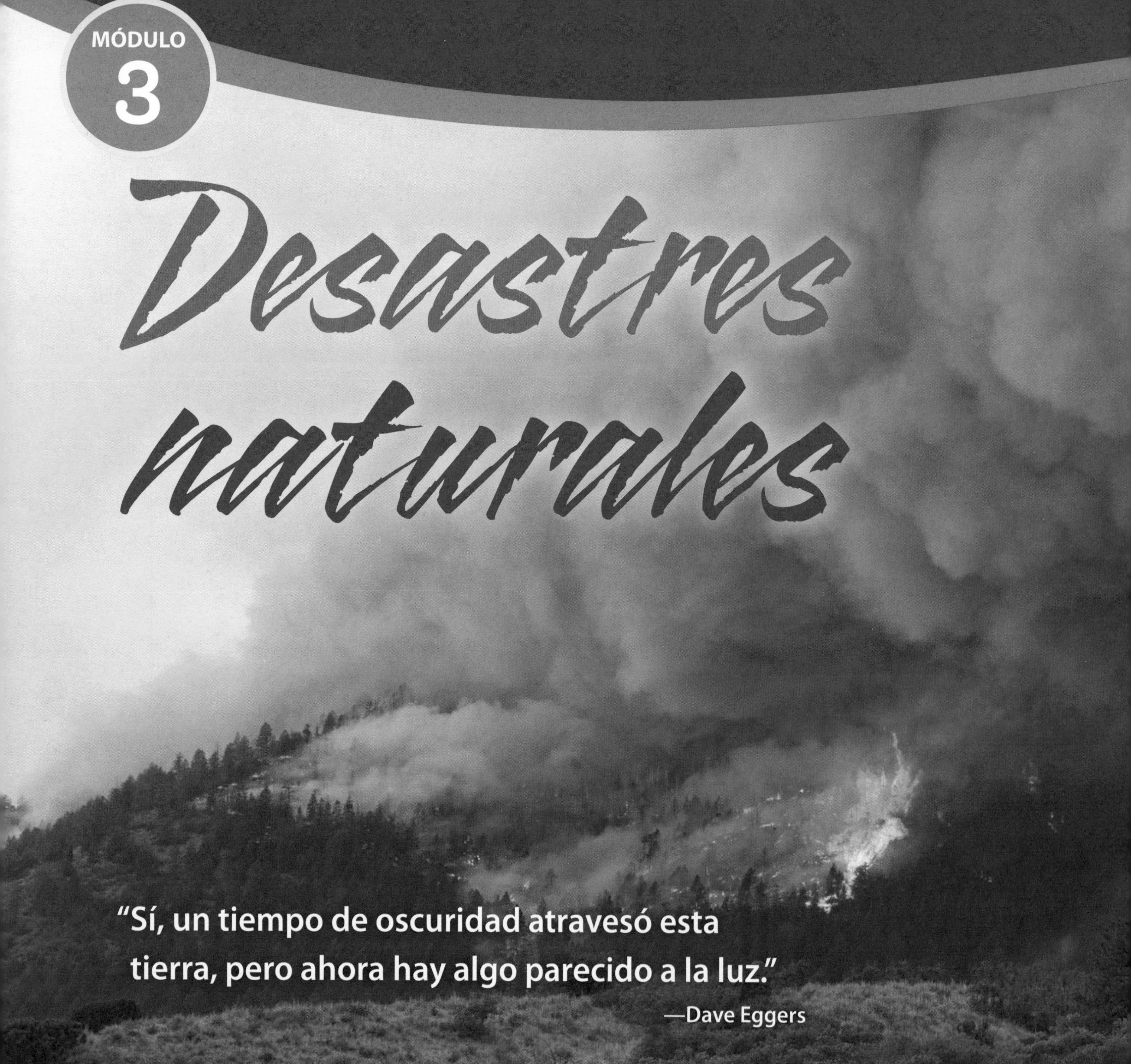

"Sí, un tiempo de oscuridad atravesó esta tierra, pero ahora hay algo parecido a la luz."

—Dave Eggers

Pregunta esencial

¿Cómo puede brindarnos más seguridad el aprender acerca de los desastres naturales?

Video de Mentes curiosas

Palabras acerca de los desastres naturales

Las palabras de la tabla te ayudarán a hablar y escribir sobre las selecciones de este módulo. ¿Cuáles de las palabras acerca de los desastres naturales ya has visto antes? ¿Cuáles son nuevas para ti?

Completa la Red de vocabulario de la página 177. Escribe sinónimos, antónimos y palabras y frases relacionadas para cada palabra acerca de los desastres naturales.

Después de leer cada selección del módulo, vuelve a la Red de vocabulario y añade más palabras. Si es necesario, dibuja más recuadros.

PALABRA	SIGNIFICADO	ORACIÓN DE CONTEXTO
notable (adjetivo)	Si algo es notable, es digno de atención.	El científico detectó un notable aumento en la fuerza del huracán.
temblor (sustantivo)	Los temblores son terremotos pequeños, o movimientos no controlados de una parte del cuerpo.	El temblor que sacudió el pueblo fue menor y causó pocos daños.
espontáneo (adjetivo)	Las acciones espontáneas son aquellas que suceden naturalmente y sin planificar.	Ella tomó la decisión espontánea de saltar al lago.
peligro (sustantivo)	Los peligros son situaciones de riesgo.	Las inundaciones causadas por lluvias torrenciales presentan grandes peligros.

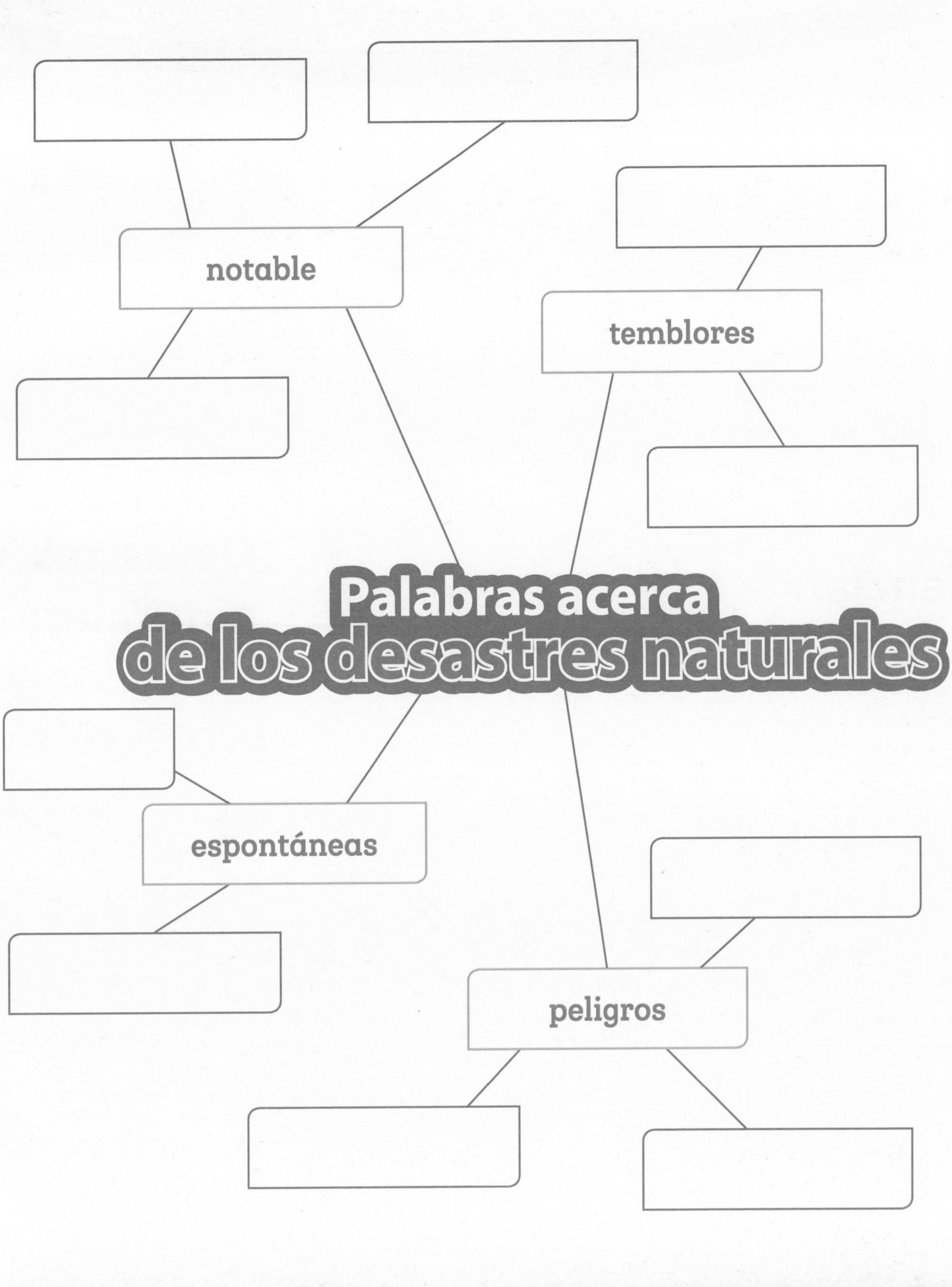
notable
temblores
Palabras acerca
de los desastres naturales
espontáneas
peligros

Ciencia/ Tecnología

Desastres naturales: Predicción y protección

Preparación

Mis notas

Lectura breve

¿QUIÉN ESTUDIA LOS DESASTRES NATURALES?

23 de octubre de 2018

Estimada profesora Meléndez:

1 Le escribo para pedirle consejos sobre las carreras que impliquen estudiar los desastres naturales. Mi maestra de Ciencias de la Tierra (¡mi materia preferida!) me dijo que usted da clases en la universidad sobre los desastres naturales y me sugirió que le enviara una carta.

2 El año pasado, exploré con mi familia el volcán Kilauea, en Hawái. Como parte del recorrido, vimos directamente cómo un impresionante hecho natural también puede ocasionar un desastre. Nuestro guía nos explicó que una erupción notable en 2014 casi destruyó el pueblo cercano de Pahoa.

3 El recorrido hizo que me interesara mucho en los volcanes. ¿Qué procesos dentro de la tierra los causan? ¿Por qué entran en erupción? Y lo más importante, ¿cómo pueden usarse la ciencia y el conocimiento para mantener a las personas a salvo de ellos?

4 En California a veces experimentamos temblores y tenemos que practicar simulacros de seguridad. ¡Las sacudidas espontáneas de la tierra me causan tanto pánico como fascinación! También he estado leyendo sobre otros desastres naturales. Creo que los vientos turbulentos y las lluvias torrenciales de los huracanes son tan emocionantes como los terremotos. También pueden ser igual de peligrosos, ¿verdad?

5 Quiero comprender este tipo de acontecimientos y tal vez ayudar también a otras personas a comprenderlos mejor algún día. ¿Qué carreras me permitirían aplicar el conocimiento de los desastres naturales para ayudar a las personas?

6 Agradecería mucho sus consejos sobre trabajos que podría considerar. ¡Gracias por su tiempo y sus consejos!

Atentamente,

Robin Thiersson

Robin Thiersson
Calle Seismo 267
Tectonic, California 00000

1 de noviembre de 2018

Querida Robin:

7 Muchas gracias por tu carta. Es muy alentador para mí escuchar sobre tu interés en la ciencia y los desastres naturales. ¡El mundo necesita más chicas con aspiraciones científicas como tú!

8 Tu fascinación por los desastres naturales podría llevarte a varias carreras apasionantes. Por ejemplo, un vulcanólogo estudia los volcanes. (Tal vez conociste a alguno durante tu recorrido por el volcán Kilauea). Los vulcanólogos a menudo trabajan en el lugar de un volcán en erupción. También pasan tiempo en laboratorios analizando datos sobre las erupciones.

9 Probablemente sepas que nadie puede predecir los terremotos, pero los científicos llamados sismólogos nos ayudan a prepararnos para estos peligros naturales. Estos científicos también trabajan en laboratorios y en sitios de actividad sísmica, como las fallas geológicas.

10 Si prefieres los vientos fuertes y las marejadas ciclónicas de los huracanes, tal vez quieras ser meteoróloga. Estos científicos pronostican el tiempo o estudian la atmósfera y el clima mundial. Su conocimiento y guía es valioso para ayudarnos a permanecer a salvo durante estas poderosas tormentas oceánicas. Los huracanes pueden ser tan peligrosos como las erupciones y los terremotos; tienes toda la razón.

11 Antes de empezar a enseñar, durante unos años recolecté datos para un sismólogo. ¡Con todo gusto compartiré mis experiencias contigo y con tus compañeros de clase!

Atentamente,

Judy Meléndez

Profesora Judy Meléndez
Universidad de Tectonic
Avenida de la Universidad
Tectonic, California 00000

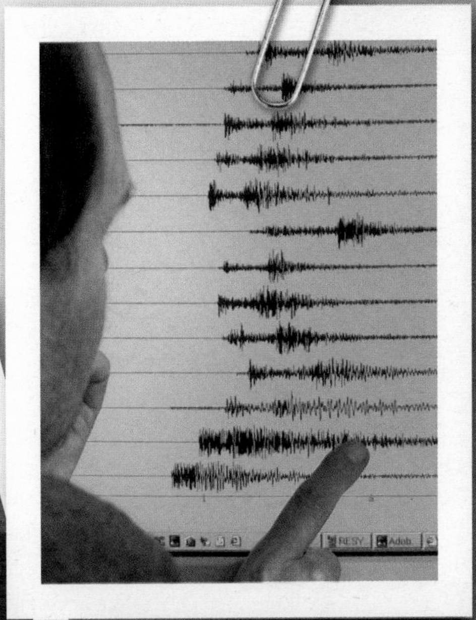

Un sismograma como este permite el estudio de la actividad sísmica.

Mis notas

Observa y anota
Números y estadísticas

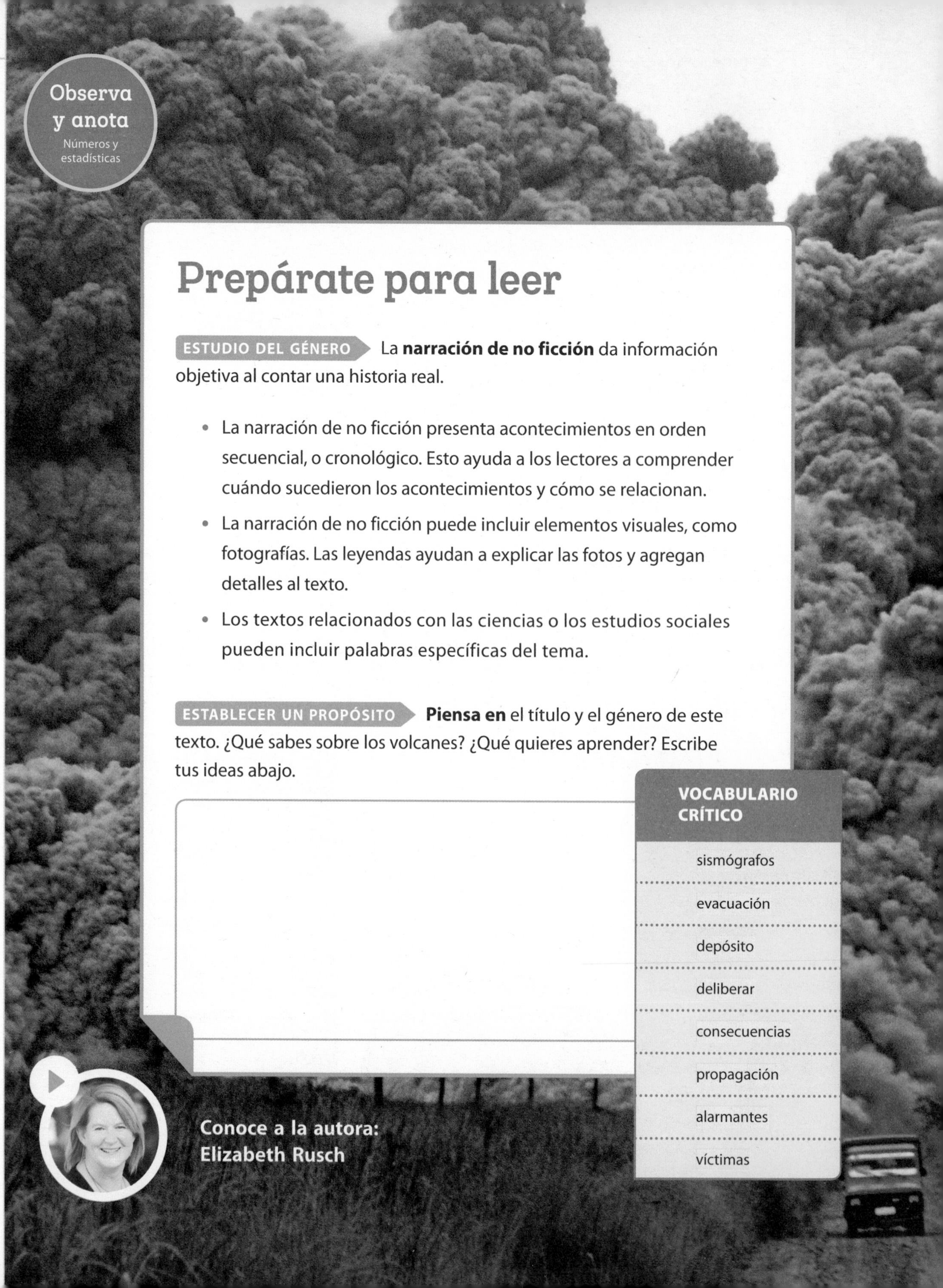

Prepárate para leer

ESTUDIO DEL GÉNERO La **narración de no ficción** da información objetiva al contar una historia real.

- La narración de no ficción presenta acontecimientos en orden secuencial, o cronológico. Esto ayuda a los lectores a comprender cuándo sucedieron los acontecimientos y cómo se relacionan.
- La narración de no ficción puede incluir elementos visuales, como fotografías. Las leyendas ayudan a explicar las fotos y agregan detalles al texto.
- Los textos relacionados con las ciencias o los estudios sociales pueden incluir palabras específicas del tema.

ESTABLECER UN PROPÓSITO **Piensa en** el título y el género de este texto. ¿Qué sabes sobre los volcanes? ¿Qué quieres aprender? Escribe tus ideas abajo.

VOCABULARIO CRÍTICO

- sismógrafos
- evacuación
- depósito
- deliberar
- consecuencias
- propagación
- alarmantes
- víctimas

Conoce a la autora: Elizabeth Rusch

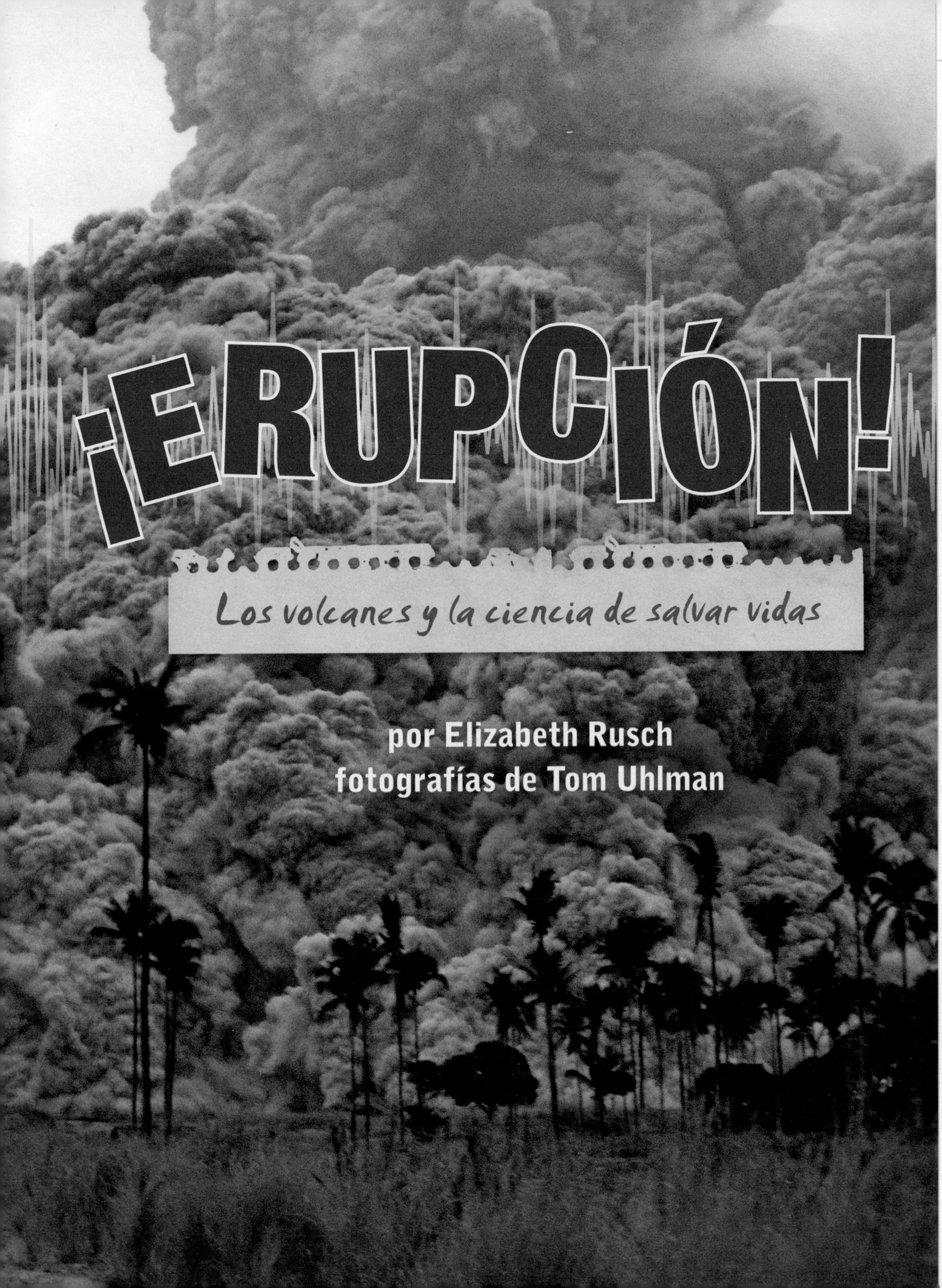

¡ERUPCIÓN!

Los volcanes y la ciencia de salvar vidas

por Elizabeth Rusch
fotografías de Tom Uhlman

Mis notas

Mis notas

1 *Cuando el volcán colombiano Nevado del Ruiz entró en erupción en 1985, el científico Andy Lockhart, del Servicio Geológico de los Estados Unidos (USGS), estaba horrorizado por la tragedia. Un año después, llegó a ser uno de los primeros integrantes del equipo para crisis volcánicas, llamado Programa de Asistencia para Desastres Volcánicos (VDAP). La misión del VDAP es brindar equipo y conocimientos en las áreas amenazadas por volcanes para predecir erupciones y prevenir catástrofes. Seis años después del inicio del programa, Chris Newhall, otro científico del VDAP, recibió una llamada que alertaba de una emisión de vapor en el monte Pinatubo, una montaña ubicada en Filipinas. Hasta ese momento, la mayoría de la gente pensaba que el monte Pinatubo era una enorme montaña cubierta de vegetación boscosa, no un volcán. Chris se dio cuenta de la gravedad de la noticia. Él y el equipo debían hacer algo. Con Andy Lockhart y Rick Hoblitt, científicos compañeros del VDAP, trataron de predecir qué haría el monte Pinatubo a continuación. Fue así que trabajaron en la Base Aérea Clark, muy cerca del volcán.*

2 **El 28 de mayo,** Chris obtuvo una nueva lectura de gases del monte Pinatubo. El dióxido de azufre (SO_2) había aumentado diez veces, a 5,000 toneladas por día. Definitivamente, la actividad del volcán se estaba intensificando.

3 Unos días después, los instrumentos registraron dos sismos inusuales. Un temblor superficial, continuo y rítmico conocido como sismo de baja intensidad, indicaba que el magma estaba ascendiendo a la superficie y liberando más gases. Por esta razón, los **sismógrafos** registraron el primer sismo directamente bajo la chimenea.

4 Durante las semanas siguientes, el volcán estuvo expulsando vapor a más y más altura. La columna de cenizas cambió de color, de blanco a gris. Y desde entonces, el Pinatubo comenzó a arrojar rocas y ceniza. Pero los geólogos analizaron la ceniza y no encontraron señales de lava fresca. Las explosiones de vapor estaban arrojando solo material antiguo. ¿Entraría en erupción el volcán o solo despediría vapor hasta que volviera al estado de latencia[1]?

1 latencia: período durante el cual un volcán está temporalmente inactivo

sismógrafo Los sismógrafos son instrumentos que miden y registran datos sobre los terremotos, como la intensidad y la duración.

5 Luego, el dióxido de azufre descendió abruptamente de 5,000 toneladas por día a 1,300 y a 260 por día. Eso podía significar que el volcán se estaba calmando.

6 O bien, podía significar que la chimenea volcánica estaba obstruida y que la presión iba en aumento.

7 Andy y los demás científicos controlaban el sismógrafo las veinticuatro horas del día. Observaron sismos más grandes, sismos más prolongados y un temblor armónico, o vibración constante y sonora que suele significar que el magma se está elevando y el agua subterránea[2] está hirviendo.

8 Tanto los estadounidenses como los filipinos tenían su propio sistema de niveles de alerta. Los científicos del VDAP debatían. ¿Era hora de aumentar la alerta al nivel tres: gran aumento de la actividad sísmica, posible erupción en dos semanas?

9 Ray, responsable de los geólogos filipinos, necesitaba tiempo para difundir cualquier advertencia a los aldeanos de las villas cercanas al Pinatubo. Por eso elevó la alerta al nivel tres: posible erupción en dos semanas. Se trasladó a más de 10,000 personas de las tribus aetas[3] a campos de **evacuación**.

10 Los sismos se aceleraron. El magma que estaba en movimiento a lo largo del conducto[4] hacía temblar las profundidades de la tierra y bastante de la superficie. Cada vez fluía más vapor y cenizas de las grietas del volcán, llamadas fumarolas.

11 Los vulcanólogos[5] estimaban el tamaño de la cámara magmática (el **depósito** de rocas derretidas y gases en el interior del volcán) y el posible tamaño de la erupción. La erupción podría ser diez veces más grande que la del monte Santa Helena en 1980, que fue la mayor erupción observada por los geólogos contemporáneos.

12 Las autoridades militares prestaban mucha atención a los informes de los geólogos. Al término de un informe, el general de división William Studer preguntó: "¿Qué harían ustedes?".

13 Los científicos respondieron: "Sacaríamos a todos los familiares de la base".

14 Las autoridades reubicaron a las mujeres embarazadas y a los ancianos. El periódico y la estación de televisión de la Fuerza Aérea comenzaron a transmitir detalles del plan de evacuación: qué llevar y adónde ir.

2 agua subterránea: agua que se encuentra bajo la superficie terrestre, en grietas de arena, tierra y rocas

3 tribus aetas: tribus de habitantes nativos de la isla de Luzón, en Filipinas

4 conducto: canal por donde pasa algún tipo de líquido

5 vulcanólogos: geólogos que estudian los volcanes activos e inactivos

evacuación Evacuación es la acción de ir de una zona peligrosa a una zona más segura.

depósito Depósito es un lugar donde se acumulan provisiones de algo.

Mis notas

15 Los sismos estaban aún más cerca de la superficie. La columna de vapor alcanzó los 28,000 pies (8,500 metros), la mayor altura hasta ese momento.

16 Después de **deliberar** con científicos del VDAP, Ray aumentó la alerta al nivel cuatro y amplió la zona de evacuación para incluir a la población local. Todos los filipinos de los alrededores del volcán empacaron unas pocas pertenencias y descendieron la montaña a pie o en carros.

17 Los miembros del VDAP se debatían: ¿Deberíamos pasar al nivel cuatro? La Fuerza Aérea había establecido que el nivel cuatro del VDAP era la señal para la evacuación de la Base Aérea Clark. La evacuación de 14,000 personas y de equipos que valen millones de dólares sería un enorme desafío y una enorme responsabilidad para los militares y las familias.

18 Algunos miembros del VDAP pensaban que debían hacerlo.

19 Entonces los sismos disminuyeron.

20 "Los volcanes no necesariamente pasan de manera directa de la inactividad total a una explosión violenta en orden progresivo —dijo Andy—. La actividad aumenta y disminuye, aumenta y disminuye. La tendencia del Pinatubo era que la actividad aumentaba más y disminuía menos. Cualquier episodio de aumento podría conducir a una erupción completa. Pero también podría reducirse a la nada". Los científicos debían predecir lo impredecible. Las **consecuencias** —una costosa evacuación innecesaria o la trágica pérdida de vidas— eran motivo de gran preocupación en su mente y su corazón.

21 El 8 de junio, un helicóptero transportó a los científicos para que tuvieran una vista más cercana de la cima. El cielo estaba despejado. Pudieron ver que una inmensa y amenazadora masa de piedra se asomaba por la pared este del cráter. Era un domo de lava. La chimenea podría estar obstruida por roca fría, dura y pesada. Si el magma ascendía sin tener una salida y la presión iba en aumento, el volcán podía explotar, con resultados fatales.

22 Los científicos comunicaron la noticia a los comandantes de la Fuerza Aérea y quedaron a la espera de las medidas.

23 Por eso, al otro día, el 9 de junio, cuando Andy y su colega subieron al helicóptero, se desviaron hasta el centro de la base, donde abordaron el general Studer y el segundo al mando. El helicóptero se dirigió al volcán.

24 En lugar de una columna de vapor y ceniza, de la cima se elevaba solo una delgada columna gris amarillenta.

25 "¡Qué cantidad de ceniza!", dijo el general.

deliberar Deliberar significa discutir ideas para tratar de tomar una decisión.
consecuencia Las consecuencias son los resultados o efectos de los acontecimientos.

26 "Eso no es nada —dijeron los vulcanólogos, señalando que en las zonas adyacentes a la jungla que rodeaba la montaña, había señales de antiguos flujos piroclásticos[6] masivos—. Todo eso es ceniza de la última erupción". El helicóptero giró y la propagación de la destrucción causada por el volcán se hizo evidente. El general permaneció en silencio mirando por la ventanilla mientras regresaban a la base.

27 Por último, se dirigió al segundo al mando. "Que se haga mañana", le dijo.

6 flujos piroclásticos: corrientes de gases y rocas calientes que se mueven rápidamente

propagación Propagación es la expansión de algo por una superficie grande o entre muchas personas.

"Los volcanes no necesariamente pasan de manera directa de la inactividad total a una explosión violenta, en orden progresivo."

Columnas de vapor del monte Pinatubo detrás de un helicóptero de la Fuerza Aérea

Mis notas

BÚSQUEDA DE PROTUBERANCIAS

Los cambios en la superficie de un volcán dan pistas acerca de lo que sucede en el interior. Imagina que un topo está cavando un túnel debajo del césped. Cuando el topo se mueve, el césped se eleva. Ocurre lo mismo con el magma que se mueve bajo la superficie, empujando la tierra hacia arriba. Cuando el magma está cerca de la superficie, la protuberancia puede llegar a medir cientos de pies de altura y de ancho.

La lava expulsada por un volcán en erupción también puede formar una protuberancia o domo enorme. Los domos y protuberancias pueden obstruir la chimenea provocando un aumento de la presión subterránea. Además, los domos pueden ser tan grandes que generan deslizamientos de tierra. Por esta razón, los científicos también deben controlar su crecimiento.

¿Cómo miden los científicos todas las protuberancias y domos? Los mapas digitales de elevaciones (DEM) —creados a partir de fotos y datos de radares— muestran la longitud, el ancho y la altura de todas las partes del volcán. Los científicos comparan los DEM recopilados en diferentes lapsos de tiempo para controlar los cambios en la forma del volcán. También hacen estas mediciones ya sea realizando inspecciones detalladas o usando imágenes de radares satelitales, GPS, o medidores que registran la inclinación del suelo.

10 de junio de 1991

28 A las 6 a. m., por la estación militar de televisión y radio, se repetía la orden de evacuar. Las calles de la Base Aérea Clark estaban repletas de autos, camiones y autobuses que descendían en caravana desde los barrios marginales[7] hacia una estación naval que estaba a una hora de distancia. Hacia el mediodía, se había evacuado a 14,500 personas.

29 Los filipinos ampliaron su evacuación a doce millas (20 kilómetros) y desplazaron 25,000 personas. Carros abarrotados de muebles y tirados por búfalos compartían el camino con la larga fila de camiones militares y los autos de los evacuados de la base.

30 En la base quedaron algunos oficiales, policías militares (MP) e ingenieros que mantenían las operaciones básicas. Los vulcanólogos trasladaron su observatorio al extremo más alejado de la base. "Nos sentimos increíblemente aliviados porque casi todos estaban fuera de peligro", dijo Andy.

31 Pero los científicos aún estaban bajo presión.

32 El miembro del equipo Dave Harlow dijo: "No podía dejar de cuestionarme. A todos nos pasaba lo mismo. Tenía la impresión de que eran muchas las posibilidades de que debiéramos presentarnos ante comités para la investigación de la devastadora evacuación, sus costos y el efecto sobre la economía filipina y la Fuerza Aérea".

7 barrios marginales: asentamientos de zonas suburbanas, que consisten en muchas viviendas con mala calidad de construcción

Personas evacuadas para evitar los peligros de la erupción

"Nos sentimos increíblemente aliviados porque casi todos estaban fuera de peligro."

33 ¿Realmente explotaría el monte Pinatubo? Los días siguientes darían la respuesta.

34 El 12 de junio Andy se despertó en una mañana de cielo despejado. Eran más de las 6 a. m. y, para esa hora, por lo general, ya se habían acumulado las nubes. Pero el sol resplandecía mientras esperaba al geólogo Rick Hoblitt, que iba a llevarlo hasta el observatorio.

35 "¡RÁPIDO, VAMOS!", gritó Rick desde el piso de arriba. "Vaya —pensó Andy—. ¿Qué le pasa?".

36 Rick terminó de bajar los escalones de dos en dos justo cuando Andy abría la puerta del frente.

37 Una enorme columna negra de cenizas salía del volcán y cubría el cielo. La columna se elevaba más y más. Rick y Andy se metieron en su camión y se alejaron a toda velocidad.

Mis notas

38 Cuando llegaron al observatorio, en el extremo de la base, la columna de ceniza había alcanzado la estratosfera. La nube en forma de hongo se esparcía por el cielo hasta donde ellos se encontraban.

39 En ese momento, la nube disminuyó la velocidad, se detuvo y comenzó a disiparse.

40 "¡Hurra! ¡Viva! ¡Genial!", gritaron los MP, y empezaron a bailar de alegría, porque creían que acababan de ver la erupción y habían sobrevivido.

41 Pero Andy y Rick no bailaban sino que se concentraron en sus instrumentos. Sabían que eso podía estar recién comenzando.

Personal militar y sus familias evacúan la Base Aérea Clark.

42 Durante los días siguientes, el Pinatubo despedía vapor, retumbaba y ponía tensos a los científicos. Varias veces arrojó columnas tan grandes como la del 12 de junio.

43 Sin embargo, el 14 de junio, dejó de arrojar vapor y cenizas. El Pitanubo se sacudía tanto como lo había hecho hacía dos días, pero no arrojaba nada. "El volcán está obstruido", pensó Andy.

44 Esa noche se durmió tarde, inquieto y preocupado. El 15 de junio, Andy y otros científicos se despertaron sobresaltados por un grito de alerta.

45 "¡LEVÁNTENSE! ¡LEVÁNTENSE!", gritaba el científico de guardia.

46 Andy corrió hacia la puerta del frente. Las nubes oscurecían la cima del volcán y una lluvia torrencial empañaba la visión. Pero grandes nubes negras de ceniza, nubes enormes y ondulantes de ceniza sobrecalentada, se extendían a seis millas (10 kilómetros) a cada lado del volcán.

47 ¡Flujos piroclásticos!

48 Minutos después, el volcán en erupción quedó cubierto por la lluvia y el viento de un tifón[8] que había azotado por completo la isla.

49 Andy corrió hasta el sismógrafo.

50 Los sismos disminuyeron, disminuyeron mucho, y permanecieron así.

8 tifón: tormenta tropical peligrosa y potente, propia del océano Pacífico occidental o del Índico

Mis notas

51 "Esto está muy mal", murmuró para sí Andy.

52 La presión interna del volcán estaba aumentando.

53 "¿Deberíamos evacuar?", se preguntaron el uno al otro los científicos.

54 La decisión fue rápida. Alguien gritó: "¡EVACÚEN LA BASE!".

55 Todos empezaron a moverse a la vez, tomando cosas y gritando. Los oficiales, los MP y los científicos se amontonaron en los autos y salieron a toda velocidad.

56 Se quedaron observando el oscuro volcán desde una explanada. Esperaron.

57 Los vulcanólogos querían controlar sus instrumentos. Querían averiguar qué estaba por hacer el volcán para poder ampliar la zona de evacuación si fuera necesario, o para aprender algo que pudiera servir en otra crisis. Pero eso significaba arriesgar sus vidas.

58 Decidieron que se habían apresurado demasiado en evacuar. Condujeron de regreso al observatorio de la base, junto con los comandantes de la base.

59 Estaba lloviendo. No solo caían cenizas y agua, sino también pedazos de piedra pómez[9] del tamaño de un huevo. Los científicos entraron rápidamente en el edificio y se reunieron alrededor de los sismógrafos.

60 Los sismos eran tan intensos que las agujas golpeaban de arriba abajo el tambor, *TAC, TAC, TAC, TAC,* y dibujaban **alarmantes** bloques de rayas sólidas de tinta. El Pinatubo expulsaba cenizas a más y más altura. Los científicos observaban, consternados, mientras las estaciones de monitoreo del otro lado del volcán se apagaban una por una: estaban destruidas. Luego dejó de funcionar una estación que estaba junto a ellos.

9 piedra pómez: lava liviana y cristalizada

alarmante Las situaciones alarmantes causan preocupación de que pueda ocurrir algo malo.

Bajo la amenaza del monte Pinatubo, la Base Aérea Clark fue evacuada el 10 de junio. El pico de color claro del centro es la cima del Pinatubo.

Erupción del monte Pinatubo del 12 de junio de 1991, vista desde la Base Aérea Clark.

"Tendría tal vez veinte segundos para correr a la parte posterior del edificio. Quizás eso fuera suficiente para protegerme."

61 Eso fue a doce millas (20 kilómetros) de donde ellos estaban.

62 ¿Se dirigiría hacia ellos el violento flujo piroclástico?

63 Los flujos se movían a una velocidad de hasta cien millas (160 kilómetros) por hora. ¿Tendrían los científicos apenas unos preciosos momentos antes de ser víctimas de una erupción y de flujos piroclásticos arrasadores y violentos?

64 Esta vez los científicos sabían que no tenían tiempo de evacuar. Corrieron a la parte posterior del edificio, lo más lejos posible del monstruo en erupción.

65 Esperaron, jadeando y sudando.

66 Andy no soportó más. Volvió a la puerta del frente. Vio todo negro, completamente negro, por la lluvia, las nubes oscuras y la ceniza caída. El sonido era aterrador, como si una pared de piedra de una milla de alto cayera vertiginosamente.

67 "Podría morir —pensó Andy—. Todos mis amigos podrían morir".

68 Se quedó vigilando y vigilando, con la vista fija en una hilera de luces de una pista de aterrizaje que apuntaba al volcán. "Imaginé que, mientras pudiera ver las luces, el flujo piroclástico no nos había alcanzado. Si las luces desaparecían, tendría tal vez veinte segundos para correr a la parte posterior del edificio. Quizás eso fuera suficiente para protegerme".

69 Luego el aire y el cielo parecieron aclararse, apenas un poco. El flujo piroclástico no había llegado a la base. Andy y sus amigos se fijaron en los instrumentos. Todo había dejado de funcionar, todas las estaciones de monitoreo estaban destruidas, excepto una. Una estación de la base.

víctima Las personas que son víctimas de algo, sufren o mueren a causa de eso.

Mis notas

70 Los vulcanólogos rápidamente tomaron lo que podían, cargaron los camiones y partieron a toda velocidad. Es decir, hasta que se encontraron con la multitud de filipinos evacuados. "Había una enorme y lenta congestión de tráfico debido a que la gente abandonaba el pueblo a lomo de búfalo —dice Andy—. Estábamos desesperados por la demora, pero al menos, nos estábamos alejando del volcán".

71 Andy, los demás vulcanólogos y los aldeanos lograron escapar con vida.

72 La erupción del monte Pinatubo fue la segunda erupción más grande del siglo XX. Fallecieron cientos de personas, la mayoría en edificios que se derrumbaron debido al peso de las cenizas empapadas por la lluvia. Pero se salvaron más de 20,000 personas. "Hicimos un buen trabajo —dijo Andy—. Surgieron muchas preguntas y dudas mientras se desarrollaban los acontecimientos, pero hicimos un buen trabajo".

Este dispensador de periódicos cubierto de cenizas, de la Base Aérea Clark, cuenta la historia del titular.

Responder al texto

Conversación colaborativa

Fíjate en lo que escribiste en la página 182. Dile a un compañero dos cosas que aprendiste del texto. Luego trabaja en grupo y comenta las preguntas de abajo. Apoya tus respuestas con datos y detalles de *¡Erupción!* Durante la conversación, explica cómo se conectan tus ideas con las de los demás miembros de tu grupo.

1. Vuelve a leer las páginas 186 a 194. ¿A quién cita la autora en el texto? ¿Qué te ayudan a comprender esas citas?

2. Repasa la página 188. ¿Qué información adicional brinda la sección "Búsqueda de protuberancias"? ¿Por qué la autora la presenta separada del texto principal?

3. ¿Qué detalles explican por qué fue difícil tomar la decisión de evacuar?

Sugerencia para escuchar

Escucha las ideas y los detalles que comparten los demás. ¿Qué información nueva puedes agregar?

Sugerencia para hablar

Piensa en cómo se relacionan las ideas de los demás con las tuyas. Haz preguntas para asegurarte de que comprendes sus ideas.

Citar evidencia del texto

Escribir un informe periodístico

TEMA PARA DESARROLLAR

En *¡Erupción!*, aprendiste cómo los científicos observaron de cerca el monte Pinatubo durante su erupción. Ellos sabían que sus observaciones podían ayudar a salvar vidas.

Imagina que te han asignado para cubrir este suceso para un periódico en línea. La fecha es el 14 de junio. Escribe un informe periodístico que cuente qué le está sucediendo al volcán, en la secuencia correcta. Pregunta *quién, qué, cuándo, dónde, cómo* y *por qué* para reunir información del texto y asegurarte de registrar toda la información que los lectores querrán saber. Incluye una palabra científica relacionada con la erupción y explica su significado a tus lectores. No te olvides de usar en tu informe algunas de las palabras del Vocabulario crítico.

PLANIFICAR

Crea notas a partir del texto sobre los acontecimientos que sucedieron en la erupción del 14 de junio. Registra los acontecimientos en orden e incluye una palabra científica y su significado.

ESCRIBIR

Ahora escribe tu informe periodístico sobre la erupción del monte Pinatubo.

Asegúrate de que tu informe periodístico

- ☐ presente el tema.
- ☐ use evidencia del texto.
- ☐ cuente los acontecimientos en orden.
- ☐ incluya una palabra científica y su explicación.

Mis notas

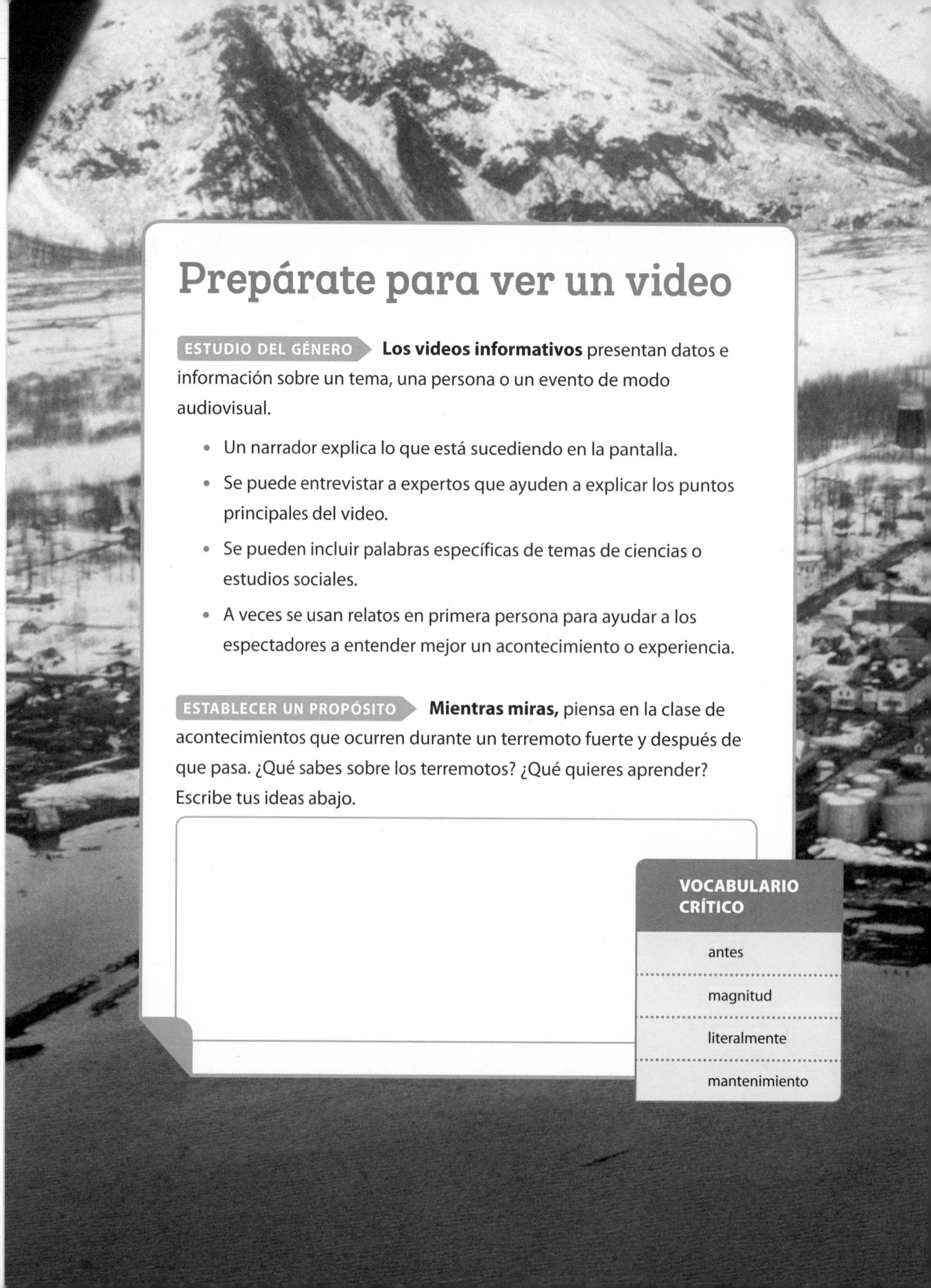

Prepárate para ver un video

ESTUDIO DEL GÉNERO **Los videos informativos** presentan datos e información sobre un tema, una persona o un evento de modo audiovisual.

- Un narrador explica lo que está sucediendo en la pantalla.
- Se puede entrevistar a expertos que ayuden a explicar los puntos principales del video.
- Se pueden incluir palabras específicas de temas de ciencias o estudios sociales.
- A veces se usan relatos en primera persona para ayudar a los espectadores a entender mejor un acontecimiento o experiencia.

ESTABLECER UN PROPÓSITO **Mientras miras,** piensa en la clase de acontecimientos que ocurren durante un terremoto fuerte y después de que pasa. ¿Qué sabes sobre los terremotos? ¿Qué quieres aprender? Escribe tus ideas abajo.

VOCABULARIO CRÍTICO

- antes
- magnitud
- literalmente
- mantenimiento

Entre el mar y el glaciar:

El terremoto de Alaska

Mientras miras *Entre el mar y el glaciar: El terremoto de Alaska*, piensa en cómo se usan los elementos audiovisuales en el video para explicar acontecimientos y experiencias. ¿Cómo se compaginan la narración y las animaciones para aclarar por qué sucedió el terremoto? ¿Qué efecto tienen las descripciones de los sobrevivientes en el video? Explica por qué. Toma notas en el espacio de abajo.

Presta atención a las palabras del Vocabulario crítico: *antes, magnitud, literalmente* y *mantenimiento*. Busca pistas del contexto para hallar el significado de cada palabra según se haya usado en el video. Toma notas en el espacio de abajo.

antes Si un evento sucede antes de otro quiere decir que sucede primero.

magnitud La magnitud se refiere al tamaño de algo.

literalmente Si dices que algo sucedió literalmente significa que realmente sucedió y que no estás exagerando ni usando una metáfora.

mantenimiento Realizar el mantenimiento de algo es cuidarlo y repararlo cuando sea necesario.

Responder al video

Conversación colaborativa

Repasa lo que escribiste en la página 198 y cuéntale a un compañero dos cosas que aprendiste del video. Luego, comenta en grupo las preguntas de abajo. Toma notas sobre detalles y ejemplos de *Entre el mar y el glaciar: El terremoto de Alaska* que apoyen tus repuestas. Durante la conversación, escuchen con atención y desarrollen las ideas de los demás cuando sea su turno de hablar.

1 ¿Qué fue lo más notable del terremoto de Alaska de 1964?

2 ¿Por qué es importante escuchar la historia que cuenta uno de los sobrevivientes sobre el incendio causado por la estufa de aceite? ¿Cómo te afecta a ti esa historia, como espectador?

3 ¿Qué te enseñó la información del video sobre los sobrevivientes del terremoto?

Sugerencia para escuchar

Mira las expresiones y los gestos que usa cada hablante para manifestar sus pensamientos.

Sugerencia para hablar

Usa tus notas como ayuda para enunciar tus ideas claramente.

Escribir un video de promoción

TEMA PARA DESARROLLAR

Entre el mar y el glaciar: El terremoto de Alaska usa la narración y los elementos visuales para ayudar al público a entender los eventos, experiencias y sentimientos que rodean al terremoto más grande de la historia norteamericana.

Imagina que tu trabajo consiste en escribir el contenido para videos de promoción. Escribe un párrafo que resuma *Entre el mar y el glaciar: El terremoto de Alaska* y que sirva para promocionarlo. Usa detalles clave de la narración y las imágenes para captar el interés del público y animar a las personas a ver el video. En tu resumen, destaca el efecto que tienen las buenas técnicas audiovisuales y narrativas en el público. No te olvides de usar algunas de las palabras del Vocabulario crítico en tu escritura.

PLANIFICAR

Escribe notas sobre los detalles clave del video y las técnicas audiovisuales y narrativas que se usaron para darles vida.

ESCRIBIR

Ahora, escribe tu video de promoción

Asegúrate de que tu video de promoción

- ☐ resuma los detalles clave del video.
- ☐ destaque las técnicas audiovisuales y narrativas que se usaron en el video.
- ☐ esté escrito para captar la atención del público.

Mis notas

Observa y anota
Números y estadísticas

Prepárate para leer

ESTUDIO DEL GÉNERO **Los textos informativos** tratan sobre un tema, un lugar o un acontecimiento.

- Los textos informativos pueden organizar ideas con subtítulos. También contienen ideas principales con detalles clave, incluyendo datos y a veces citas textuales.
- Los textos informativos pueden contener palabras de ciencias o estudios sociales que se relacionan específicamente con el tema.
- Los elementos visuales, como diagramas y mapas, y elementos del texto, como las barras laterales, sirven para dar más información sobre el tema.

ESTABLECER UN PROPÓSITO **Piensa en** el título y el género de este texto. ¿Qué sabes sobre los terremotos y los tsunamis? ¿Qué quieres aprender? Escribe tus ideas abajo.

VOCABULARIO CRÍTICO

- paralelas
- lateral
- destrucción
- desencadenó
- impulsada
- irradien
- modificado

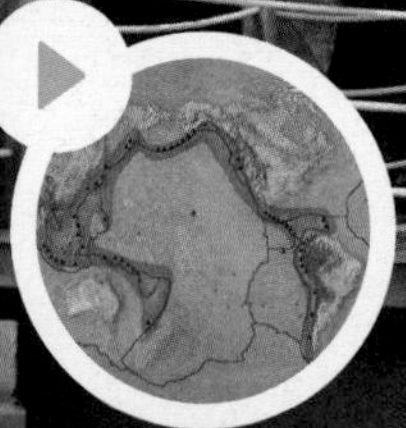

Desarrollar el contexto: El anillo de fuego del Pacífico

TIERRA Y OLAS EN CAOS

por Rachel Young

Mis notas

1 En julio de 2004, llegó a la escuela de la aldea de la isla de Tello, en Indonesia, un visitante que les contó una historia asombrosa. Mientras los estudiantes vestidos con uniformes rojos y blancos escuchaban en silencio, el geólogo Kerry Sieh explicó que bajo el océano, a 60 millas de la isla, había enterrada una bomba de tiempo.

2 Durante cientos de años, la gran falla de Sonda había estado almacenando energía, la cual sería liberada en gigantescos terremotos submarinos. Los poderosos temblores probablemente causarían tsunamis, olas de avance muy rápido que podrían arrasar con toda la aldea costera.

3 Los estudiantes y sus maestros quedaron sorprendidos al oír las advertencias de Sieh. Jamás habían sentido terremotos gigantescos o visto olas de ese tipo. ¿Cómo sabía él que la tierra iba a temblar?

4 Sieh explicó que durante más de una década, los científicos del Instituto de Tecnología de California habían estudiado una sección de la falla que estaba justo al sur. Habían descubierto que grandes terremotos sacudían la región aproximadamente cada 200 años. El último temblor grande había sucedido a principios del siglo XIX, lo que significaba que podría ocurrir otro en cualquier momento. Aunque Sieh no podía decir exactamente cuándo ocurriría, estaba casi seguro de que habría al menos un terremoto importante en el transcurso de la vida de los estudiantes.

5 Pero nadie pudo haber imaginado que el siguiente gran terremoto golpearía unos meses más tarde.

CORALES QUE ASCIENDEN

6 Los científicos aprenden mucho sobre los terremotos después de que suceden, pero no pueden predecir a qué hora o qué día, año o incluso década ocurrirá un terremoto. Entonces, ¿cómo lo supo Kerry Sieh para advertir a los isleños de Tello que un terremoto podría ocurrir pronto? Leyó los corales.

7 Desde el lecho marino del océano Índico hasta la superficie del agua, crecen grandes corales llamados *Porites,* que luego emergen fuera del agua.

Coral *Porites*

El lecho marino se hunde lentamente entre terremoto y terremoto, arrastrando los corales hacia abajo, para luego elevarse rápidamente durante un temblor y levantarlos nuevamente. Durante cientos de años, estos ascensos y descensos hacen que los corales crezcan hacia afuera, tomando forma de rosquilla. Sieh descubrió que, al observar los patrones de crecimiento de las cabezas de coral *Porites* cerca de la falla, podía identificar las fechas de terremotos pasados, y quizá hallar un patrón que sirviera para predecir terremotos futuros.

8 Con motosierras submarinas, Sieh y otros científicos cortaron tajadas de cabezas de coral de cientos de años. Efectivamente, descubrieron que en una sección de la falla, justo al norte de las islas Mentawai y al sur de Tello, los terremotos ocurrían en pares, aproximadamente cada 200 años. Dos temblores ocurrieron en el siglo XIV, otros dos en el XVI y una tercera vez en 1797 y 1833, hace casi 200 años. Según los corales, era hora de otro gran terremoto.

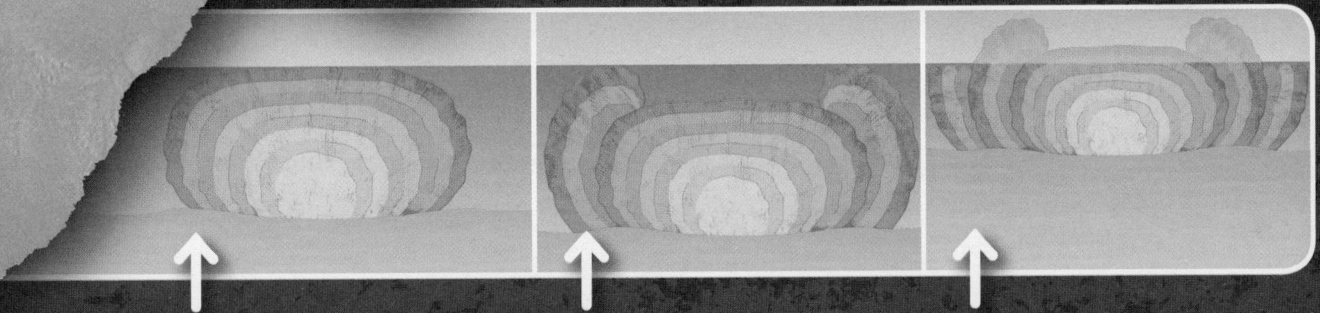

Cuando una cabeza de coral alcanza la superficie del océano, deja de crecer hacia arriba. Solo los costados que aún están bajo el agua continúan creciendo hacia afuera en anillos, como los anillos de crecimiento de un árbol. Es posible conocer la edad de un coral contando sus anillos.

Entre terremoto y terremoto, el lecho marino se hunde lentamente. Y los corales, que están adheridos al lecho marino, se hunden también. La cabeza del coral queda debajo de la línea del agua, y los costados crecen hacia la superficie.

Durante un terremoto surge parte del lecho marino, y algunas cabezas de coral se elevan por encima del agua. La parte del coral que está por encima del agua muere, mientras que la parte sumergida continúa creciendo. Desde arriba, el coral parece una pequeña rosquilla dentro de un grupo de rosquillas más grandes.

ISLAS QUE SE HUNDEN

9 Los corales no fueron los únicos indicios de estruendos subterráneos en Indonesia. La falla de megaempuje de Sonda, ubicada en el fondo del océano Índico, señala la colisión entre dos de las placas que forman la superficie terrestre, una oceánica y la otra continental. Entre terremoto y terremoto, las placas se unen. A medida que la placa oceánica se desliza lentamente hacia abajo, presiona la placa continental hacia los costados aproximadamente media pulgada al año, y también la arrastra hacia abajo unas pulgadas al año. Las islas que están sobre la placa continental son también arrastradas hacia abajo, hasta media pulgada al año. Mientras más años transcurren entre los terremotos, más se hunden las islas, y más presión se acumula en la falla.

10 Los isleños sabían que la línea de agua se desplazaba. "Pueden ver cómo se hunden sus pasarelas y sus puertos", dijo Sieh. Los árboles que antes crecían altos en la costa ahora estaban bajo el agua, y los pozos que antes daban agua dulce estaban llenos de agua salada. Pero nadie pensó que esto estuviera relacionado con terremotos ni tsunamis.

11 Los indicios de las estaciones del Sistema de Posicionamiento Global, o GPS, que se establecieron para medir el hundimiento de la isla también convencieron a los científicos de que un gran terremoto podría sacudir el área en cualquier momento. "Cuando nos dimos cuenta de lo que estábamos descubriendo y del enorme riesgo que corrían las personas —dijo Sieh—, no pudimos quedarnos callados".

12 En julio de 2004, Sieh visitó cinco islas y dio charlas en escuelas, iglesias, mezquitas y plazas de las aldeas. Sieh y sus colegas planeaban regresar el año siguiente para visitar más islas y enseñar a más personas sobre su investigación. Pero apenas seis meses después, ocurrió un terremoto.

Un fotógrafo prepara una estación de GPS en Indonesia para reunir datos.

¿Qué hace que la tierra tiemble?

La próxima vez que estés al aire libre, salta. Zapatea fuerte un par de veces. El suelo parece sólido, ¿verdad? Bueno, no del todo.

La parte de la tierra en la que estás parado, llamada litósfera, es sólida como una roca. Pero la litósfera es muy delgada: si la Tierra tuviera el tamaño de una manzana, la litósfera sería tan gruesa como la cáscara de la manzana. Si cavaras un hoyo a través de la Tierra, descubrirías que, cuanto más profundo estés, más caliente y viscoso se vuelve lo de adentro. La litósfera sólida se divide en placas apretadas que flotan sobre la roca fundida que hay debajo. No sentimos moverse las placas porque, por lo general, se desplazan solo unos pocos centímetros al año, casi tan rápido (o tan lento) como el crecimiento de tus uñas.

No todas las placas terrestres se mueven paralelas entre sí y en la misma dirección. En el límite donde se juntan dos placas, llamado falla, chocan y se empujan la una a la otra. La mayor parte del tiempo encajan entre sí, pero la presión se acumula a medida que las placas chocan y se friccionan. Finalmente, las placas se sueltan a lo largo de una sección de la falla, y liberan esa energía contenida en forma de terremoto. La fuerza hace que los objetos se muevan de arriba abajo y con un movimiento lateral, y puede causar gran destrucción.

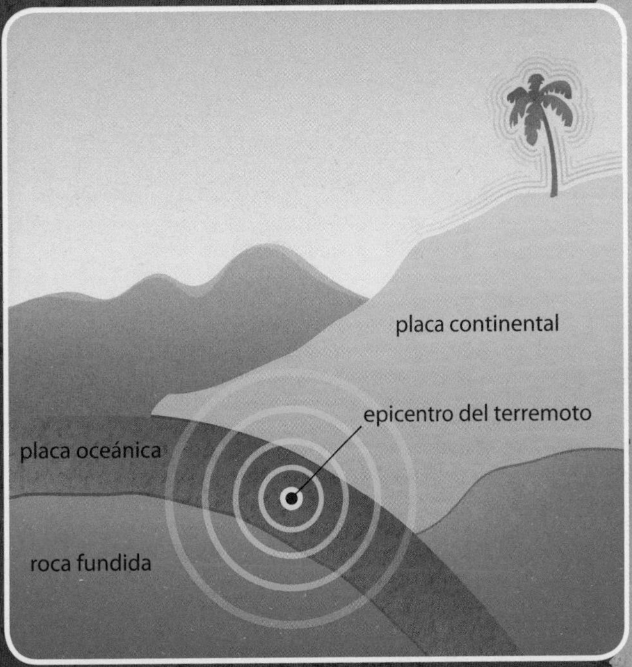

Hay muchos tipos diferentes de fallas. La falla de Sonda, en altamar, desde las islas Batu y Mentawai, se denomina falla de megaempuje, donde la placa oceánica submarina se sumerge debajo de la placa continental.

paralelo Si dos o más cosas se mueven paralelas entre sí, se mueven en la misma dirección.
lateral Algo tiene movimiento lateral cuando se mueve de lado a lado.
destrucción La destrucción es el acto de destrozar o arruinar algo.

Mis notas

26 DE DICIEMBRE DE 2004

13 La tierra se sacudió tan violentamente, que las personas terminaron en el suelo. Los platos cayeron de los estantes, los techos se derrumbaron, los árboles se vinieron abajo. Dos minutos después de haber comenzado, la sacudida cesó. Había sido el mayor terremoto del planeta en 40 años.

14 Como una ramita que doblas y doblas hasta que se quiebra, la presión que se había acumulado a lo largo de la falla de megaempuje de Sonda por cientos de años, finalmente se había revelado. A lo largo de una sección de la falla más larga que el estado de California, la placa oceánica y la continental se separaron repentina y violentamente, lo cual desencadenó ondas que sacudieron la tierra. Pero lo peor todavía estaba por venir.

Olas que no son normales

La mayoría de las olas se forman por el viento que sopla sobre la superficie del océano, arrastrando el agua con él. Pero un tsunami se inicia con una alteración, como un terremoto submarino, que desplaza agua en el lecho marino. El agua, impulsada desde el fondo del mar hasta la superficie del océano, hace que las olas irradien en todas las direcciones. Cuando una ola de tsunami golpea el agua poco profunda cerca de la tierra, reduce su velocidad, pero incrementa su altura. El agua de la orilla es absorbida por la ola gigante, y expone peces, caracolas y corales que estaban bajo el agua momentos antes. Luego, repentinamente, una pared de agua gigantesca se estrella contra la playa.

desencadenar Si algo o alguien desencadenó una acción quiere decir que le dio comienzo.
impulsar Una cosa es impulsada cuando se la empuja con gran fuerza.
irradiar Que las olas irradien quiere decir que se desplazan con un movimiento en forma de ondas o rayos.

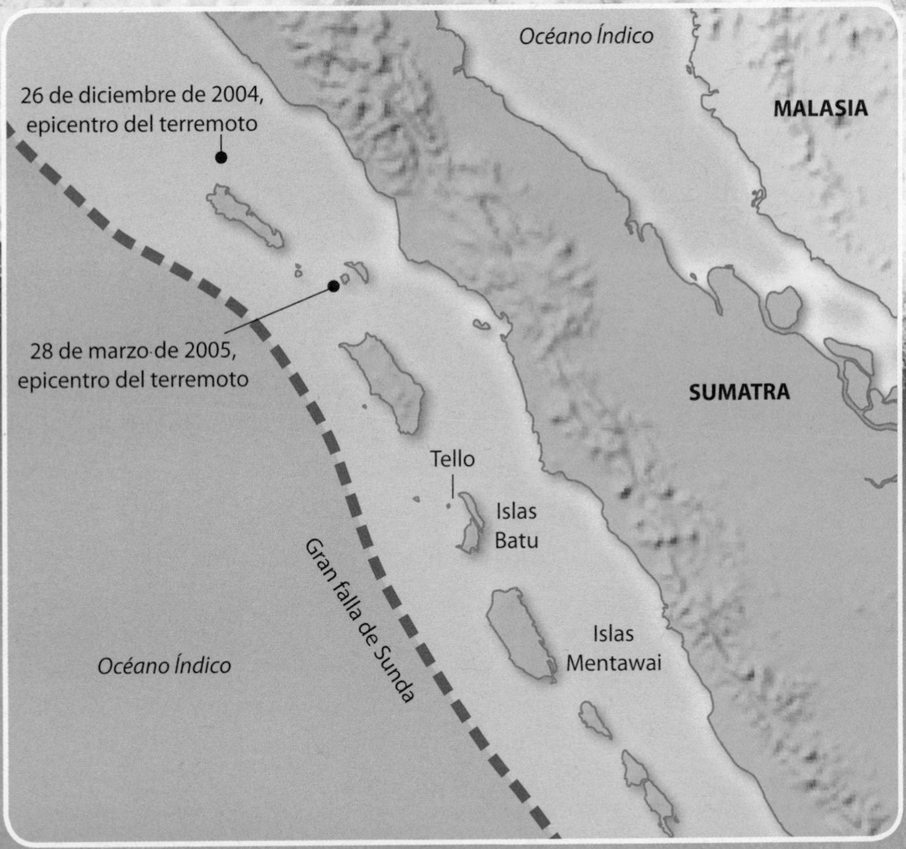

15 La placa continental emergió hasta 20 pies, empujando hacia arriba el agua que estaba sobre ella. Las olas de tsunami se dispersaron en todas direcciones, ganando potencia a medida que avanzaban por el mar abierto a la velocidad de un avión a propulsión. La primera ola, de 100 pies de altura en algunos lugares, azotó la isla indonesia de Sumatra 15 minutos después del terremoto. Las olas barrieron las costas de Tailandia 75 minutos después, luego India y Sri Lanka, e incluso África, a 3,000 millas del centro del terremoto.

16 Las mortíferas olas siguieron inundando playas durante horas. Cientos de miles de personas murieron y millones quedaron sin hogar.

17 Kerry Sieh estaba en su casa en California cuando oyó las noticias. Inmediatamente pensó en sus amigos de las islas que había visitado. ¿Habrían escapado del suelo que temblaba y de las olas gigantes? ¿Habían sido destruidos sus hogares y aldeas? La comunicación por teléfono o correo electrónico era imposible. El 1 de enero voló de regreso a Indonesia, sin saber qué encontraría.

A SALVO POR AHORA

18 Los habitantes de Tello fueron afortunados. Su isla estaba a más de 200 millas del epicentro del terremoto, el punto más intenso. Durante el terremoto la tierra tembló en Tello, pero no violentamente. Más tarde, un pequeño tsunami, de tres a seis pies de altura, barrió la aldea e inundó las casas. Las personas estaban conmocionadas y asustadas, pero salieron ilesas.

19 Al viajar a las otras islas que había visitado en julio, Sieh sintió alivio al escuchar la misma historia. Pocos hogares habían sido destruidos y no se perdieron vidas. Pero el peligro aún acechaba. Un terremoto en una sección de una falla puede aumentar la presión en el resto de la falla. Y las miles de millas de la falla de megaempuje de Sonda que no se habían fracturado en diciembre aún estaban listas para otro terremoto.

20 Efectivamente, el 28 de marzo, otro terremoto sacudió un área hacia el sur. Ese terremoto fue 10 veces menos poderoso que el de diciembre y, sin embargo, fue el segundo terremoto más grande que sacudió el mundo en 40 años.

21 Nuevamente los amigos de Sieh escaparon sin daño. Pero los terremotos fueron la prueba de que lo que el científico había dicho era verdad, y convencieron a algunos isleños de actuar.

Destrucción causada por el terremoto y tsunami de 2004 en Indonesia

Hoy, en la isla de Simuk muchas personas han abandonado sus hogares cerca de la costa y han reconstruido su pueblo en el punto más alto de la isla, la colina donde Sieh erigió su estación de GPS. Su pueblo modificado está mejor preparado para los tsunamis.

22 Los terremotos significaron también mucho trabajo para Sieh. En Sumatra, la placa continental en ascenso empujó vastas extensiones de playa que habían estado sumergidas. "Vimos miles de corales muertos", dijo Sieh. Analizó datos de las estaciones de GPS para determinar exactamente cómo se movieron las islas cercanas durante los terremotos.

modificado Algo modificado es algo revisado o cambiado.

Destrucción causada por el terremoto y tsunami de 2004 en Indonesia

23 Mientras recorrían las islas en bote y helicóptero, Sieh y sus colegas explicaban por qué ocurren los terremotos y los tsunamis y lo que pueden hacer las personas para prepararse. Pueden construir sus casas con madera liviana o bambú, en lugar de hormigón pesado, que causaría más daño si fuera derribado durante un terremoto. Pueden alejar sus aldeas de la playa, o construir caminos hacia terrenos más elevados.

24 Sieh no sabe exactamente cuándo o dónde golpeará, pero está seguro de que otro gran terremoto llegará por la sección de la falla que se encuentra al sur de Tello. En tanto eso ocurra, intentará comprender cada vez más por qué y cómo se mueve la tierra, y enseñará a las personas que viven cerca sobre el peligro que acecha bajo las olas.

Estos estudiantes se cubren la cabeza durante un simulacro de terremoto en Indonesia.

Una funcionaria habla con los estudiantes durante un simulacro de terremoto y tsunami en Indonesia.

Responder al texto

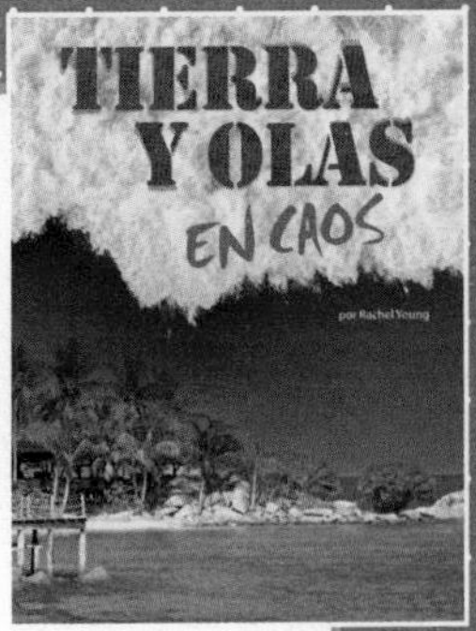

Conversación colaborativa

Repasa lo que escribiste en la página 204 y cuéntale a un compañero dos cosas que aprendiste de la lectura. Luego, comenta en grupo las preguntas de abajo. Incluye detalles de *Tierra y olas en caos* que apoyen tus respuestas. Asegúrate de seguir las reglas de tu clase para mantener una conversación ordenada.

1. Vuelve a leer las páginas 206 y 207 de la selección. ¿Qué aprendieron Sieh y los demás científicos al "leer los corales"?

2. Vuelve a leer la página 209. ¿Qué causa un terremoto? ¿Por qué no nos es posible sentir los movimientos de las placas tectónicas que tienen lugar usualmente en la superficie de la Tierra?

3. ¿Cuál es la diferencia entre un tsunami y una ola marina normal?

Sugerencia para escuchar

Escucha amablemente las ideas que comparten los demás. Si estás a cargo de tomar notas en tu grupo, anota los puntos clave.

Sugerencia para hablar

Hazle saber al líder de tu grupo que quieres hablar y luego comparte tu respuesta con voz clara para que los demás puedan oír.

Citar evidencia del texto

Escribir una presentación

TEMA PARA DESARROLLAR

En *Tierra y olas en caos,* leíste sobre un científico que predijo un terremoto basado en la evidencia que había observado. Él y otros científicos hicieron también presentaciones a personas que vivían en la zona de peligro. Les contaron por qué ocurren los terremotos y los tsunamis, y qué pueden hacer para prepararse.

Imagina que eres un científico y debes escribir una presentación en la que expliques por qué ocurren los terremotos y los tsunamis. Empieza con una oración de introducción para presentar el tema. Usa tu comprensión de los detalles clave del texto para apoyar tus ideas principales. No te olvides de usar en tu presentación algunas de las palabras del Vocabulario crítico.

PLANIFICAR

Toma notas del texto sobre las ideas principales acerca de qué causa los terremotos y los tsunamis. Incluye detalles importantes que apoyen la idea principal.

ESCRIBIR

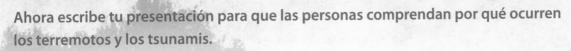

Ahora escribe tu presentación para que las personas comprendan por qué ocurren los terremotos y los tsunamis.

Asegúrate de que tu presentación
☐ presente el tema y explique quién eres.
☐ use evidencia del texto sobre las ideas principales.
☐ use evidencia del texto sobre los detalles de apoyo.
☐ concluya invitando al público a hacer preguntas.

Mis notas

Observa y anota
Números y estadísticas

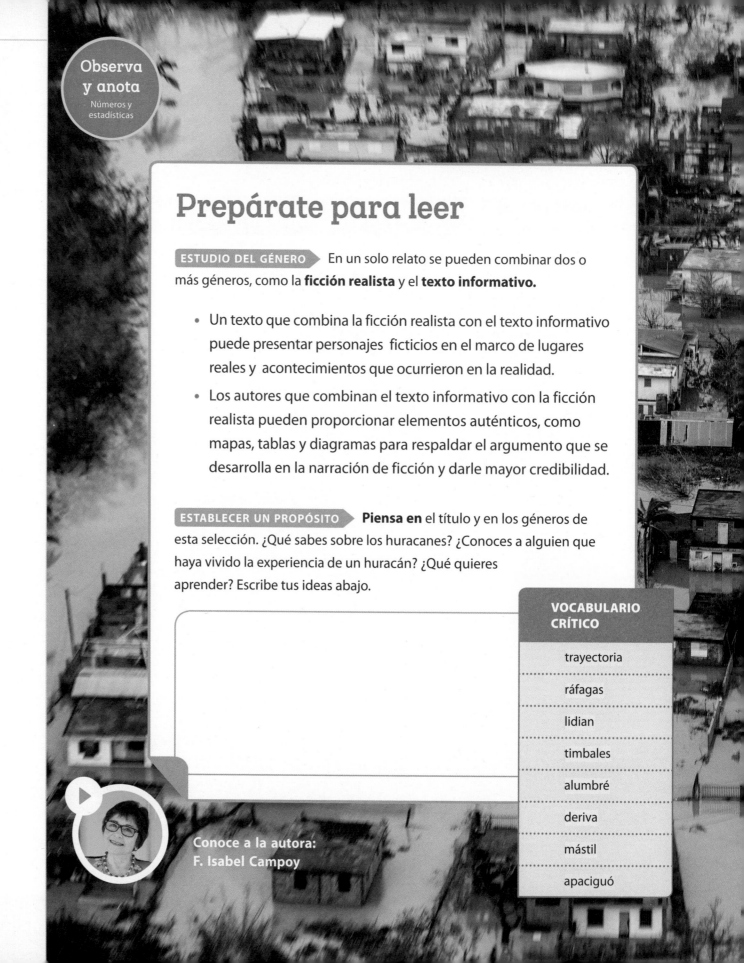

Prepárate para leer

ESTUDIO DEL GÉNERO En un solo relato se pueden combinar dos o más géneros, como la **ficción realista** y el **texto informativo.**

- Un texto que combina la ficción realista con el texto informativo puede presentar personajes ficticios en el marco de lugares reales y acontecimientos que ocurrieron en la realidad.
- Los autores que combinan el texto informativo con la ficción realista pueden proporcionar elementos auténticos, como mapas, tablas y diagramas para respaldar el argumento que se desarrolla en la narración de ficción y darle mayor credibilidad.

ESTABLECER UN PROPÓSITO **Piensa en** el título y en los géneros de esta selección. ¿Qué sabes sobre los huracanes? ¿Conoces a alguien que haya vivido la experiencia de un huracán? ¿Qué quieres aprender? Escribe tus ideas abajo.

VOCABULARIO CRÍTICO

- trayectoria
- ráfagas
- lidian
- timbales
- alumbré
- deriva
- mástil
- apaciguó

Conoce a la autora: F. Isabel Campoy

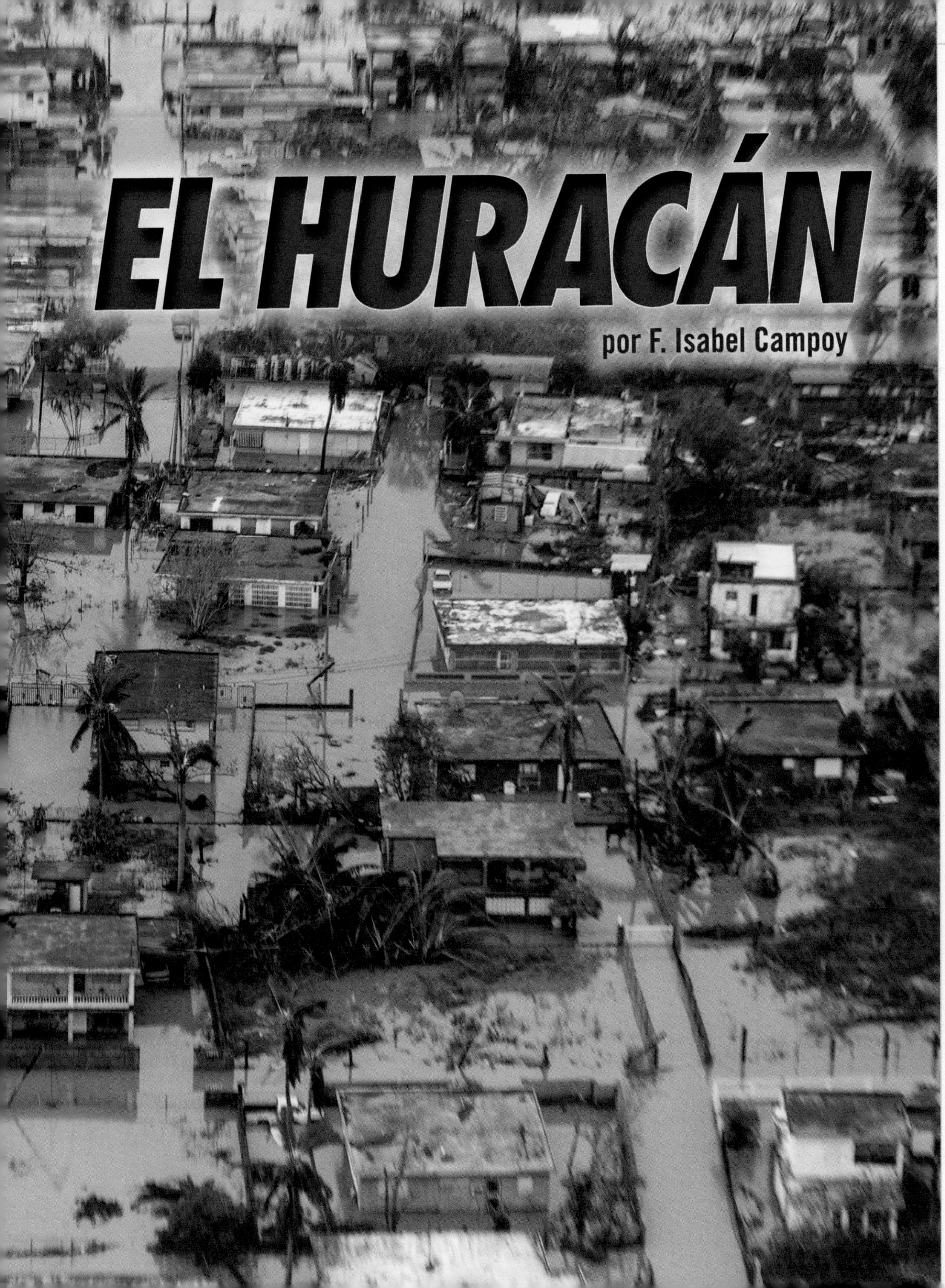
EL HURACÁN
por F. Isabel Campoy

Mis notas

San Juan de Puerto Rico

CAPÍTULO 1: MARÍA VISITA LA ISLA

1 Durante el conteo final, mi familia seguía preparándose a toda prisa. Guardamos los objetos del patio que podían convertirse en proyectiles, terminamos de asegurar las puertas y ventanas, amarramos las planchas de metal del techo y hasta entramos las orquídeas y demás plantas favoritas de mamá a la casa. Sabíamos que iba a ser un huracán como nunca habíamos visto. Las noticias de la televisión daban miedo.

2 Los reporteros, desde lugares que nos parecían peligrosos, describían la fuerza del viento, la ruta que seguía y los riesgos a los que se enfrentaban quienes vivían en zonas de peligro si no evacuaban de inmediato. Se iba acercando lentamente, muy lentamente, pero, si no cambiaba de dirección, el huracán María atravesaría la isla entera.

3 El día anterior habíamos llenado de agua todos los baldes, envases, ollas, incluso la bañera. Todo el mundo decía que se puede vivir más tiempo sin comida que sin agua, y había que estar preparado para lo que viniera.

4 Mi hermano Diego iba al comedor cada cinco minutos, llevando en la mano algunos de los peluches que tenía sobre su cama.

5 —No quiero que les dé miedo, allí solitos —decía.

6 Mamá Carmen iba de enchufe en enchufe comprobando que todos los teléfonos celulares estuvieran cargados. Decían que el huracán era de categoría 5 y que podríamos quedarnos sin luz, sin agua, sin Internet, sin líneas telefónicas y hasta sin señal para los celulares. Podríamos quedarnos sin servicio alguno.

7 A mamá Carmen le preocupaban sus padres, a quienes yo consideraba mis abuelos. Ellos se habían negado a ir a nuestra casa a pesar de habérselo pedido tantas veces, primero ella y luego mi padre. Los abuelos vivían en San Juan, en un barrio en el centro de la ciudad, en una casa de hormigón[1] igual que la nuestra, que, según ellos, aguantaría bien el huracán.

[1] **hormigón:** Mezcla de agua, arena, grava y cemento, que endurece al secarse.

Varias personas colocan paneles para proteger las ventanas antes de la llegada del huracán María, en Puerto Rico.

8 —No queremos dejar solos a los perros —dijo el abuelo—. Y además, sabes que nuestra Chispita no se lleva bien con el perrito de ustedes. Estamos bien aquí, cariño. No te preocupes por nosotros —agregó cuando mamá Carmen le pidió una vez más que fueran a nuestra casa.

9 El abuelo solía recordarnos que él había sobrevivido a muchos huracanes en la isla y que lo había hecho allí mismo, en su casa. Estaba listo para hacerlo una vez más.

10 Mamá Carmen llamó a sus padres para recordarles que tuvieran los celulares cargados. Mientras tanto, papá iba y venía por todos los rincones de la casa, terminando de montar paneles sobre las ventanas, asegurándose de tener velas y fósforos a la mano. La televisión estaba puesta en un canal de noticias que mostraba la trayectoria del huracán y repetía una y otra vez las áreas en las que era obligatorio evacuar. Nosotros no estábamos en una de ellas. También daban las direcciones de los refugios cercanos.

11 Mi escuela elemental había preparado distintos salones con catres[2] y frisas[3] para asistir a los evacuados. Las clases se habían suspendido desde el lunes, sin fecha de reinicio. Mis amigos y yo hicimos planes para jugar videojuegos, pero mi padre me recordó, con lo que parecía una sonrisa:

[2] **catre:** cama liviana para una sola persona
[3] **frisa:** manta o cobija

trayectoria La trayectoria es el camino que sigue un huracán.

Muchas escuelas tuvieron que suspender las clases por la llegada del huracán María.

12 —Hay que prepararse, Pablo García. Ven y ayúdame a recoger agua.

13 Papá es un hombre tranquilo, que siempre encuentra la forma de mantener la calma. Solo me llama por mi nombre y apellido cuando la cuestión es seria. Podía notar en su voz que estaba muy preocupado.

14 Hay cosas de aquella noche que recuerdo muy bien. Se han grabado en mi memoria como una película que repite una y otra vez las mismas escenas.

15 Veo a mamá Carmen en la cocina preparando la cena y diciendo que quizás aquella podría ser la última comida caliente que comeríamos por buen tiempo. Veo a papá metiendo los vasos de cristal y las figuritas de porcelana, que Carmen tanto atesora, en cajas de plástico y poniéndolas bajo la mesa de su oficina. Veo los cristales superiores de las puertas cruzados diagonalmente con cinta adhesiva. Veo todas las luces de la casa encendidas para dar la sensación de que es de día, aunque el cielo está oscuro. Veo un círculo blanco en la televisión. Parece una dona de queso que gira y, gradualmente, va acercándose a nuestra isla.

Muchas personas se refugiaron en albergues en preparación para la llegada del huracán María.

16 No sé las horas que pasamos abrazados, los cuatro, encerrados en el baño, porque mamá insistía en que era el sitio más seguro de la casa. El ruido del viento y la lluvia golpeando el techo de metal como si fueran ráfagas de metralla, y el peor momento...: cuando se fue la luz y nos quedamos completamente a oscuras. Papá apuntaba con su linterna al techo, como si aquel rayo de luz pudiera evitar que se viniera abajo.

17 —No sé cómo lidian ustedes, los mexicanos, con los huracanes, pero, como decimos acá, en Puerto Rico sabemos cómo se bate el cobre[4] —exclamó mamá Carmen—. ¡Vamos a cantarle a Diego!

18 México... ¡Qué lejos parecía México en aquel momento! Papá conoció a Carmen, mi mamá de crianza, por su trabajo. La conoció tiempo después de que muriera mi mamá. Mudarnos a Puerto Rico nos salvó la vida a los dos. En México, luego de la muerte de mami, papá estaba siempre triste, sin ganas de hablar, ni de comer, ni de hacer nada. Mi abuela Lupe venía todos los días a casa a prepararnos comida, pero parecía que el hueco que había dejado mi madre no se llenaría nunca.

[4] **saber cómo se bate el cobre:** saber qué hacer ante una situación y cómo resolverla

ráfaga Las ráfagas son golpes de viento fuertes y repentinos.
lidiar Quienes lidian con un problema luchan por solucionarlo.

Lluvia y viento en Puerto Rico durante el huracán María

Las chapas de los techos se desprenden por la fuerza del viento.

19 Cuando papá anunció que nos mudábamos a Puerto Rico, a mis abuelos de México les pareció que aquella era una buena noticia. Poner distancia entre el dolor y el futuro quizás sería el mejor medicamento.

20 A mí no me costó mucho acostumbrarme a la vida en Puerto Rico. Al principio mis compañeros de clase se burlaban de mi acento. Todos hablábamos español, pero ellos le ponían una música distinta y usaban palabras que yo no conocía. Intenté ignorar sus burlas porque papá por fin volvía a sonreír. Empezó a poner más interés en jugar conmigo de nuevo y mamá Carmen era un gran remedio para ambos. Hacía unos postres estupendos, cantaba todo el día, daba besos y abrazos, y hacía chistes por cualquier cosa.

21 *Temporal, temporal,*
allá viene el temporal.
Qué será de mi Borinquen[5]*,*
cuando llegue el temporal...

22 Diego por fin se durmió en los brazos de Carmen, al compás de sus canciones.

[5] **Borinquen:** nombre que se le da a Puerto Rico

Mis notas

CAPÍTULO 2:
UNA NOCHE DE TERROR

23 La voz de mamá Carmen no conseguía apagar el ruido de los objetos misteriosos que golpeaban la casa. Los cantazos se escuchaban como timbales repicando por todos lados: ¡bim, bam, bum! El viento fantasmagórico[6], en un interminable lamento, nos erizaba hasta el último vello de la piel: Uuuuuuuuuuuuu....

24 Papá me dio una linterna y juntos salimos a recorrer cada habitación, enfocando las ventanas, el techo, las puertas. Yo iba detrás de él, más preocupado por no tropezar con los muebles que por lo que estaba pasando afuera. Al fin y al cabo, papá estaba allí y mamá Carmen nos tranquilizaba a todos con su voz armoniosa.

25 Nos acercamos a la cocina para buscar agua. Papá enfocó su linterna en las botellas y yo alumbré con la mía el techo, como lo había hecho él en el resto de la casa. Parecía que era el techo lo que más le preocupaba. Y entonces vi una mancha. No era muy grande, pero estaba seguro de que no la había visto antes.

26 —¡Papá, mira! —le dije tocándolo en el hombro. Papá siguió el rayo de luz hasta el techo—. ¿Qué crees que sea eso?

[6] **fantasmagórico:** que se relaciona con la ilusión de los sentidos

timbal Los timbales son una especie de tambores hechos con una semiesfera de metal y un solo parche.
alumbrar Si alumbré algo, lo iluminé para poder verlo.

Trayectoria del huracán María en Puerto Rico

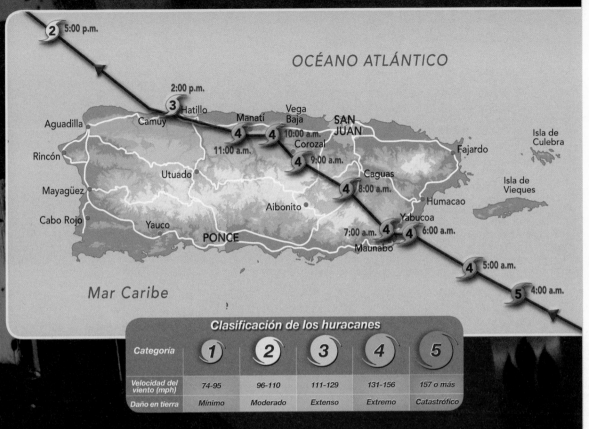

Clasificación de los huracanes

Categoría	1	2	3	4	5
Velocidad del viento (mph)	74-95	96-110	111-129	131-156	157 o más
Daño en tierra	Mínimo	Moderado	Extenso	Extremo	Catastrófico

27 Papá apuntó su linterna en la misma dirección que la mía. En silencio paseó su luz por las cuatro esquinas de la cocina, una, dos, tres veces. Luego miró el suelo, la ventana. Todo parecía en su sitio y sin señales de agua, excepto aquella esquina del techo.

28 —Es una gotera, Pablo. Esperemos que no se agrande —dijo preocupado—. Me temía que esto pudiera pasar. Probablemente, el viento ha despegado una esquina de la hoja de metal. No les digas nada a ellos. No quiero que se asusten.

29 Regresamos al baño con agua, galletas y guineos[7].

[7] **guineo:** fruto de las distintas especies de bananos

Mis notas

Mis notas

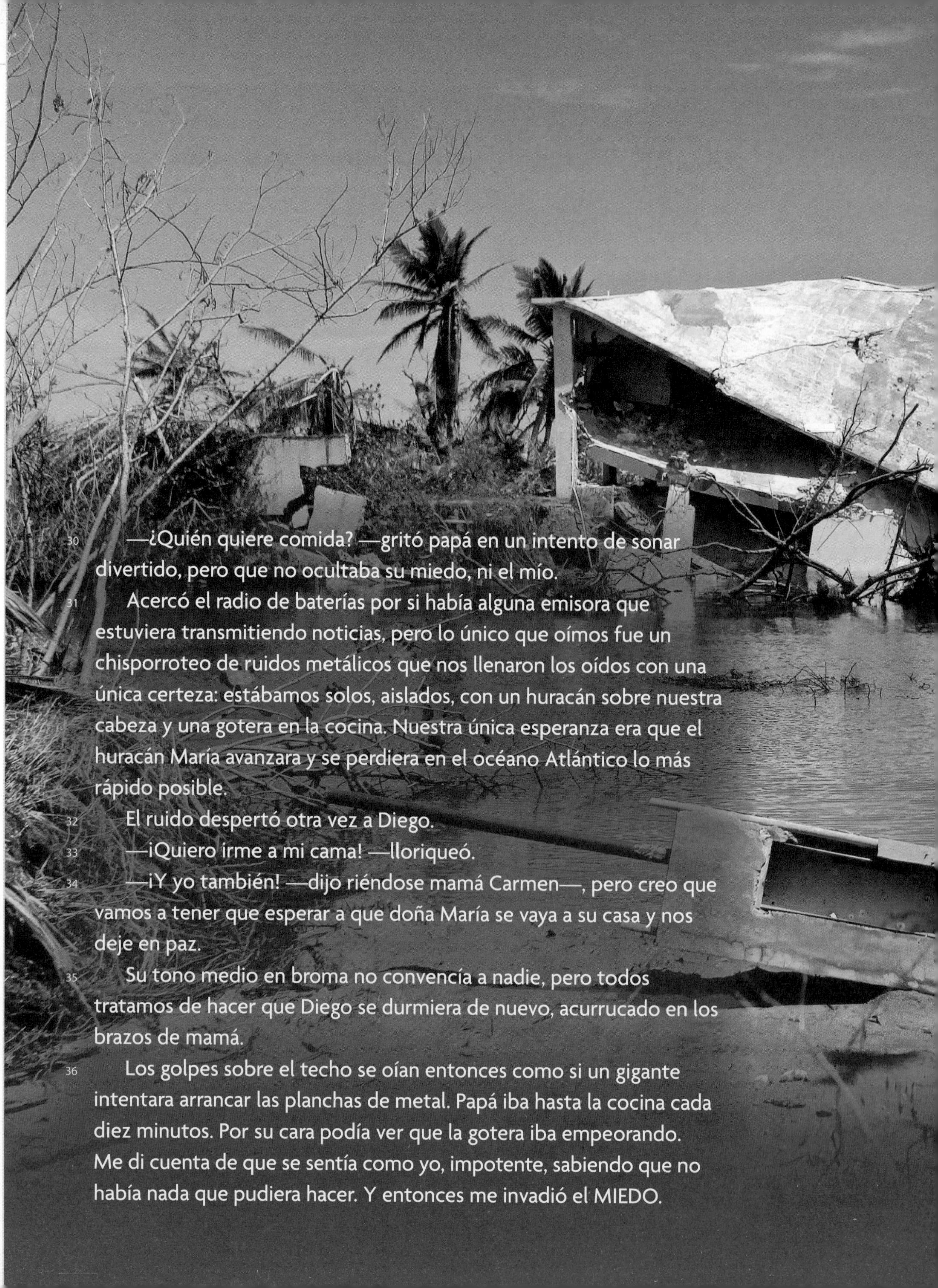

30 —¿Quién quiere comida? —gritó papá en un intento de sonar divertido, pero que no ocultaba su miedo, ni el mío.

31 Acercó el radio de baterías por si había alguna emisora que estuviera transmitiendo noticias, pero lo único que oímos fue un chisporroteo de ruidos metálicos que nos llenaron los oídos con una única certeza: estábamos solos, aislados, con un huracán sobre nuestra cabeza y una gotera en la cocina. Nuestra única esperanza era que el huracán María avanzara y se perdiera en el océano Atlántico lo más rápido posible.

32 El ruido despertó otra vez a Diego.

33 —¡Quiero irme a mi cama! —lloriqueó.

34 —¡Y yo también! —dijo riéndose mamá Carmen—, pero creo que vamos a tener que esperar a que doña María se vaya a su casa y nos deje en paz.

35 Su tono medio en broma no convencía a nadie, pero todos tratamos de hacer que Diego se durmiera de nuevo, acurrucado en los brazos de mamá.

36 Los golpes sobre el techo se oían entonces como si un gigante intentara arrancar las planchas de metal. Papá iba hasta la cocina cada diez minutos. Por su cara podía ver que la gotera iba empeorando. Me di cuenta de que se sentía como yo, impotente, sabiendo que no había nada que pudiera hacer. Y entonces me invadió el MIEDO.

Daños causados por el huracán María en Puerto Rico.

Éramos como un barco a la **deriva** en medio del océano, sin **mástil** y sin motor. Por primera vez en la vida sentí PÁNICO. Me temblaban las rodillas y un sudor frío me subió por la frente.

37 —Pablo, escucha, tenemos que mantener la calma —susurró papá mirándome fijo a la cara—. Ya falta poco.

38 Mamá me tiró del brazo hasta colocar mi cabeza en su hombro.

39 —Ven, Pablo, te voy a contar un cuento de Juan Bobo, porque él era experto en salir de cualquier problema, no importaba lo difícil que fuera.

40 No tengo claro lo que ocurrió el resto de la noche. Creo que me dormí, porque lo siguiente que recuerdo fue haber visto a mis padres abrazados mirando entre las rendijas de la puerta del frente, por donde ya entraba la claridad del día. El viento continuaba rugiendo. Y hasta podíamos verlo afuera...: un velo blanco que llevaba consigo todo lo que encontraba a su paso. Al cabo de varias horas, el huracán María por fin se **apaciguó**, y dejó una montaña de árboles caídos y escombros. Para salir de la casa, tendríamos que abrirnos camino entre tanta destrucción.

deriva Un barco a la deriva es un barco que perdió su rumbo a causa del viento, el mar o las corrientes.

mástil El mástil es el palo de las embarcaciones, donde se sujetan las velas.

apaciguar Si algo o alguien se apaciguó, se calmó o se aquietó.

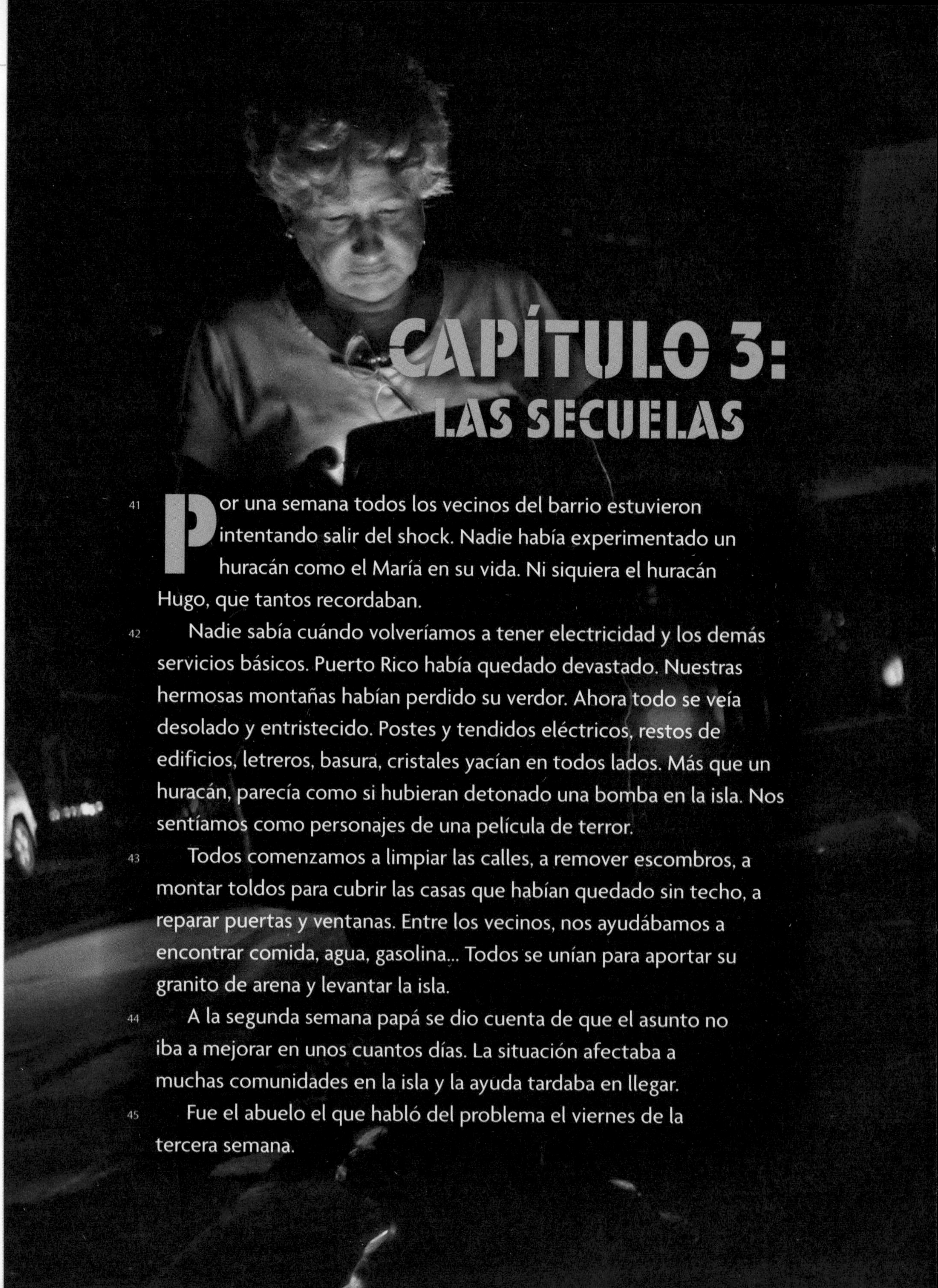

CAPÍTULO 3: LAS SECUELAS

41 Por una semana todos los vecinos del barrio estuvieron intentando salir del shock. Nadie había experimentado un huracán como el María en su vida. Ni siquiera el huracán Hugo, que tantos recordaban.

42 Nadie sabía cuándo volveríamos a tener electricidad y los demás servicios básicos. Puerto Rico había quedado devastado. Nuestras hermosas montañas habían perdido su verdor. Ahora todo se veía desolado y entristecido. Postes y tendidos eléctricos, restos de edificios, letreros, basura, cristales yacían en todos lados. Más que un huracán, parecía como si hubieran detonado una bomba en la isla. Nos sentíamos como personajes de una película de terror.

43 Todos comenzamos a limpiar las calles, a remover escombros, a montar toldos para cubrir las casas que habían quedado sin techo, a reparar puertas y ventanas. Entre los vecinos, nos ayudábamos a encontrar comida, agua, gasolina... Todos se unían para aportar su granito de arena y levantar la isla.

44 A la segunda semana papá se dio cuenta de que el asunto no iba a mejorar en unos cuantos días. La situación afectaba a muchas comunidades en la isla y la ayuda tardaba en llegar.

45 Fue el abuelo el que habló del problema el viernes de la tercera semana.

46 —Tus hermanos nos han ofrecido que nos vayamos con ellos a Florida. Creo que debemos irnos para allá, al menos hasta que la isla se estabilice.

47 Mis padres empezaron los preparativos para aquel viaje la mañana siguiente.

48 Ahora soy estudiante en una escuela en Orlando, Florida. Me han apuntado en clases especializadas para reforzar el inglés. En Puerto Rico pude adaptarme a la escuela rápidamente porque tomaba todas las clases en español, menos la de inglés. Pero aquí, me resultan más difíciles. Necesito mejorar el inglés ¡y soltar la lengua! Trabajo duro, pero aún no se ven mis esfuerzos. Diego, sin embargo, ¡ya habla en inglés con otros niños sin problemas! Parece ser que, cuanto más joven, más fácil se hace aprender un idioma.

Muchas familias tuvieron que enfrentar el reto de quedarse sin hogar, con sus viviendas total o parcialmente destruidas.

49 Muchos me han preguntado qué siento por haber sobrevivido al huracán María y qué he aprendido de todo esto. Y sabes, ha sido una experiencia difícil, pero que me ha enseñado mucho.

50 He visto a muchas personas que ayudaban a otras, aunque fueran desconocidas. He aprendido que se puede vivir sin muchas cosas que antes creía esenciales. Me he dado cuenta de que necesitamos ayudar al planeta Tierra, protegiendo nuestros recursos, aprendiendo a reciclar, usando materiales que no contaminen los océanos, el aire y nuestro suelo.

51 Y creo que ahora, más que nunca, quiero ir a la universidad para llegar a ser científico. ¡Me encantaría minimizar de alguna forma estos desastres naturales o al menos reducir sus riesgos y consecuencias! Quisiera estudiar más del planeta, de sus ciclos naturales y de las aportaciones que puede hacer el ser humano para conservarlo.

52 Ya he visto cómo pueden cambiar las cosas poco a poco si todos ayudamos.

53 ¡Yo estoy LISTO!

Se requirió el esfuerzo de todos, jóvenes y adultos, para limpiar los escombros que dejó el huracán María a su paso por la isla.

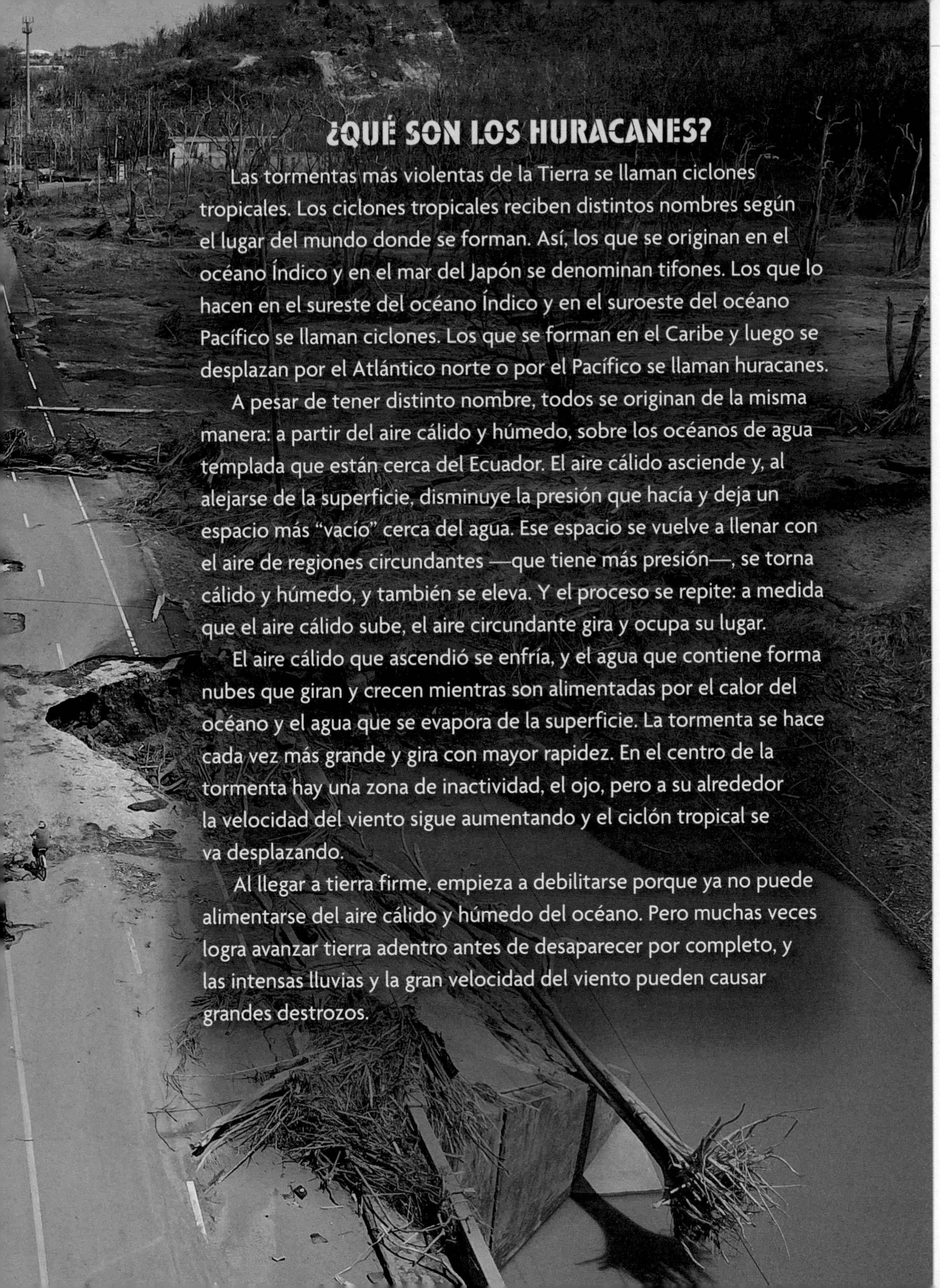

¿QUÉ SON LOS HURACANES?

Las tormentas más violentas de la Tierra se llaman ciclones tropicales. Los ciclones tropicales reciben distintos nombres según el lugar del mundo donde se forman. Así, los que se originan en el océano Índico y en el mar del Japón se denominan tifones. Los que lo hacen en el sureste del océano Índico y en el suroeste del océano Pacífico se llaman ciclones. Los que se forman en el Caribe y luego se desplazan por el Atlántico norte o por el Pacífico se llaman huracanes.

A pesar de tener distinto nombre, todos se originan de la misma manera: a partir del aire cálido y húmedo, sobre los océanos de agua templada que están cerca del Ecuador. El aire cálido asciende y, al alejarse de la superficie, disminuye la presión que hacía y deja un espacio más "vacío" cerca del agua. Ese espacio se vuelve a llenar con el aire de regiones circundantes —que tiene más presión—, se torna cálido y húmedo, y también se eleva. Y el proceso se repite: a medida que el aire cálido sube, el aire circundante gira y ocupa su lugar.

El aire cálido que ascendió se enfría, y el agua que contiene forma nubes que giran y crecen mientras son alimentadas por el calor del océano y el agua que se evapora de la superficie. La tormenta se hace cada vez más grande y gira con mayor rapidez. En el centro de la tormenta hay una zona de inactividad, el ojo, pero a su alrededor la velocidad del viento sigue aumentando y el ciclón tropical se va desplazando.

Al llegar a tierra firme, empieza a debilitarse porque ya no puede alimentarse del aire cálido y húmedo del océano. Pero muchas veces logra avanzar tierra adentro antes de desaparecer por completo, y las intensas lluvias y la gran velocidad del viento pueden causar grandes destrozos.

Mis notas

EL NOMBRE DE LOS HURACANES

¿Quién le pone nombre a los huracanes? La Organización Metereológica Mundial (OMM), una agencia especializada de las Naciones Unidas, es la encargada de darles nombre a los huracanes.

La OMM crea una lista de nombres por orden alfabético, que se repite cada seis años. No se incluyen los que empiezan con Q, U, X, Y y Z porque hay muy pocos. La lista contiene nombres en inglés, en francés y en español, y alterna los femeninos y los masculinos.

El nombre de los huracanes que han provocado muchos daños a su paso se retira de la lista y no se vuelve a usar. Así, por ejemplo, se ha retirado de la lista el nombre Katrina.

Anatomía de un huracán

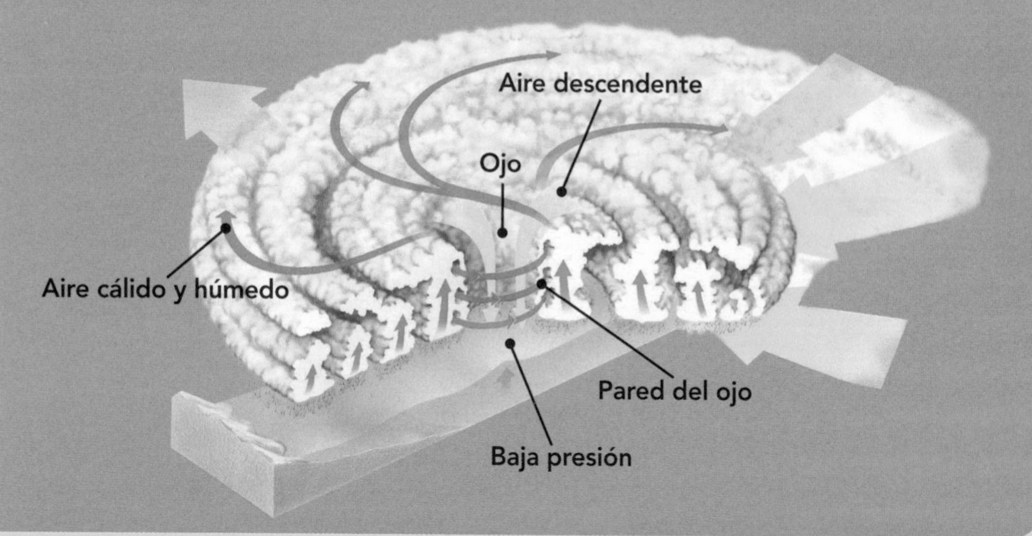

EL HURACÁN MARÍA

Los huracanes no mantienen la misma intensidad en todo su recorrido. Según vayan atravesando extensiones de agua o de tierra, suben o bajan de categoría.

El huracán María se acercó desde el este de las Antillas, se dirigió hacia el oeste, pasó por Puerto Rico y la República Dominicana, y avanzó hacia la costa este de los Estados Unidos.

Las zonas más afectadas, donde el huracán adquirió categorías mayores, fueron Puerto Rico y República Dominicana.

Conversación colaborativa

Repasa lo que escribiste en la página 218 y cuéntale a un compañero dos cosas que aprendiste de la lectura. Luego, comenta en grupo las preguntas de abajo. Halla información en *El huracán* que apoyen tus respuestas. Busca maneras de conectar tus ideas con las de los demás durante la conversación.

1. Repasa las páginas 220 a 223. ¿Qué medidas debe tomar la familia para prepararse ante la llegada del huracán?

2. Repasa las páginas 224 a 232. ¿Qué palabras y frases usa la autora para describir el huracán? ¿Qué efectos tiene sobre el lugar y las personas?

3. Repasa las páginas 226 a 227. ¿De qué manera contribuyen las fotos y la información del mapa al relato de ficción?

Sugerencia para escuchar

Escucha atentamente las ideas de cada compañero y piensa en cómo están relacionadas.

Sugerencia para hablar

Usa palabras y frases como *otra razón* o *también* para conectar tus ideas con lo que dicen los demás.

Citar evidencia del texto

Escribir un informe climático

TEMA PARA DESARROLLAR

En *El huracán*, aprendiste sobre los huracanes, los tipos de daños que pueden causar y las maneras en que las personas se pueden preparar para estas tormentas. Este tipo de información es vital para las personas que viven en áreas donde azotan los huracanes.

Imagina que eres un meteorólogo de una estación de TV local y que un huracán de categoría 4 se acerca a tu región. Usa evidencia del texto para escribir un informe climático que advierta al público sobre los posibles efectos de un huracán de esta categoría. Luego, explica las indicaciones que se deben seguir para permanecer a salvo. Asegúrate de organizar la información para que sea fácil de entender. Usa una palabra científica del texto y explica su significado. No te olvides de usar en tu escritura algunas de las palabras del Vocabulario crítico.

PLANIFICAR

Crea dos columnas de notas, una sobre los daños potenciales y otros efectos de un huracán de categoría 4 y otra sobre las maneras de prepararse y permanecer a salvo. Basa tus notas en evidencia que leas en el texto.

ESCRIBIR

Ahora escribe tu informe climático para advertir al público sobre el huracán que se avecina.

Asegúrate de que tu informe climático

- ☐ presente el tema.
- ☐ incluya evidencia del texto, como la fuerza del huracán, los posibles daños y otros efectos y las maneras de permanecer a salvo.
- ☐ use y explique una palabra científica.
- ☐ organice la información de manera fácil de entender para los espectadores.
- ☐ incluya una conclusión.

Tarea del rendimiento

Pregunta esencial

¿Cómo puede brindarnos más seguridad el aprender acerca de los desastres naturales?

Escribir un editorial

TEMA PARA DESARROLLAR Recuerda lo que aprendiste en este módulo sobre mantenerse a salvo durante los desastres naturales.

¿Está preparada tu escuela o comunidad para un desastre natural? ¿Qué más se podría hacer para estar preparados? Elige uno de los desastres naturales sobre los que aprendiste en el módulo. Escribe un editorial para tu periódico escolar, en el que expreses qué piensas que se debe hacer para asegurarse de que la comunidad esté protegida. Apoya tu opinión con evidencia sólida de los textos y el video.

Voy a escribir un editorial sobre ______________________________.

Asegúrate de que tu editorial
☐ tenga una introducción que exprese claramente tu opinión.
☐ explique por qué el tema es importante para tus lectores.
☐ apoye tu opinión con razones en un orden lógico.
☐ proporcione datos y detalles de los textos para apoyar cada razón.
☐ use palabras y frases que conecten la opinión, las razones y la evidencia.
☐ tenga una conclusión que vuelva a expresar la opinión y sugiera a los lectores medidas específicas que deban tomar.

PLANIFICAR .... **Reúne información.**

Decide sobre qué desastre natural vas a escribir. Luego piensa en la postura que asumirás sobre cómo estar preparado. Vuelve a mirar tus notas y el video, y a leer los textos en busca de evidencia.

Usa la tabla de abajo para planificar tu editorial. Escribe tu tema y una oración que exprese tu opinión. Luego escribe tus razones y la evidencia que las respalda. Usa palabras del Vocabulario crítico cuando sea apropiado.

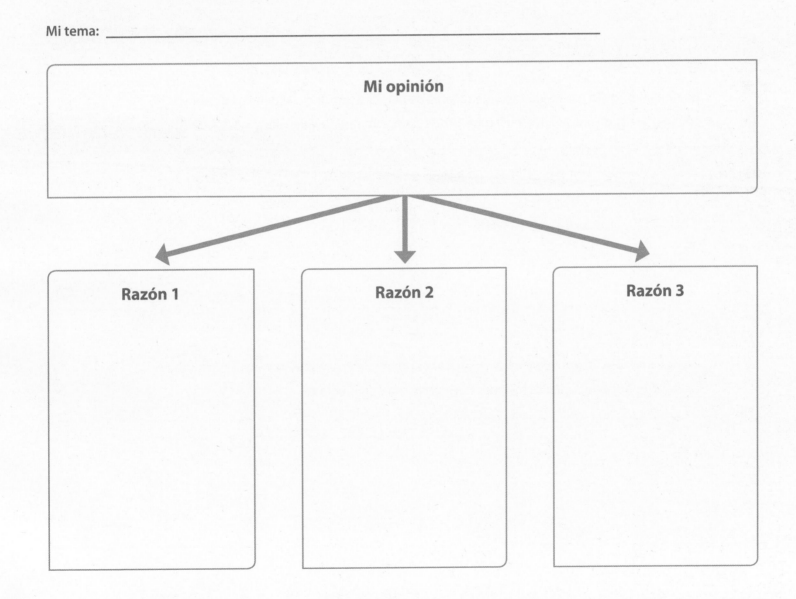

Mi tema: ______________________________

Mi opinión

Razón 1

Razón 2

Razón 3

HACER UN BORRADOR

Escribe tu editorial.

Escribe una **introducción** que exprese tu opinión. Explica por qué es importante el tema.

Escribe un **párrafo** para cada razón de tu tabla de planificación. Incluye detalles de apoyo sólidos para cada una. Vuelve a mirar los textos si necesitas más evidencia.

Razón 1	**Razón 2**	**Razón 3**

Escribe una **conclusión** que vuelva a expresar tu opinión y resuma tus razones. Concluye con un firme enunciado sobre las medidas que deben tomar los lectores.

REVISAR Y EDITAR ······ Revisa tu borrador.

Ahora es momento de revisar y editar tu borrador. Esta es la oportunidad de repasar tu editorial e introducir mejoras. Trabajen en parejas o en grupos pequeños. Compartan sugerencias sobre cómo mejorar el trabajo de cada uno. Usa estas preguntas para evaluar y mejorar tu editorial.

PROPÓSITO/ ENFOQUE	ORGANIZACIÓN	EVIDENCIA	LENGUAJE/VOCABULARIO	CONVENCIONES
☐ ¿Expreso claramente mi opinión y por qué es importante en la introducción? ☐ ¿Doy razones que apoyen claramente mi opinión?	☐ ¿Están presentadas las razones en un orden lógico? ☐ ¿Vuelvo a expresar mi opinión en la conclusión, y digo a los lectores las medidas que deben tomar?	☐ ¿Está apoyada cada una de mis razones con evidencia sólida de los textos?	☐ ¿Usé palabras y frases que conectan la opinión, las razones y la evidencia? ☐ ¿Usé verbos de acción eficaces?	☐ ¿Escribí correctamente todas las palabras? ☐ ¿Usé varios tipos de oraciones?

PUBLICAR ······ Comparte tu trabajo.

Crear la versión final. Haz una copia final de tu editorial. Incluye una infografía u otro elemento visual para apoyar más tus ideas. Considera estas opciones para compartir tu editorial.

1. Incluye tu editorial en un folleto sobre seguridad. Imprime copias y pon el folleto a disposición en la biblioteca escolar o de la clase.
2. Da un discurso a tu clase o a otro grupo de estudiantes. Habla con expresión y haciendo gestos para mostrar la importancia de tu opinión y tus razones.
3. Publica tu editorial en un sitio web de la escuela o la clase. Invita a tus lectores a hacer comentarios u otras sugerencias sobre cómo prepararse.

MÓDULO 4

EL LEJANO OESTE

"En todos lados, y a cada hora del día, tropezábamos con las implacables limitaciones de la vida del pionero."

—Anna Howard Shaw

Pregunta esencial

¿Qué rasgos de carácter debían tener las personas que poblaron el oeste?

Video de Mentes Curiosas

Palabras de la idea esencial

Palabras acerca de colonizar el oeste

Las palabras de la tabla te ayudarán a hablar y a escribir sobre las lecturas de este módulo. ¿Qué palabras sobre colonizar el oeste has visto antes? ¿Cuáles son nuevas para ti?

Completa la Red de vocabulario de la página 245. Escribe sinónimos, antónimos y palabras y frases relacionadas para cada palabra acerca de colonizar el oeste.

Después de leer cada selección del módulo, vuelve a la Red de vocabulario y añade más palabras. Si es necesario, dibuja más recuadros.

PALABRA	SIGNIFICADO	ORACIÓN DE CONTEXTO
victoria (sustantivo)	Cuando logras una victoria, superas un desafío o ganas contra un competidor.	Llegar al final del largo y difícil torneo fue una victoria para el equipo de fútbol ganador.
nativo (adjetivo)	Se describen como nativas de un lugar a las culturas, personas y especies animales o vegetales originarias de allí.	Los girasoles son flores nativas de las regiones del norte de Estados Unidos.
épico (adjetivo)	Hablar de la característica épica de un acontecimiento es decir que este es prominente, impactante y, algunas veces, heroico.	Miles de trabajadores enfrentaron un gran peligro durante la épica construcción de las pirámides egipcias.
región (sustantivo)	Cada una de las divisiones geográficas de un país se considera una región.	Muchos pioneros comenzaron su travesía al oeste en Independence, Missouri, en la región central de Estados Unidos.

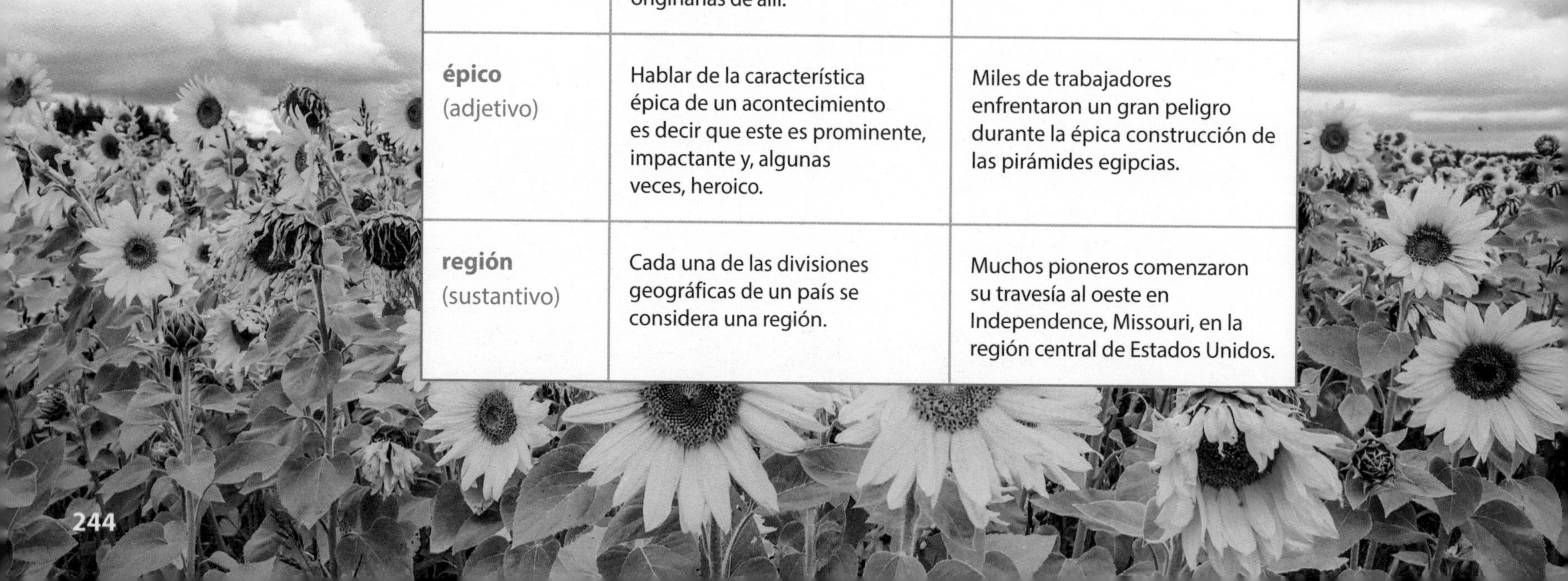

Palabras acerca de colonizar el oeste

victoria

nativas

épica

región

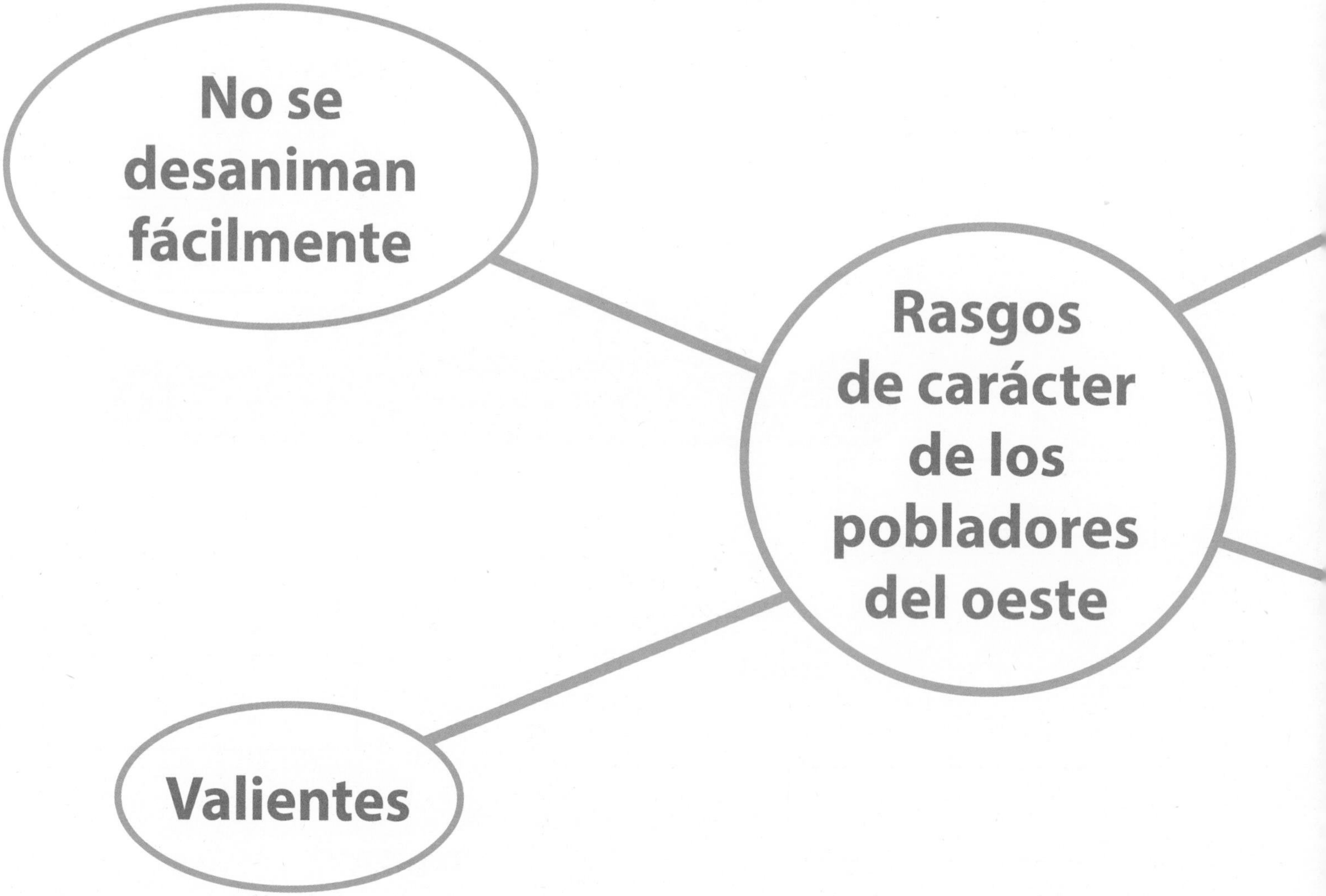
No se desaniman fácilmente
Rasgos de carácter de los pobladores del oeste
Valientes

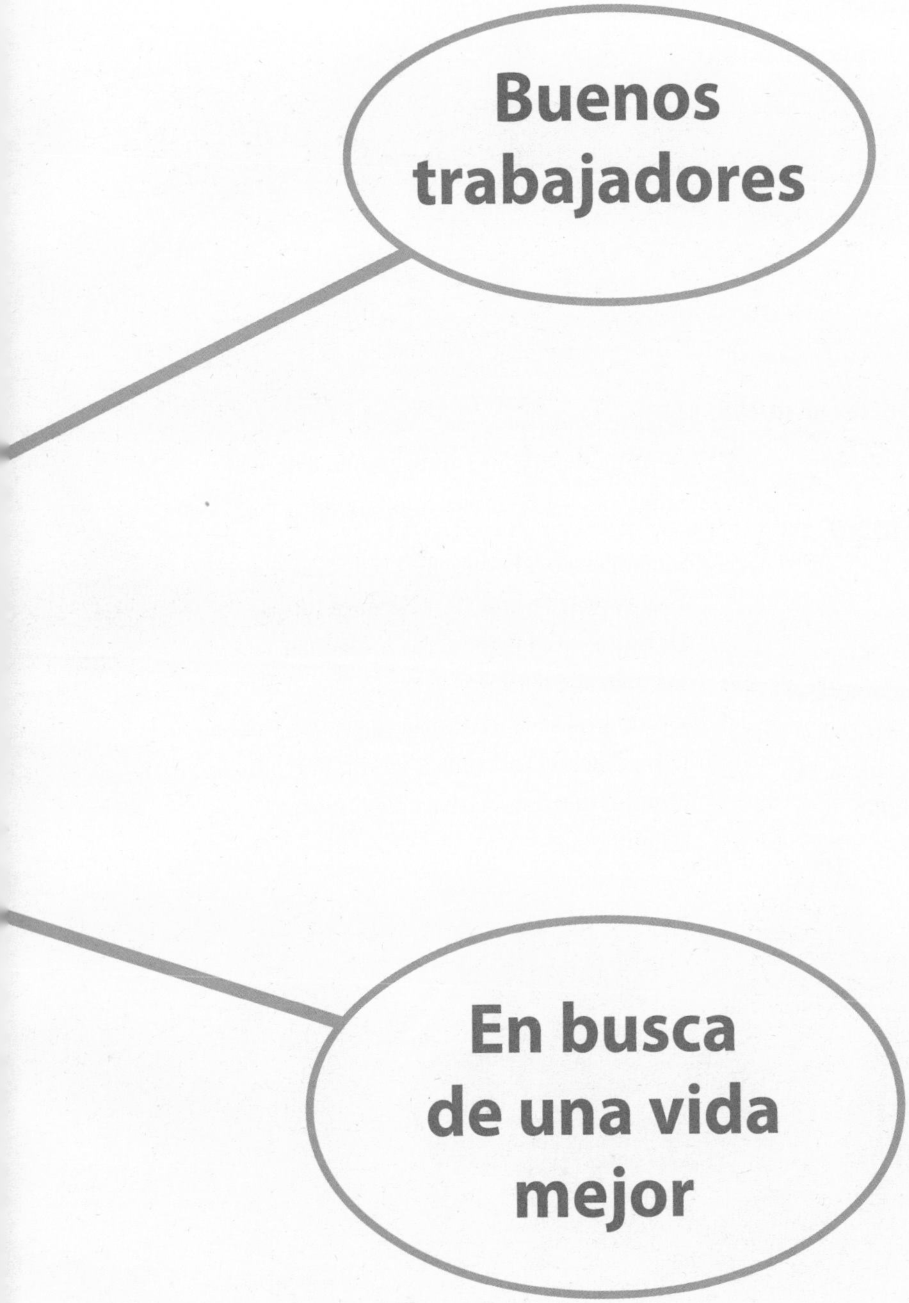
Buenos trabajadores
En busca de una vida mejor

Lectura breve

¿Por qué ir al oeste?

1 Muchos hacen una lista de verificación antes de viajar para no olvidar nada importante. Durante el siglo XIX, miles de personas podrían haber usado una lista de verificación como esta. Dejaron su casa y migraron hacia las zonas sin desarrollo del oeste de Estados Unidos. ¿Qué fue lo que los motivó a hacerlo?

2
- ✓ Dejar atrás a casi todos.
- ✓ Dejar atrás casi todo.
- ✓ Aprovechar la oportunidad de lo nuevo.
- ✓ Ir al oeste.

La oportunidad de ser dueño de tierras

3 Algunos vieron la oportunidad de transformarse en propietarios de tierras. El presidente Thomas Jefferson compró el Territorio de Luisiana a Francia, en 1803. Conocida como la Compra de Luisiana, las nuevas tierras duplicaron el tamaño de Estados Unidos. La tierra sin costo o a bajo costo estaba ahí para aprovecharla y no pasó mucho antes de que miles de personas, tanto del interior como del exterior de Estados Unidos, miraran hacia el oeste americano y vieran la oportunidad.

TERRITORIO DE LUISIANA

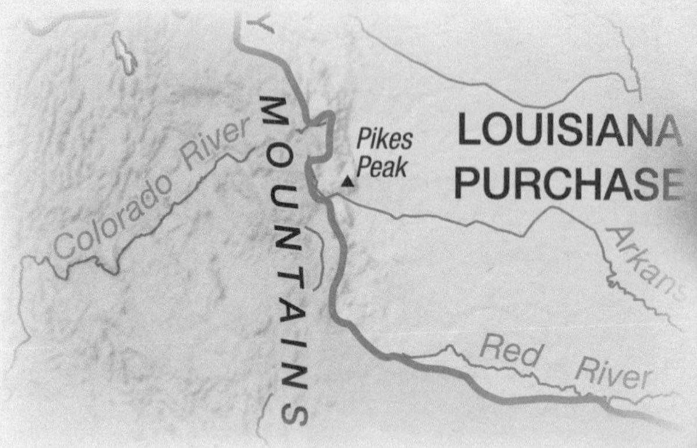

4 Sin embargo, el crecimiento de Estados Unidos no fue una victoria para todos. Durante este período, los indígenas perdieron sus tierras cuando los colonizadores y pioneros se trasladaron al oeste. Muchas tribus fueron forzadas a vivir en otro lugar y algunas culturas nativas casi fueron aniquiladas.

La oportunidad de un nuevo comienzo

5 Algunas personas hicieron el viaje hacia el oeste con la esperanza de empezar de nuevo. Creían que el viaje largo y peligroso valía la pena si así podían tener una vida mejor. Muchos pasaron malos momentos, con familias que se agrandaban y pocas maneras de ganar el dinero suficiente para poder mantenerlas. Las noticias esperanzadoras de amigos y familiares que ya habían ido al oeste también incentivaban a más familias a reubicarse cada vez más.

Caravana de carretas cubiertas

6 Muchos colonos siguieron el popular camino de Oregón, con algunos que lo recorrieron todo hasta su finalización en el noroeste del Pacífico. Cargaron carretas cubiertas para su épica travesía por las montañas y las anchas llanuras de la región central. La determinación hizo que estos viajeros atravesaran desafíos y reveses.

La posibilidad de hacerse rico

7 Para algunos, la motivación era solo el oro. En 1848, James W. Marshall descubrió oro en Sutter's Mill, en lo que hoy es el norte de California. ¡Las novedades se difundieron rápidamente y comenzó la fiebre del oro de California! Para 1852, se habían mudado a California, en busca de fortuna, más de 300,000 personas.

Mis notas

Observa y anota
3 preguntas importantes

Prepárate para leer

ESTUDIO DEL GÉNERO Los **textos informativos** dan datos y ejemplos sobre un tema, una época o un acontecimiento.

- Los textos informativos contienen ideas principales apoyadas por detalles, incluyendo hechos y citas textuales. Las ideas pueden estar organizadas de acuerdo a encabezados o mediante relaciones de causa y efecto.
- Se pueden incluir palabras específicas al tema o al área temática.
- Los textos informativos también pueden incluir elementos visuales y características del texto como las barras laterales, las cuales destacan o apoyan el texto principal.

ESTABLECER UN PROPÓSITO **Piensa en** el título y el género de este texto. ¿Qué sabes sobre el Lejano Oeste? ¿Qué quieres aprender? Escribe tus ideas abajo.

VOCABULARIO CRÍTICO

- conocimientos
- puestos
- dificultades
- patrióticas
- consignas
- provechosas
- típica
- consistía

Conoce a la autora y al ilustrador: Anita Yasuda y Emmanuel Cerisier

¡DESCUBRE EL Lejano Oeste!

por Anita Yasuda ilustrado por Emmanuel Cerisier

Mis notas

¿DÓNDE QUEDABA EL LEJANO OESTE?

1 El "Lejano Oeste" fue mucho más que un lugar. Fue más que los territorios al oeste del río Mississippi. Fue una época de pioneros, vaqueros e indígenas. Fue una época de vaqueras y mujeres pioneras, diligencias, bares, bandidos y agentes del orden, caza de búfalos y ladrones de bancos.

2 Lo que evocamos como la época del Lejano Oeste, empezó a comienzos del siglo XIX. Hacia mediados de siglo, cuando se descubrió oro en California, todos hablaban del Lejano Oeste. Ese período duró hasta que se cerró la frontera en 1890.

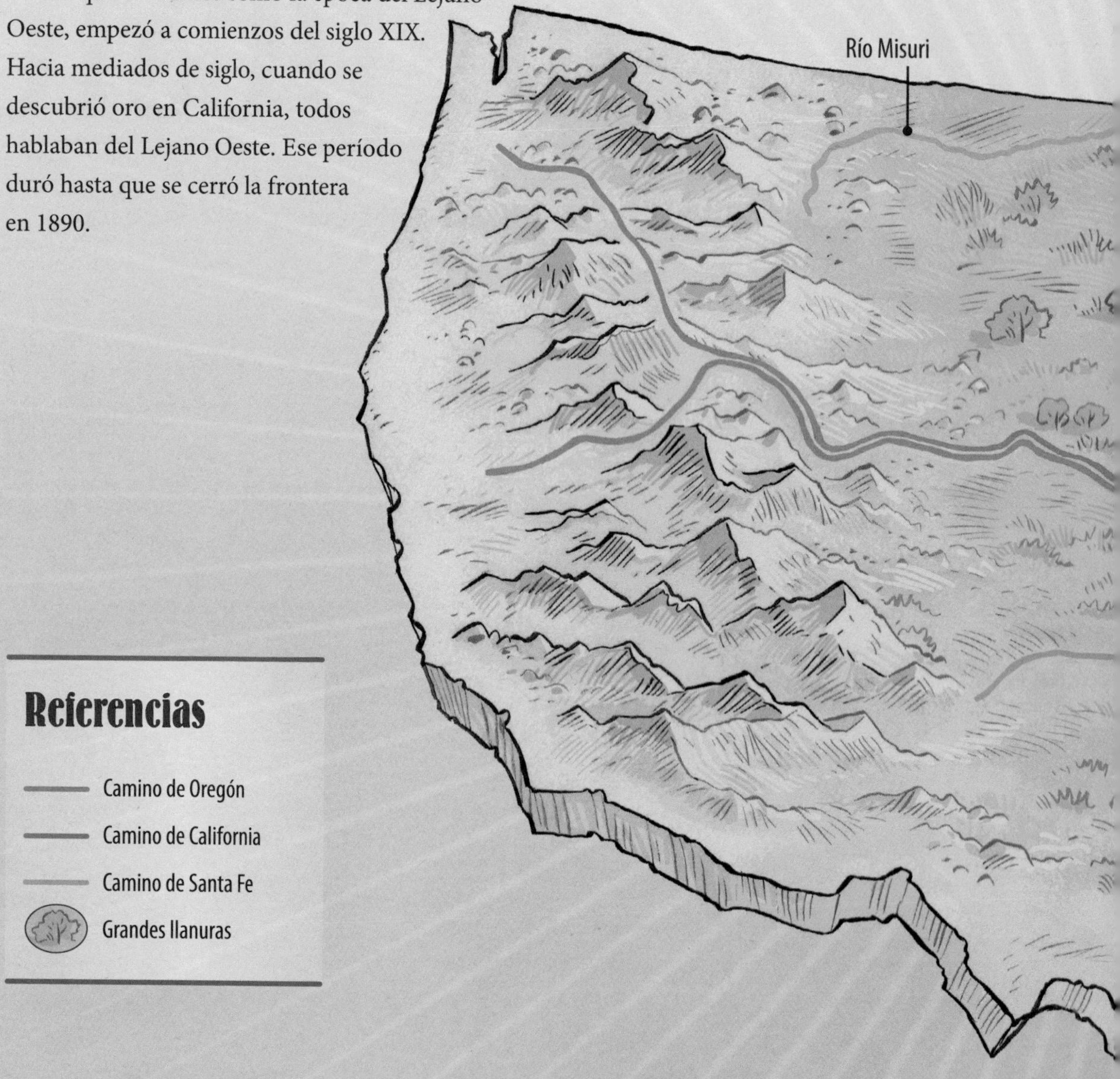

3 La frontera estadounidense original era el río Mississippi. Pero ese límite se corrió hacia el oeste, hacia el océano Pacífico, cuando decenas de miles de personas se mudaron allí. Las historias de abundante y excelente tierra de cultivo para todo el mundo hicieron que el oeste sonara atractivo. Muchos pioneros partieron a Oregón y a otros lugares porque las tierras no tenían dueño. Cuando se descubrió el oro, mucha más gente se trasladó hacia allí con la esperanza de hacer fortuna.

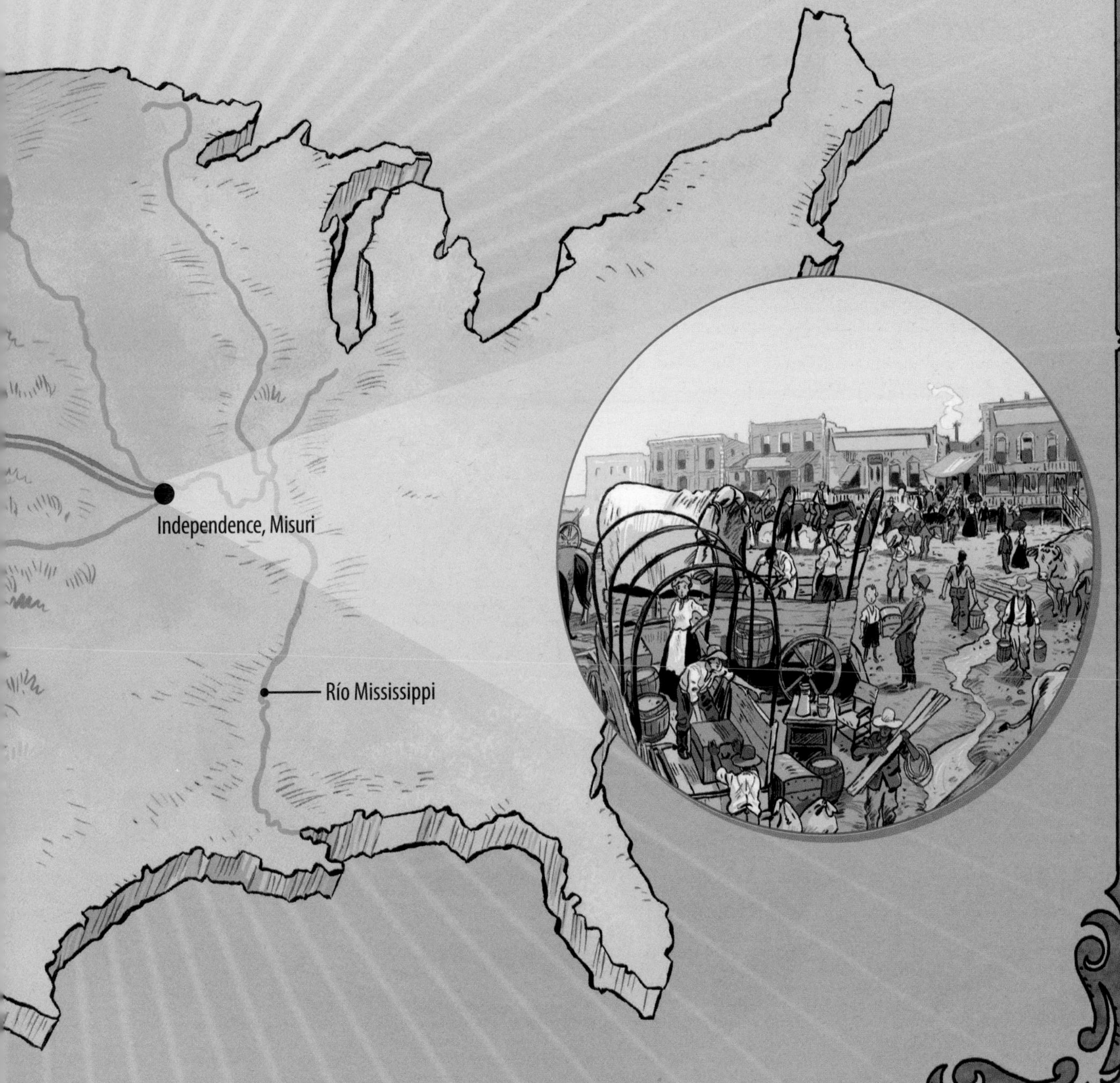

CÓMO CRECIÓ ESTADOS UNIDOS

4 ¿Cómo consiguió Estados Unidos nuevos territorios para que la gente los explorara y poblara? En 1803, Estados Unidos duplicó su tamaño con una única compra de tierra: la compra de Luisiana. El líder de Francia, Napoleón Bonaparte, le vendió el territorio de Luisiana al presidente Thomas Jefferson. Esta zona abarcaba parte o el total de los actuales estados de Luisiana, Misuri, Arkansas, Texas, Iowa, Minnesota, Kansas, Nebraska, Colorado, Dakota del Norte, Dakota del Sur, Montana, Wyoming, Oklahoma y Nuevo México.

5 Ahora que Estados Unidos se extendía hacia el oeste, el presidente Jefferson necesitaba un mapa de la zona. Envió a dos hombres, Meriwether Lewis y William Clark, para que realizaran esa tarea. Esperaba que descubrieran una ruta de agua que atravesara el continente. Lewis, Clark y un equipo de cincuenta personas, exploraron el oeste desde 1804 hasta 1806, hecho que los convirtió en los primeros estadounidenses en ver el océano Pacífico.

6 Un trampero francocanadiense y su esposa indígena, Sacagawea, fueron los traductores de Lewis y de Clark. Así pudieron comunicarse con los indígenas que se topaban en la ruta. Cuando los indígenas veían a Sacagawea, se daban cuenta de que el grupo era pacífico.

Entonces y ahora

ENTONCES: El gobierno estadounidense le pagó $15 millones a Francia por el territorio de Luisiana.

AHORA: En la actualidad, la misma compra costaría miles de millones de dólares.

7 Lewis y Clark llevaron un detallado registro diario de las plantas y los animales que descubrieron. Escribieron acerca de los indígenas que encontraron. Durante el viaje le enviaron al presidente Jefferson cajas con semillas, huesos, pieles de animales y hasta un perrito de la pradera vivo.

8 Después de la exitosa expedición de dos años de Lewis y Clark, muchos exploradores, científicos, cartógrafos y misioneros marcharon hacia el oeste por el camino de Oregón. Comerciantes de pieles, conocidos generalmente como montañeses, siguieron también el camino de Oregón. Estos hombres atrapaban castores y otros animales pequeños. También comerciaban mercancías con los indígenas por ejemplo, rifles y cuchillos de acero a cambio de más pieles de castor. Los montañeses usaron sus conocimientos del lugar para guiar a soldados y exploradores.

conocimiento Si tienes conocimientos, tienes información sobre algo o lo comprendes.

¿Lo sabías?

El viaje de Lewis y Clark todavía hoy tiene efecto en nuestra vida. Muchas de sus rutas se utilizan para vías de ferrocarril y autopistas. Los científicos estudian las muestras de plantas que enviaron. Incluso usamos algunos de los nombres que Lewis y Clark dieron a lugares, como Camp Fortunate, en Montana.

Mis notas

Les presento a... James Beckwourth

James Beckwourth fue un famoso montañés afroamericano que nació en 1798. Trabajó como cazador de pieles, guía y traductor. Vivió entre los indios crow, con quienes aprendió a hablar su idioma. Hacia 1850, Beckwourth descubrió un camino transitable para las carretas a través de las montañas de la Sierra Nevada. Muchos colonizadores y buscadores de oro que viajaban a California usaron su ruta. El paso Beckwourth se llama así en su honor.

9 Los caminos y puestos que usaron estos exploradores y montañeses guiaban a los pioneros que iban a colonizar las tierras al oeste del río Mississippi. Hombres, mujeres y niños se dirigieron rumbo al oeste, empujando carros, sobre caballos o en carretas. Pocos sabían lo extenso y duro que resultaría el viaje.

puesto Los puestos eran fuertes o puntos de parada en el camino, donde las personas podían comprar provisiones.

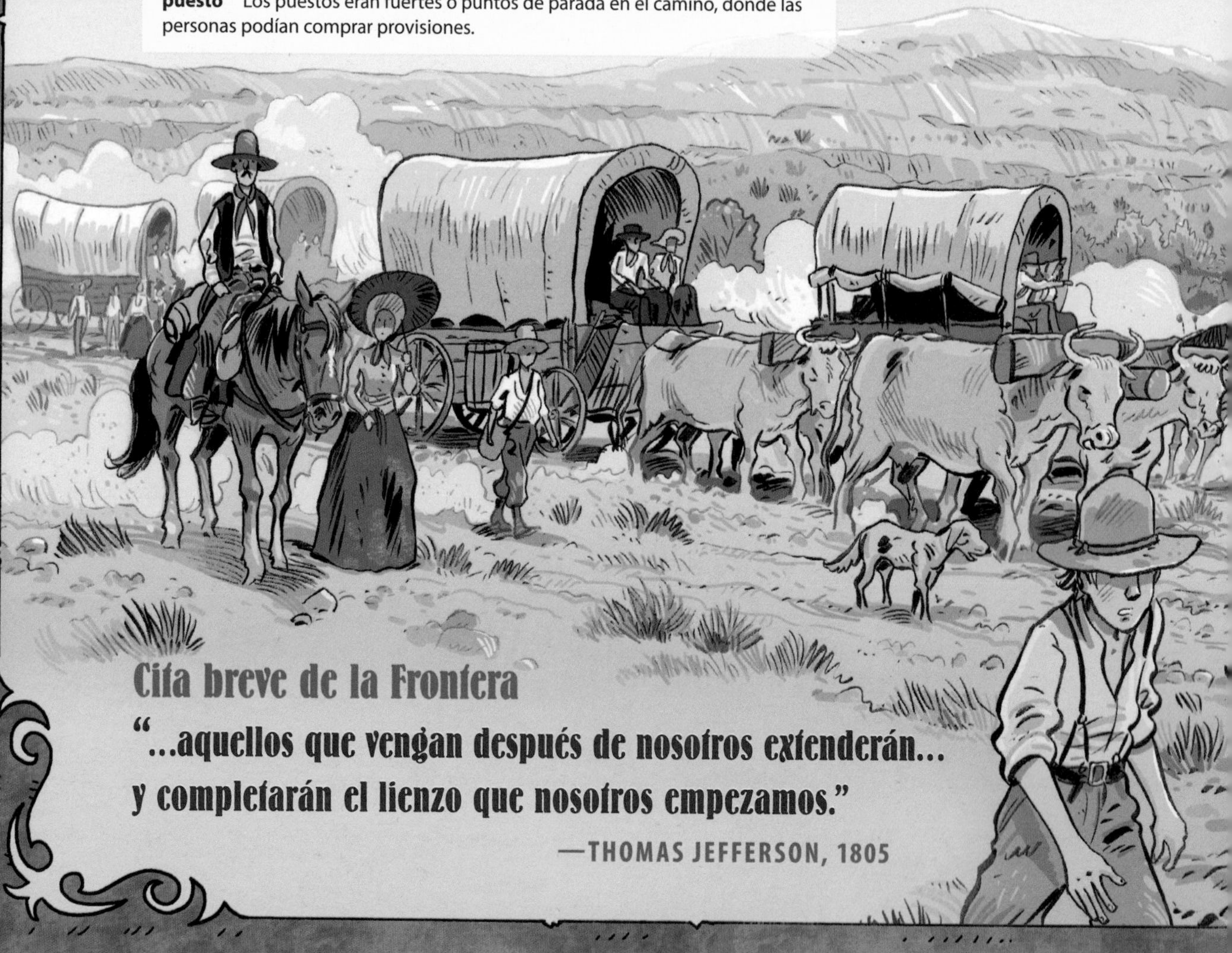

Cita breve de la Frontera

"...aquellos que vengan después de nosotros extenderán... y completarán el lienzo que nosotros empezamos."

—THOMAS JEFFERSON, 1805

Mis notas

HACIA EL OESTE

10 ¿Piensas que podrías caminar todo el día, todos los días, durante semanas y semanas? Eso es exactamente lo que tuvieron que hacer los niños que marchaban hacia el oeste con sus padres. Dependiendo de dónde comenzaran su travesía y cuán lejos al oeste se dirigieran, el viaje completo podía ser de algunos cientos de millas o de 2,000 millas (3,200 kilómetros). Podían tardar hasta cinco meses en llegar a su nuevo hogar. Sin duda, ¡destrozaron muchos pares de zapatos!

11 Los periódicos pintaban un oeste increíble, que impulsaba a mudarse a muchas personas que vivían en el este de Estados Unidos. Generalmente, esos reportajes no daban una imagen completa de las dificultades de la vida diaria en el oeste.

dificultad Las dificultades son obstáculos o sufrimiento provocado por la carencia de alguna cosa.

12 Las personas iban al oeste por muchas razones, no solo por el oro. Algunos pioneros soñaban con comprar su propia granja o instalar un negocio. Los mormones iban en busca de libertad religiosa. Otros se trasladaban por razones patrióticas. Pensaban que era bueno que Estados Unidos colonizara todas esas tierras.

13 Hasta esa época, Gran Bretaña todavía controlaba algunas partes de lo que en la actualidad es territorio de Estados Unidos. En 1846, Estados Unidos y Gran Bretaña acordaron que todo Oregón pertenecería a Estados Unidos. De inmediato, miles de personas viajaron hacia el oeste siguiendo el camino de Oregón.

LA CARRETA DE LA FRONTERA

14 Las familias pioneras se trasladaban en carreta hacia el oeste. La carreta de pionero era pequeña y ligera. Debía ser así para que pudiera atravesar los angostos pasos de montaña. Tenía también una cubierta de tela a prueba de agua. Como esa cubierta hacia que la gente recordara las velas de una embarcación, le dieron el nombre de "goleta de pradera". (La goleta es un tipo de embarcación con velas). Algunas cubiertas de carretas tenían nombres o consignas pintados a los costados; por ejemplo: "Oregón o fracaso".

patriótico A las personas patrióticas las mueve el amor por su país.
consigna Las consignas son arengas cortas, pegadizas y fáciles de recordar.

¿Lo sabías?

Se pueden observar millas de surcos de carreta por el camino de Oregón en lugares como Guernsey, Wyoming. ¡Las ruedas de las carretas crearon zanjas en la roca sólida, algunas de hasta seis pies de profundidad (2 metros)!

Mis notas

¡VAMOS EMPACANDO!

15 La mayoría de los pioneros usaba bueyes para tirar de las carretas. Al final del viaje, los bueyes podían usarse para arar los campos, pues tenían la fuerza suficiente para arrastrar 2,000 libras (907 kilogramos).

16 Una carreta trasladaba todo lo que el pionero precisaba para empezar una nueva vida. Por lo general, los pioneros llevaban equipo para reparar la carreta, herramientas de granja y efectos personales, como zapatos y mantas. También llevaban alimentos, como harina, tocino, café y arroz. ¡No había tiendas de alimentos donde comprar si olvidaban algo! Los puestos de venta del camino vendían algo de comida y algunos artículos, pero todo era muy caro y generalmente estaba agotado.

17 Muchas veces las familias empacaban demasiadas cosas. Y después tenían que aligerar su carga por el camino para que los bueyes no se agotaran con el peso excesivo. ¡Sin los bueyes, los pioneros hubieran tenido que cargar sus pertenencias! Los muebles, como las camas y los baúles, eran lo primero que debían abandonar. ¡Una pionera dejó su delantal y tres porciones de tocino! Con el tiempo, había tantos desechos a lo largo del camino, que no se necesitaba guía ni mapas para encontrar la ruta.

18 A menos que alguien estuviera enfermo o que el clima fuera adverso, la gente caminaba junto a sus carretas. Lo hacían principalmente para dejar espacio en la carreta para los alimentos y para que la carga fuera más liviana para los bueyes. Además, las carretas saltaban y eran incómodas. ¡Lo bueno de los saltos era que los pioneros usaban ese movimiento para batir manteca!

Entonces y ahora

ENTONCES: Las familias pioneras gastaban entre $500 y $1,000 en provisiones para el largo viaje hacia el oeste.

AHORA: Las personas pagan alrededor de $400 para volar de la costa este a la costa oeste. Y llegan en seis horas.

UNA CARAVANA DE CARRETAS

19 Muchos pioneros empezaban su viaje en el pueblo fronterizo de Independence, en Misuri, donde se formaban caravanas de carretas. Pensaban que al formar un grupo grande se protegerían unos a otros. Y en un grupo habría también muchas destrezas que podían ser provechosas durante el viaje.

provechoso Las cosas provechosas son las que resultan de utilidad.

¿Lo sabías?

En un buen día, una carreta recorría aproximadamente 25 millas (40 kilómetros). Pero cuando había cruces de río o senderos de montaña complicados, la carreta solo podía avanzar una milla en todo el día.

Independence Rock

Una roca gigantesca llamada *Independence Rock* (Roca de la Independencia) marcaba el punto medio de la ruta. Los niños y sus padres esperaban grabar sus nombres y dejar mensajes en la roca. Era importante, porque los viajeros necesitaban llegar allí alrededor del 4 de julio, a riesgo de que los atraparan las tormentas de montaña del Lejano Oeste. La enorme roca alcanzaba los 128 pies de altura (39 metros); a algunas personas les parecía una ballena varada. Si alguna vez visitas el sitio histórico *Independence Rock*, en Wyoming, podrás ver los nombres de muchos pioneros y las fechas en que pasaron por allí.

20 Una caravana podía tener cien carretas... ¡e incluso más! La guiaba un capitán. El capitán podía ser el hombre más anciano o el que fuera propietario de la mayoría de las carretas. Él decidía el momento en que el grupo arrancaba, se detenía a descansar y cómo se cruzaría un río. Lo ayudaba un explorador, generalmente un montañés. Cabalgaba delante de la caravana de carretas para elegir lugares para las tiendas y para asegurarse de que iban en la dirección correcta.

PELIGROS DEL CAMINO

21 Los pioneros enfrentaban muchos peligros a lo largo del camino. La lluvia desgastaba los caminos. Los búfalos asustaban al ganado, lo que hacía que corrieran y chocaran las carretas. Una partida tardía durante la temporada podía hacer que los pioneros quedaran atrapados en la nieve durante el trayecto.

22 Los cruces de los ríos siempre eran riesgosos. Si el río estaba bajo, podían vadearlo con los bueyes a través de las corrientes y de las rocas. Algunas veces convertían las carretas en embarcaciones sacándoles las ruedas y vaciándolas. Otras veces las familias fabricaban balsas lo bastante grandes para sostener una carreta; derribaban árboles y los ataban unos a otros. En los grandes ríos, los primeros comerciantes y los indígenas hicieron funcionar puentes de peaje y transbordadores, y las familias podían pagar para que les cruzaran sus pertenencias.

23 Muchos pioneros temían que los indígenas los lastimaran. Habían oído relatos de secuestros o ataques. Ocurrían luchas, especialmente después de la mitad del siglo XIX. Pero muchos indígenas querían comerciar con los pioneros. Y muchos otros compartían sus conocimientos con ellos como los mejores lugares para cruzar los ríos o dónde buscar comida.

24 El mayor peligro del recorrido eran las enfermedades. Muchos pioneros morían de viruela y paperas. El cólera, que se contrae por beber agua contaminada, provocó la mayor parte de las muertes en el camino.

Mis notas

LA RUTINA DIARIA

25 Después de desayunar temprano una papilla de harina de maíz, panecillos de maíz o galletas frías, junto con café y tocino, las carretas emprendían la marcha. Cada día una familia distinta guiaba el recorrido. Las caravanas de carretas hacían un alto cerca del mediodía para descansar y almorzar. Mientras los bueyes descansaban, los pioneros disfrutaban de una comida fría preparada con frijoles o tocino. Los niños juntaban estiércol de búfalo o de vaca para usarlo como combustible en las fogatas nocturnas.

26 A media tarde la caravana volvía a salir y viajaba hasta que caía la noche. Los exploradores se adelantaban a la caravana para encontrar pasto para los bueyes y una zona grande y plana para las carretas. Cuando las carretas llegaban, se acomodaban en círculo. El círculo formaba un corral que retenía dentro a los bueyes para que pastaran. Se armaban las tiendas y se encendían las fogatas.

La guerra entre Estados Unidos y México

Muchos estadounidenses pensaban que era su derecho colonizar todo el territorio hasta el océano Pacífico, incluso si había mexicanos o indígenas viviendo allí. Esta situación desembocó en la guerra entre Estados Unidos y México en 1846. La República de Texas se convirtió en estado en 1845, pero México consideraba que Texas le pertenecía. México fue a la guerra para recuperarla. Cuando perdió, tuvo que entregar sus territorios a Estados Unidos por $15 millones de dólares. Ese territorio abarca los actuales estados de California, Nevada y Utah y parte de Nuevo México, Arizona, Colorado y Wyoming.

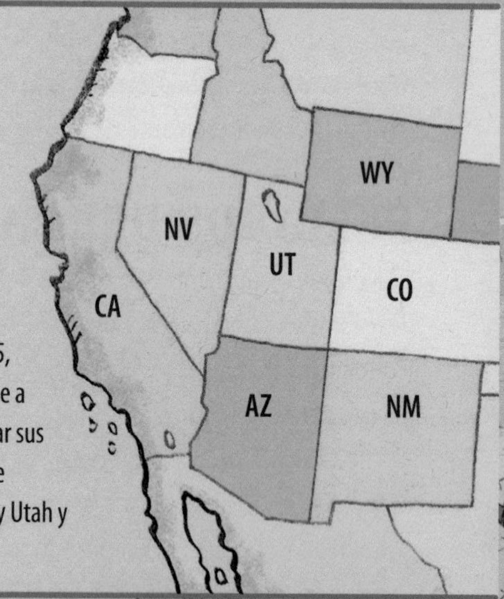

Mis notas

COMIDA PARA EL CAMINO

27 En el camino, las mujeres aprendieron a hornear pan en ollas de hierro fundido colocadas sobre una fogata. Generalmente se cocinaba de noche y lo que quedaba se comía al desayuno o al almuerzo.

28 La dieta típica de un pionero consistía en tocino, jamón, arroz, frutas desecadas, pan, café y té. También comían carne de caza, como antílopes, conejos o aves. Algunas familias viajaban con una vaca lechera que les daba leche fresca. Los pioneros también comerciaban carne y verduras con los indígenas. Todos comían un pan muy duro y seco que denominaban galleta. La galleta no se echaba a perder durante el largo viaje, porque no tenía manteca ni grasa. Por lo general, los pioneros mojaban esa galleta en una bebida caliente para ablandarla antes de morderla.

típico Una cosa **típica** es algo habitual o normal.
consistir Si algo **consistía** en ciertos elementos, estaba hecho con ellos.

El *Pony Express*

A los pioneros les resultaba difícil comunicarse con sus familias que estaban en el este. Dejaban cartas en los puestos comerciales, e incluso debajo de las rocas del camino, con la esperanza de que las carretas que iban hacia el este las llevaran. En abril de 1860, el sistema llamado ***Pony Express*** empezó a entregar correo desde St. Joseph, Misuri, hasta Sacramento, California... ¡en tan solo diez días! Los jinetes cambiaban de caballo cada 10 millas (16 kilómetros). Después de 70 millas (112 kilómetros) cambiaban de jinete.

29 No era fácil encontrar agua fresca en el camino. Los barriles de las carretas recogían el agua de lluvia, pero nunca había suficiente. Los pioneros no tenían más alternativa que beber de los arroyos y los ríos junto con el ganado. Una mujer contó que sorbía de un trapo empapado de vinagre cuando no había agua. Y otra, ¡que filtró agua de una charca a través del extremo de la cubierta de tela de una carreta!

30 *A pesar de todas estas dificultades, los pioneros se las ingeniaron para completar el viaje y establecer nuevos pueblos por todo el oeste. Su fortaleza, innovación y espíritu aventurero ayudaron a dar forma al país, como lo conocemos hoy en día.*

Responder al texto

Conversación colaborativa

Repasa lo que escribiste en la página 250 y cuéntale a un compañero dos cosas que aprendiste de la lectura. Luego, comenta en grupo las preguntas de abajo. Refuerza tus respuestas con ejemplos y citas de *¡Descubre el Lejano Oeste!* En tu conversación, haz preguntas y agrega comentarios que amplíen las ideas de los demás.

1. Repasa las páginas 254 a 255. ¿Qué tipo de información reunieron Lewis y Clark en su expedición?

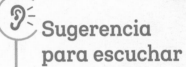

2. Vuelve a leer las páginas 257 a 261. ¿Qué tipo de dificultades enfrentaron las personas cuando viajaban hacia el oeste?

3. ¿Qué razones tenían las personas para trasladarse al oeste? ¿Crees que les valió la pena hacer el viaje? Explica por qué.

Sugerencia para escuchar

Escucha atentamente las ideas de los demás. ¿Qué preguntas tienes? ¿Cuáles de tus ideas son semejantes a las de los demás?

Sugerencia para hablar

Haz preguntas como: "¿Puedes explicar qué quieres decir con eso?" para incentivar a los demás a hablar más sobre sus ideas.

Citar evidencia del texto

Escribir una guía práctica

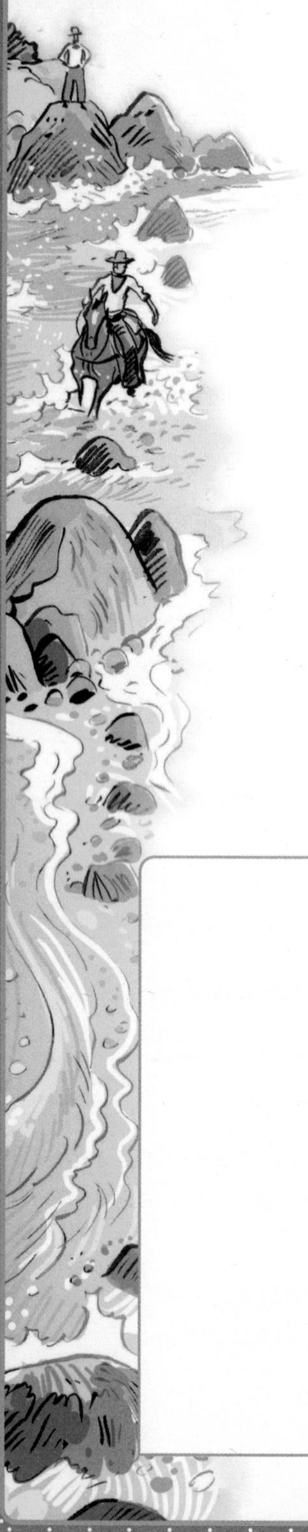

TEMA PARA DESARROLLAR

En *¡Descubre el Lejano Oeste!,* aprendiste sobre las experiencias de las familias que viajaron hacia el oeste en una caravana de carretas en el siglo XIX. Las familias que hacían esta travesía experimentaron muchas adversidades y tuvieron que estar preparadas para muchos días difíciles de viaje.

Crea una guía práctica para los pioneros que van hacia el oeste. Comienza con una introducción. Luego añade un párrafo sobre uno de los siguientes temas: preparar el viaje, e incluir una lista de artículos importantes para llevar; o la vida en el camino, incluidos los posibles peligros. Finaliza con una conclusión que resuma los puntos importantes que has tratado. Usa evidencia específica del texto para dar información detallada a tus lectores. Asegúrate de que cada párrafo de tu escrito incluya una idea principal. No olvides usar en tu escritura algunas de las palabras del Vocabulario crítico.

PLANIFICAR

Toma notas, basadas en los detalles del texto, que apoyen tu idea principal sobre la preparación del viaje o la vida en el camino.

ESCRIBIR

Ahora escribe tu guía práctica para los pioneros que van hacia el oeste.

Asegúrate de que tu guía práctica

- ☐ presente el tema.
- ☐ incluya evidencia del texto.
- ☐ organice la información en tres párrafos.
- ☐ incluya una conclusión que resuma las ideas principales más importantes.

Mis notas

Observa y anota
3 preguntas importantes

Prepárate para leer

ESTUDIO DEL GÉNERO Los **artículos de revista** dan información sobre un tema, una persona o un acontecimiento.

- En los artículos de revista se pueden presentar las ideas en orden cronológico. Así los lectores comprenden qué sucedió y cuándo.
- Los artículos relacionados con las ciencias sociales pueden incluir palabras específicas del tema.
- Los artículos de revista incluyen características del texto como leyendas y barras laterales que dan información adicional sobre el tema.

ESTABLECER UN PROPÓSITO **Piensa en** el título y el género del texto. ¿Qué sabes sobre trabajar en el ferrocarril? ¿Qué quieres aprender? Escribe tus ideas abajo.

VOCABULARIO CRÍTICO

- celestial
- queja
- empleado
- sacrificio

Desarrollar el contexto: El ferrocarril transcontinental

El ferrocarril de los CELESTIALES

por Bruce Watson

Mis notas

1 *Dos décadas después de que los pioneros empezaran a migrar hacia el "Lejano Oeste", el gobierno estadounidense accedió en 1861 a la construcción del sistema ferroviario transcontinental que uniría California con la red ferroviaria del este de Estados Unidos.*

2 En la pradera de Utah, donde se habían reunido mil trabajadores para la ceremonia, cuatro trabajadores chinos cargaron un riel de hierro hacia la vía. Era la última conexión del ferrocarril que en cuestión de momentos estaría listo para atravesar el continente. Era el 10 de mayo de 1869. La locomotora de la Union Pacific estaba a un lado y la de la Central Pacific al otro.

3 Dado que a China la llamaban el Reino Celestial, a los trabajadores chinos se los conocía como los "celestiales". Pocos de sus compañeros del ferrocarril se tomaron la molestia de aprender sus nombres. Ni siquiera hoy se sabe cómo se llamaban, pero fueron ellos, los trabajadores chinos, quienes construyeron el primer ferrocarril transcontinental.

4 Para los hombres chinos, el trabajo comenzó como un experimento. Durante la primera fiebre del oro de California, muchos hombres chinos vinieron a los Estados Unidos. Cuando no lograban enriquecerse en los yacimientos de oro, buscaban otro trabajo, pero en su lugar encontraban discriminación.

celestial Algo que es celestial se relaciona con el cielo.

Unos trabajadores de la construcción viajan de pie en vagones abiertos que una locomotora arrastra por un caballete ferroviario en Promontory Point, estado de Utah.

Mis notas

5 En 1863, los magnates de la Central Pacific y la Union Pacific acordaron construir un ferrocarril de costa a costa. La Union Pacific se dirigiría hacia el oeste desde Omaha, en Nebraska, mientras que la Central Pacific se extendería hacia el este desde Sacramento, en California. Las dos compañías trazaron las rutas, recaudaron el dinero y contrataron a los trabajadores.

6 En menos de un año, la Union Pacific ya había llegado hasta Nebraska, pero la Central Pacific se había quedado atascada en el borde de las montañas de la Sierra Nevada. En California, la mayoría de los hombres estaban ocupados buscando oro o plata. Para terminar su contrato, el magnate ferroviario Charles Crocker necesitaba ayuda y, a pesar de las protestas de sus trabajadores, recurrió a los hombres chinos.

7 En febrero de 1865, se transportaron 50 trabajadores chinos en vagones abiertos hasta el extremo de la línea en las laderas de la Sierra. Mientras los demás trabajadores se burlaban y amenazaban con hacer huelga, los hombres chinos instalaron tranquilos el campamento, hirvieron el arroz que la compañía les había provisto y se fueron a dormir. Se despertaron al amanecer, y con picos y palas en mano, trabajaron doce horas seguidas sin queja alguna. Al atardecer, Crocker telegrafió a su oficina de Sacramento: "Envíen más trabajadores chinos". En pocos meses, eran 3,000 los trabajadores chinos que impulsaban a la Central Pacific hacia el este. Hacia finales de 1865, había más de 6,000 hombres llegados de China trabajando en el ferrocarril.

queja Una queja es una expresión de descontento o de dolor.

La nieve no detenía el trabajo en el ferrocarril. Estos trabajadores chinos desentierran un tren que se había desviado cerca de Ogden, en Utah.

Con sus sombreros de ala ancha, estos hombres chinos trabajan en el Secrettown Trestle (caballete ferroviario de Secrettown), en las montañas de la Sierra Nevada.

Mis notas

8 A medida que la Central Pacific ascendía hacia Donner Summit, en la cima de la Sierra Nevada, los trabajadores chinos aceptaban tareas que nadie más hubiera intentado. Se colgaban de cuerdas atadas a los bordes de los precipicios y perforaban las laderas de las montañas. Después de insertar dinamita, tironeaban de las cuerdas para que los volvieran a subir. Si tenían suerte, sobrevivían a la explosión para seguir cavando agujeros. Si no, caían a los desfiladeros.

9 Los trabajadores chinos abrían túneles con nitroglicerina cuando los otros ni siquiera hubieran tocado el líquido explosivo. Aplanaban laderas. Cortaban árboles. Llevaban tierra en carretillas para llenar cañones enormes, la emparejaban y sobre ella tendían durmientes en forma horizontal. Luego, otros trabajadores tendían los rieles de hierro y los clavaban, mientras los trabajadores chinos continuaban preparando el siguiente tramo.

10 La mayoría de los demás trabajadores comían carne seca y bebían agua salobre. Como los trabajadores chinos pagaban por la comida que consumían, se les permitía elegir los alimentos. Ellos preferían lo que conocían, como ostras, sepias, verduras, arroz y té. Cuando hubo que cruzar Donner Summit, a 7,000 pies de altura, muchos de los demás trabajadores se enfermaron o renunciaron, pero los trabajadores chinos siguieron adelante.

Boca este del túnel de la cumbre, del ferrocarril Central Pacific, durante la construcción en las montañas de la Sierra Nevada, en California.

Este repartidor de té lleva bebida fresca a los trabajadores chinos.

11 En todos los campamentos a lo largo del camino, había grupos de trabajadores blancos que atormentaban a los trabajadores chinos. Sin embargo, poco a poco la Central Pacific avanzó a través de Nevada y en Utah hacia la Union Pacific. El 27 de abril de 1869, las cuadrillas de la Central Pacific, que para ese entonces estaban compuestas en un noventa por ciento de trabajadores chinos, tendieron diez millas de vías en un solo día: un nuevo récord.

12 En el momento en que los dos ferrocarriles se encontraron en Promontory, estado de Utah, la Central Pacific ya había empleado a 12,000 trabajadores chinos. Junto a las cuadrillas de la Union Pacific, ellos vieron a los magnates ferroviarios colocar sus clavos de oro. Pero, cuando las cámaras registraron el acontecimiento, a los trabajadores chinos los dejaron fuera de la fotografía.

emplear Si has empleado a alguien, lo has contratado para hacer un trabajo.

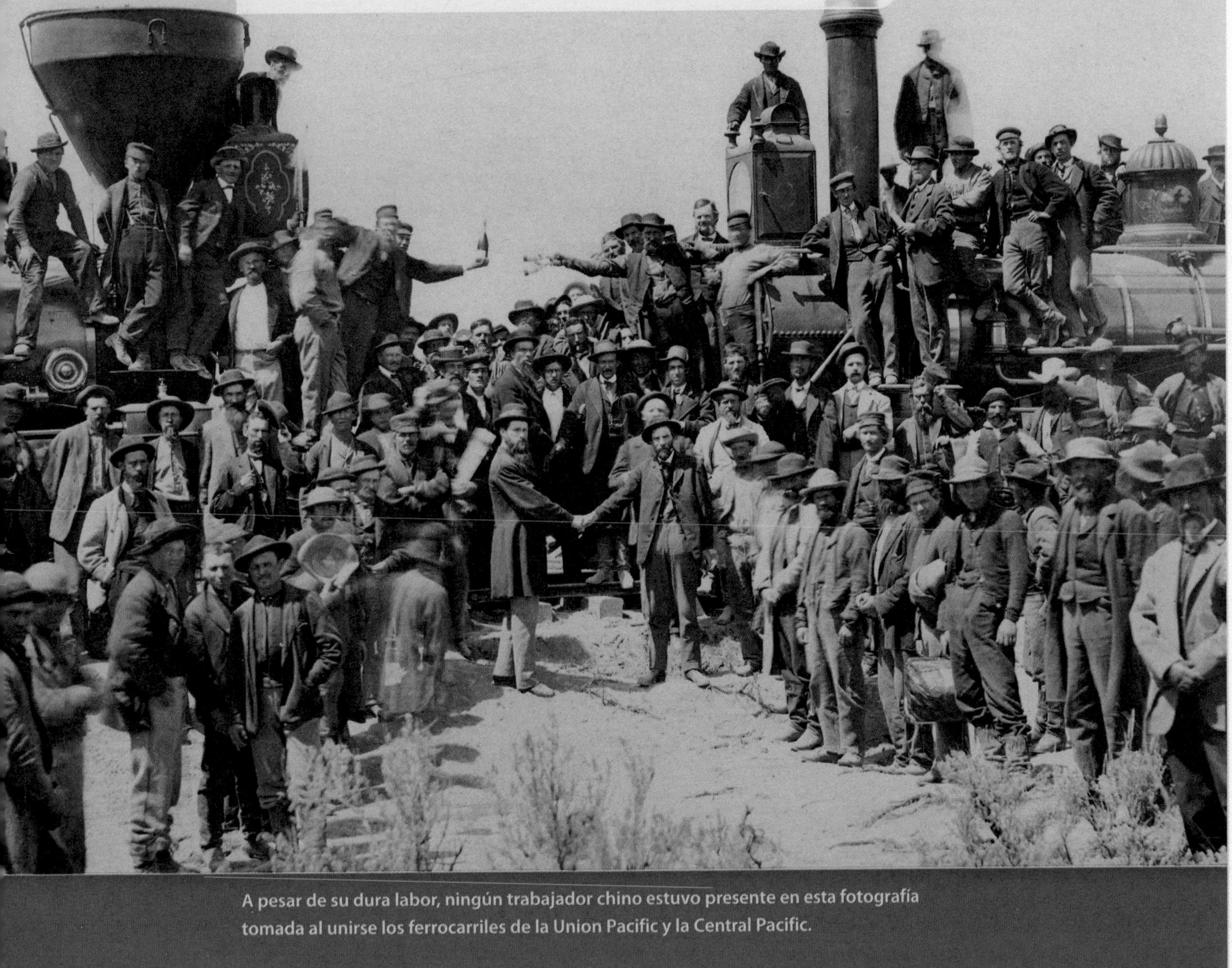

A pesar de su dura labor, ningún trabajador chino estuvo presente en esta fotografía tomada al unirse los ferrocarriles de la Union Pacific y la Central Pacific.

Mis notas

13 El 10 de mayo de 1869, en todo el continente se telegrafió una sola palabra: "¡Hecho!". Una vez terminada la monumental tarea, los trabajadores chinos regresaron a la Central Pacific por las vías que ellos mismos habían tendido. Algunos volvieron a las comunidades de los "barrios chinos" de Sacramento, San Francisco y otras ciudades. Otros se fueron a Canadá, donde ayudaron a construir el ferrocarril Canadian Pacific, o trabajaron en las rutas de California. Muchos se dispersaron por el Oeste, donde buscaban trabajo o reclamaban participación en la minería de ciudades como Deadwood, en Dakota del Sur, y Tombstone, en Arizona. Las costas este y oeste de la nación en desarrollo se habían conectado a costa de trabajo y mucho sacrificio.

¡VENGAN, VENGAN TODOS!

En la expansión estadounidense hacia el oeste, los trabajadores chinos fueron excepcionales, por ser uno de los pocos grupos de inmigrantes que no vinieron a establecerse definitivamente. Atraídos por las mismas razones que los estadounidenses, que buscaban una vida mejor o libertad de culto, los demás grupos de inmigrantes de todo el mundo fundaron pequeñas comunidades a lo largo del Oeste. La mayoría de los chinos, en cambio, eran hombres que habían dejado a su familia en China. Su intención era trabajar mucho, ahorrar dinero y regresar a su patria.

sacrificio Algo logrado con sacrificio quiere decir que se hizo a costa de sufrimiento y privaciones.

Estas locomotoras del sitio histórico Golden Spike National Historic Site, en Utah, son réplicas de las máquinas que estuvieron en el encuentro de los dos ferrocarriles.

Responder al texto

Conversación colaborativa

Repasa lo que escribiste en la página 268 y cuéntale a un compañero dos cosas que aprendiste de la lectura. Luego, comenta en grupo las preguntas de abajo. Refuerza tus respuestas con evidencia de *El ferrocarril de los celestiales*. Presta atención a las ideas que expresen otros miembros del grupo para saber si cambian o apoyan tus respuestas.

1. Vuelve a leer las páginas 270 a 271. ¿Por qué Charles Crocker decidió contratar trabajadores chinos para completar su sección del ferrocarril?

2. Repasa la página 272. ¿Qué tareas hicieron los trabajadores chinos para terminar el ferrocarril?

3. ¿De qué maneras resultaron difíciles las condiciones de trabajo para los trabajadores chinos?

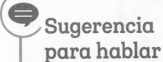

Sugerencia para escuchar

Mientras escuchas la conversación, piensa en las conclusiones que puedes extraer. ¿Hay algún comentario que modifique una respuesta o idea que tenías?

Sugerencia para hablar

Resume en pocas palabras los comentarios de los participantes y di a tu grupo lo que aprendiste de esos comentarios.

Escribir una presentación persuasiva

TEMA PARA DESARROLLAR

En *El ferrocarril de los celestiales* aprendiste sobre los trabajadores chinos que ayudaron a construir el ferrocarril transcontinental. Sin la dedicación de estos trabajadores, el ferrocarril quizás nunca se hubiera hecho realidad.

Imagina que quieres crear un documental de televisión sobre los trabajadores chinos y los desafíos que enfrentaron. Necesitarás una descripción, o "presentación persuasiva", para convencer a los productores de televisión de que tu documental será interesante. Comienza presentando el tema. Indica por lo menos dos razones por las cuales crees que los espectadores podrían interesarse en el tema. Usa evidencia del texto para apoyar las razones. No olvides usar en tu presentación algunas de las palabras del Vocabulario crítico.

PLANIFICAR

Toma notas, usando la evidencia del texto, sobre las razones por las cuales tu documental sería interesante para los espectadores.

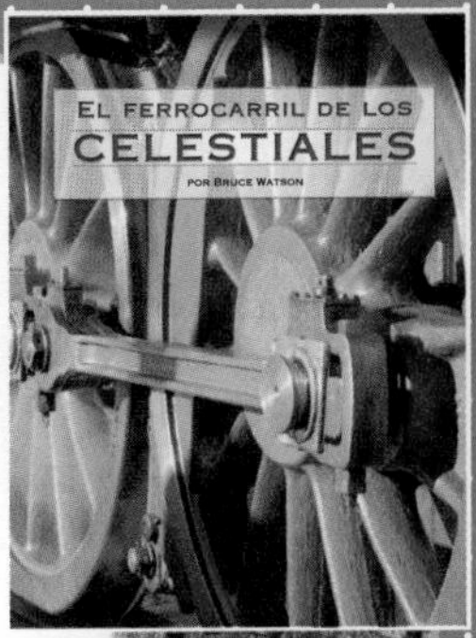

ESCRIBIR

Ahora escribe la presentación persuasiva para tu documental televisivo.

Asegúrate de que tu presentación persuasiva

- ☐ incluya una idea principal en la introducción.
- ☐ indique por qué piensas que tu documental será interesante.
- ☐ ofrezca por lo menos dos razones para tu opinión.
- ☐ use evidencia del texto para apoyar cada una de las razones.

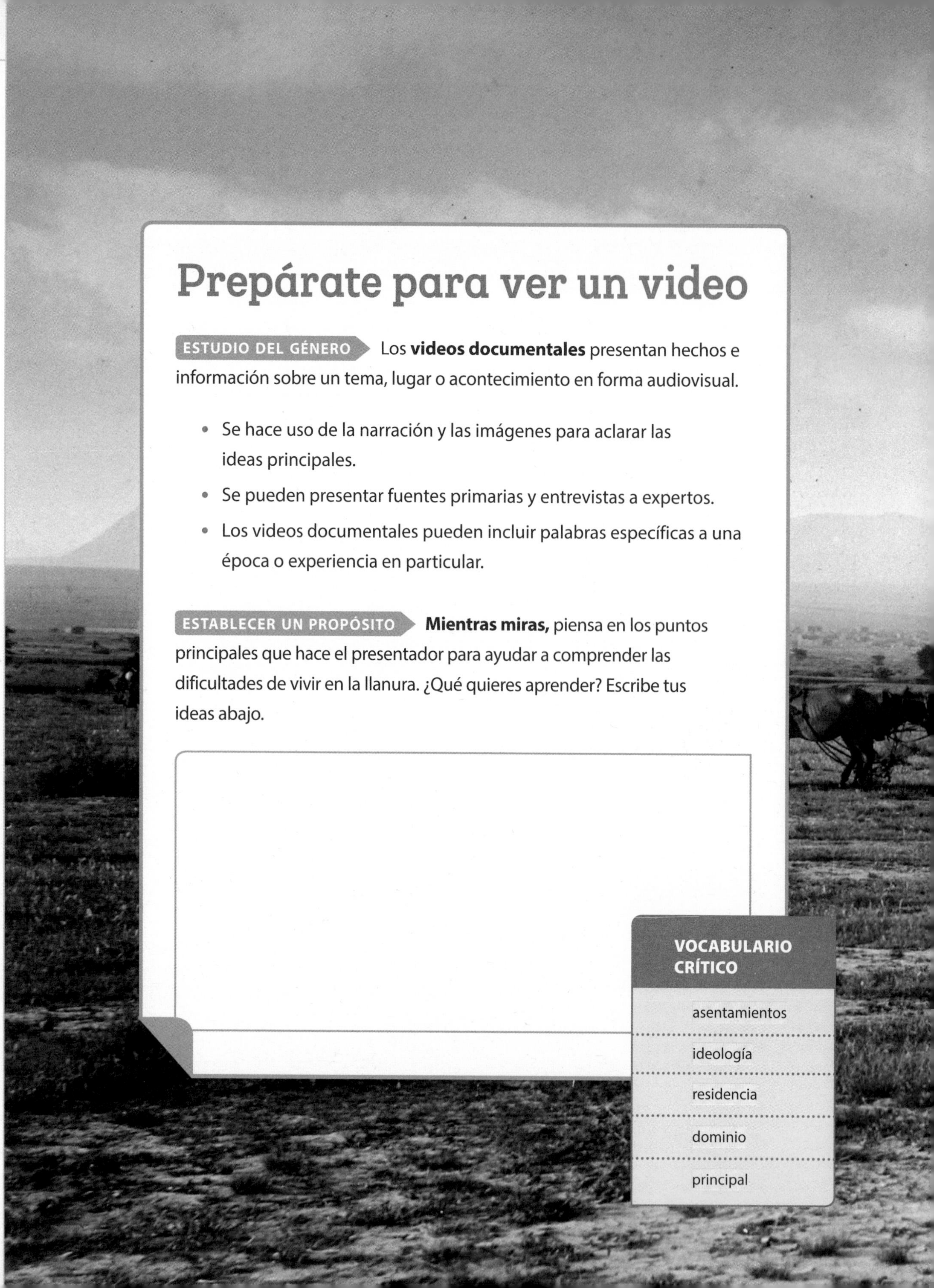

Prepárate para ver un video

ESTUDIO DEL GÉNERO Los **videos documentales** presentan hechos e información sobre un tema, lugar o acontecimiento en forma audiovisual.

- Se hace uso de la narración y las imágenes para aclarar las ideas principales.
- Se pueden presentar fuentes primarias y entrevistas a expertos.
- Los videos documentales pueden incluir palabras específicas a una época o experiencia en particular.

ESTABLECER UN PROPÓSITO **Mientras miras,** piensa en los puntos principales que hace el presentador para ayudar a comprender las dificultades de vivir en la llanura. ¿Qué quieres aprender? Escribe tus ideas abajo.

VOCABULARIO CRÍTICO

- asentamientos
- ideología
- residencia
- dominio
- principal

ASENTAMIENTOS RURALES

Mis notas

Mientras miras *Asentamientos rurales*, piensa en cómo se usan los elementos audiovisuales en el video para explicar eventos y experiencias. ¿Cómo te ayudan la narración y el material de video a entender el periodo de expansión hacia el oeste? ¿Qué revela la narración en primera persona acerca de los pioneros que se establecieron allí? ¿Es el video más o menos efectivo de lo que sería una dramatización? ¿Por qué? Toma notas en el espacio de abajo.

Presta atención a las palabras de Vocabulario crítico *asentamientos, ideología, residencia, dominio* y *principal*. Busca pistas para hallar el significado de cada palabra según el contexto en que se usaron en el video. Toma notas en el espacio de abajo.

asentamiento A finales del siglo XIX, los asentamientos eran terrenos de las regiones occidentales de Estados Unidos que los pioneros reclamaban para establecerse y vivir en ellos.

ideología Una ideología es un conjunto de creencias.

residencia El lugar donde viven las personas es su residencia.

dominio El dominio de alguien es la tierra o el territorio que le pertenece y que controla.

principal Algo principal quiere decir que ocupa el primer lugar en importancia.

Responder al video

Conversación colaborativa

Repasa lo que escribiste en la página 278 y cuéntale a un compañero dos cosas que aprendiste del video. Luego, comenta en grupo las preguntas de abajo. Da detalles y ejemplos de *Asentamientos rurales* para respaldar tus ideas. En tu conversación, responde a los comentarios de los demás haciendo preguntas y comentarios que amplíen sus ideas.

1. Según el video, ¿qué razones llevaron a las personas a ser granjeras?

2. ¿Por qué creía el presidente Abraham Lincoln que ser dueño de la tierra era importante?

3. ¿Cuál es la relación entre la Ley de Asentamientos Rurales y la construcción del ferrocarril?

Sugerencia para escuchar

Escucha atentamente las respuestas de los demás. ¿Qué preguntas tienes sobre sus ideas? ¿Qué comentarios propios puedes añadir para enriquecerlas?

Sugerencia para hablar

Haz preguntas sobre la respuesta de otro compañero para animarlo a explicar o a dar más detalles. Agrega comentarios propios para ampliar las ideas del que habla.

Citar evidencia del video

Escribir un guión para una entrevista

TEMA PARA DESARROLLAR

En *Asentamientos rurales* escuchaste un relato en primera persona de un colono que quería establecerse en el territorio de Dakota.

Imagina que pudieras entrevistar a este hombre sobre sus experiencias como colono. Escribe un guión que muestre las preguntas que le harías y las respuestas que imaginas que él podría darte. Basa las preguntas y las respuestas en los detalles del video. Usa algunas de las palabras del Vocabulario crítico en tu guión.

PLANIFICAR

Toma notas basadas en la información del video que te ayuden a formular las preguntas y respuestas para tu entrevista con un colono.

ESCRIBIR

Ahora escribe el guión de tu entrevista con un colono.

Asegúrate de que el guión de tu entrevista

- ☐ presente el tema de la vida en la granja y explique a quién están entrevistando.
- ☐ use un formato de guión de preguntas y respuestas.
- ☐ incluya detalles del video.
- ☐ termine con una conclusión que resuma la entrevista.

Mis notas

Observa y anota
Momentos memorables

Prepárate para leer

ESTUDIO DEL GÉNERO La **ficción histórica** es un relato que se desarrolla en un tiempo y un lugar real en el pasado.

- Los autores de ficción histórica cuentan la historia mediante la trama: los acontecimientos principales de la historia. Con frecuencia, la época y el lugar ayudan a dar forma a la trama y al conflicto.
- La ficción histórica incluye personajes que actúan, piensan y hablan como lo harían personas reales del pasado. Podría contar la historia de personajes de ficción en un ambiente real del pasado.
- Los autores de ficción histórica pueden usar detalles sensoriales y lenguaje figurado para desarrollar el ambiente y los personajes.

ESTABLECER UN PROPÓSITO **Piensa en** el título y el género de este texto. ¿Qué sabes sobre los pioneros? ¿Qué quieres aprender? Escribe tus ideas abajo.

VOCABULARIO CRÍTICO

- regocijo
- rastrojo
- indispensable
- primoroso
- ardua
- ajenos
- proporciones
- deleitó
- trillar

Conoce a la autora y a la ilustradora: Barbara Greenwood y Heather Collins

EN LA ÉPOCA DE LOS PIONEROS

La vida diaria de una familia pionera hacia 1840

por Barbara Greenwood   ilustrado por Heather Collins

Mis notas

1 **LOS ROBERTSON** son una familia pionera que vive en una granja de una zona rural hacia el año 1840. Aunque son una familia imaginaria, su lucha por talar el bosque, sembrar, cosechar y crear una buena vida para todos, refleja los esfuerzos de nuestros primeros colonos, que trabajaron duro para construir un hogar, una comunidad y un país.

2 Los Robertson, al igual que los colonos de la vida real, viven de acuerdo con este lema:

Te lo comes todo,
usas las cosas hasta que no sirvan,
te las ingenias,
y te conformas con lo que hay.

Willy **Abuela** **Sarah** **Sra. Robertson** **Sr. Robertson**

3 Los niños Robertson aprenden desde pequeños que "el trabajo compartido es más llevadero" y que "al que madruga, Dios lo ayuda". Pero la vida no es solo trabajo y más trabajo. Los momentos de regocijo durante la cosecha del azúcar de arce y los banquetes de la cosecha, las competencias de quitarle las hojas al maíz y los bailes folclóricos, el nacimiento de los corderos y la búsqueda de árboles de miel alegran los días a medida que cambian las estaciones, del invierno a la primavera, del verano al otoño.

regocijo Un momento de regocijo es un momento de alegría y celebración.

George **Meg y Tommy** **Lizzie**

ÉPOCAS DE COSECHA

4 —Párate derecho —dijo Meg—. No puedes llevar el agua así, todo encorvado.

5 Willy sacudió los hombros para acomodarse mejor el yugo y luego se enderezó. El peso de los cubos hacía que la madera se le enterrara en el cuello.

6 —Me duele —dijo, quejándose.

7 —Quédate quieto. —Meg movió levemente el yugo, y la presión cedió—. Estarás bien. Es mucho más fácil que llevar un cubo en la mano. Y no perderás tanta agua. Ya vete. Los hombres deben estar muriéndose de sed.

8 Llevar agua al campo de heno había sido siempre el trabajo de Meg o de George. Este año, papá quería que George lo ayudara con la siega, y mamá había decidido que Willy y Sarah ya eran suficientemente grandes como para llevar agua.

9 "Estúpidos cubos —rezongó Willy para sí, mientras caminaba con dificultad—, quiero hacer trabajos de verdad. Como George." Eso lo hizo recordar a George sentado ante la piedra de afilar la tarde anterior. "Hacía que le diera vuelta a la manivela, mientras él afilaba la hoja de la hoz. Se cree muy importante, solo porque este año papá lo está dejando ayudar a cortar el heno".

10 El sol caía a plomo desde el cielo azul. Papá había tenido razón con su pronóstico del tiempo: "Oigan cómo cantan esas chicharras —había dicho la anoche anterior—. Mañana habrá buen tiempo para la siega del heno".

11 Willy apoyó las manos sobre las asas de los cubos para evitar que se balancearan y arqueó la espalda bajo su peso. A través de los campos pudo ver a Papá con uno de los hijos mayores de los Simpson, a quien había contratado por el verano. Ambos se mecían de un lado al otro mientras movían los largos mangos de las guadañas para segar el heno. George estaba inclinado usando la hoz de mango corto para cortar alrededor del tocón de un árbol. Cada tanto, papá se detenía y pasaba una piedra de afilar por la hoja de su guadaña. A Willy le gustaba el áspero *zzzrup* de la piedra al afilar la hoja.

12 Al cruzar el campo, el rastrojo de la hierba cortada le pinchaba los pies desnudos. Tenía las plantas endurecidas por correr descalzo, pero con la carga pesada de los baldes, el rastrojo se sentía más puntiagudo. Además, le preocupaba tropezarse con alguna piedra levantada y derramar el agua o, peor aún, toparse con una serpiente. Con suerte, todas las serpientes se habrían ido. Apenas ayer, él y George habían estado golpeando el campo con palos para espantar serpientes y familias de zorrillos y conejos. Papá había dicho: Lo último que quiero es que me salgan animales de la hierba cuando estoy pasando la guadaña y que termine cercenando una pata.

13 —¡Ah! Ya llegaste —dijo papá enderezándose—. Hora de descansar, muchachos. Willy bajó los cubos al suelo desparejo, se libró del yugo y distribuyó las calabazas que había traído como cucharones para el agua.

14 —Ya que estás aquí —dijo papá—, puedes quedarte un rato y esparcir un poco de ese heno. No puedo pedir a nadie que deje de cortar mientras avanzamos.

15 George sonrío con picardía, se lamió un dedo y lo deslizó por el borde afilado de la hoz como diciendo: "Soy indispensable. Haz tú el trabajo de bebés". Willy esperó hasta que papá estuviera de espaldas y le sacó la lengua a George. No era mucho, pero lo hizo sentirse un poco mejor. A la tarde, mamá y las niñas vinieron a ayudar. Finalmente, al cabo de un día largo y caluroso, papá dijo: —Bien, hemos hecho nuestro mejor esfuerzo. Esperemos que el sol haga el suyo.

rastrojo El rastrojo es el residuo de los tallos cortos y duros que quedan en el campo después de la cosecha.

indispensable Algo indispensable es algo necesario.

Mis notas

16 Durante dos días, el sol coció y secó el heno. A la tercera mañana, la familia entera salió a rastrillar y formar parvas para facilitar la carga en la carreta. Recorrieron los campos de acá para allá, compitiendo entre sí para hacer hileras rectas y parejas. "Algo que vale la pena, vale la pena hacerlo bien", decía siempre mamá. Varias veces durante la mañana, Willy o Sarah volvían a la casa a buscar cubos de agua fresca, a la que la abuelita había agregado un puñado de harina de avena, transformándola en una bebida que apagaba la sed. Cuando Willy cargaba los cubos de agua con dificultad una vez más, levantó la vista al cielo. Cantidad de nubes empezaban a acumularse como bolas de lana cardada. Pero estaban altas y eran blancas. No había peligro de lluvia.

17 Después de la comida del mediodía, papá sacó los bueyes y salió al campo con la carreta. Arrojar el heno a la carreta era demasiado trabajo para Willy. Sus brazos no eran lo suficientemente fuertes como para lanzar una horqueta llena arriba del todo de la carga. La mayoría de las veces, los tallos se le deslizaban y caían. Finalmente, papá, que estaba en la parte superior de la carga para ir acomodándola, dijo: —Willy, tú encárgate de los bueyes. Mantenlos avanzando a medida que nosotros trabajamos en esta hilera.

18 La tarde se alargó. Una carga estaba ya a resguardo en el granero, con otra todavía por venir. Ahora mamá y Meg lanzaban heno, mientras Sarah acarreaba agua. De vuelta en el granero, papá y George empezaron a formar la parva de heno.

19 Hora tras hora, Willy guiaba los bueyes por las hileras, atento a las piedras, raíces y tocones. Cada tanto observaba el cielo. Las nubes lanudas se agrupaban y se dejaban llevar formando figuras fantásticas, y la mente de Willy se dejaba llevar con ellas. Una osa y su osezno que cruzaban torpemente el cielo, un poni primoroso que daba saltitos, luego un pez gordo que soplaba burbujas, y una ballena gris. Luego Willy dijo: —¿Gris? ¡Mamá, mira! Nubes de lluvia.

20 Mamá echó una rápida mirada al cielo y dijo: —No dejes que esos bueyes se detengan, Willy. Tenemos que proteger esta carga bajo techo.

primoroso Algo primoroso es algo delicado.

21 —¡Jiaaa!, —gritó Willy, y los bueyes iniciaron una marcha ardua pero constante. Nubes bajas se desplazaban rápidamente, cada vez más oscuras. Frenéticamente, mamá y Meg rastrillaban las hileras formando pequeñas parvas. En pilas, al menos los tallos de más abajo permanecerían secos. Willy se concentró en la carreta: —¡Vamos, Buck!, ¡vamos, Bright!, —gritaba para que los bueyes sortearan raíces y tocones. A medida que el cielo se oscurecía, punzaba a los animales con la aguijada: —Muévanse, muévanse —los arreaba. Los bueyes soplaban por el hocico y marchaban incesantemente. "Nunca ha habido bestia tan terca como un buey", decía siempre su padre.

22 Willy podía ver a papá y a George junto al granero. Ambos balanceaban los brazos rítmicamente, ajenos a todo, excepto a hacer la parva de heno de manera ordenada. En ese momento sintió una gota de agua.

23 —Papá, ¡lluvia, lluvia! —chilló—. El ruido repentino hizo que Bright saliera al trote, con su compañero resoplando a su lado. De un tirón, papá y George abrieron las grandes puertas del granero y, justo cuando las nubes estallaron, la carreta se deslizó bajo techo.

24 —Buen trabajo, Willy —dijo papá, mientras todos se amontonaban dentro del granero—. Salvaste esa carga. Tienes un verdadero ojo de granjero para anticipar el clima.

arduo Una marcha ardua es difícil y lenta.
ajeno Estar ajenos a algo es no darnos cuenta de eso.

Mis notas

25 Willy estaba radiante de orgullo. Mientras trabajaba, en los días que siguieron, volvían repetidamente a su mente las imágenes de su loca corrida al granero, hasta transformarse en una historia de proporciones heroicas. Cuando el tío Jacob Burkholder vino a enseñarle a papá a hacer un techo de paja a prueba de agua para su parva de heno, Willy lo deleitó contándole todo el asunto.

26 —Esa sí que es una hazaña, arrear las bestias de esa manera. Nada como una gota de lluvia para hacer que un hombre se mueva —dijo riendo el tío Jacob mientras tejía la última paja en el techo—. Me acuerdo de cuando era pequeño, no mayor que tú, vimos que se levantaba una tormenta mortal. Mi hermano y yo corríamos para ajustar postigos y echar cerrojos a las puertas, cuando oímos un estruendo del demonio que se acercaba en nuestra dirección. Ahí adelante venía una carreta; los caballos corriendo como Jehú, todos con los ojos desorbitados y echando espuma por la boca. Detrás, la caja rebotaba como un guisante en una sartén caliente. "Desbocados" —gritaba mi hermano—. Luego oímos que el conductor gritaba: "¡Abran las puertas! ¡Abran las puertas!". Dimos un salto más que brusco, les aseguro. Abrimos esas enormes puertas del granero y, en segundos, se metió con todo y carreta, antes de que un trueno partiera el cielo. ¡Y sí que llovió a cántaros! Miré en la carreta y vi los sacos de lienzo de tres quintales de harina. Unas cuantas gotas de lluvia y todo el lote se habría endurecido. Ese hombre nunca fue bueno para pronosticar el tiempo —concluyó el tío Jacob desdeñoso—. Bien, ahí está la parva de heno bajo techo. No teman, que la lluvia no pasará.

27 Mamá también había estado ocupada. Mientras escuchaba el relato del tío Jacob, había hecho un gallito atando un puñado de heno y dijo: —Toma, Willy, sube y clava esto arriba. Nos adornará la parva de heno.

28 —Buena idea —dijo el tío Jacob con una sonrisa—. Y yo te enseñaré a improvisar con él una veleta, así te avisará la próxima vez que venga una tormenta.

proporción Cuando hablas de las proporciones de algo, hablas de su tamaño.
deleitar Si alguien te deleitó, te entretuvo.

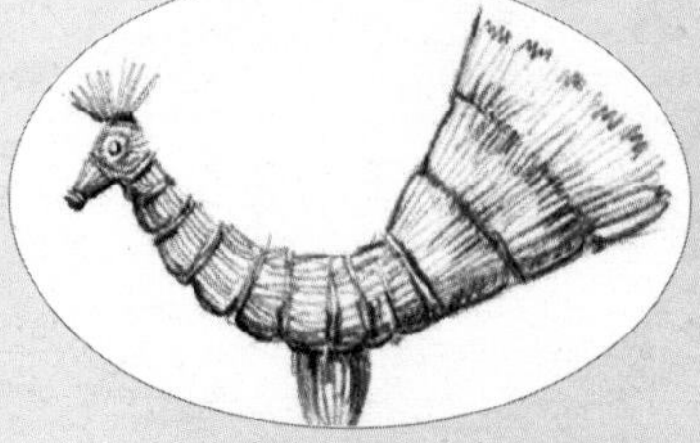

LA COSECHA

29 **LOS DÍAS CÁLIDOS DEL VERANO** trajeron mucho trabajo a toda la familia.

30 Los Robertson tenían dos campos de heno. Uno lo habían limpiado ellos mismos. El otro era una pradera de castores. Mucho antes de que los Robertson llegaran a ese territorio, los castores habían hecho un dique en el río, y varios acres se habían inundado. Los árboles murieron, el agua se secó y la hierba creció. Los primeros colonos estaban encantados de encontrar praderas de castores en sus granjas, porque estas les proveían forraje (alimento) para los bueyes y las vacas.

31 El heno alimentaba a los animales durante el invierno, pero la gente necesitaba trigo. De hecho, el trigo que se cosechaba un año, tenía que durar hasta el siguiente. La primera semana de agosto, el trigo estaba listo para que lo cortaran. Los hombres estaban otra vez en el campo con sus guadañas, y Willy y Sarah iban y venían llevando agua. A medida que los hombres cortaban el trigo, la señora Robertson y Meg iban detrás de ellos atando las espigas en manojos llamados gavillas. Diez gavillas apoyadas unas contra otras formaban un tresnal.

32 El trigo era un cultivo muy preciado y la familia trabajó hasta bien entrada la noche para ponerlo a resguardo bajo techo. El señor Robertson y los ayudantes que había contratado, lo pusieron cuidadosamente en henales (altillos de almacenaje) dentro del granero para conservarlo seco hasta el momento de trillar.

33 La cosecha no era solo trabajo duro. A veces, los vecinos se ayudaban unos a otros a guardar las cosechas. A menudo, esas reuniones terminaban con una fiesta. Los hombres colocaban largas mesas en los campos, y las mujeres llevaban comida para la cena. Para entretener a los niños, el señor Burkholder construyó un laberinto con gavillas de cereal.

trillar Trillar una planta es sacudirla para separar los granos o las semillas del resto de la planta.

LA LUNA DE LAS COSECHAS

34 **LOS AGRICULTORES PROGRAMABAN LA COSECHA** para la luna llena, de modo que tuvieran luz suficiente para trabajar hasta la medianoche, de ser necesario. En septiembre, la luna llena parece quedarse en el cielo varias noches seguidas. Esto sucede porque la salida de la luna se produce solo veinte minutos más tarde cada noche, en lugar de los habituales cincuenta minutos. Con razón la luna llena de septiembre era la luna de la cosecha.

35 La luna llena era útil todo el año. Muchos agricultores creían que los cultivos sembrados en determinadas fases lunares crecerían mejor. Para escapar del calor del día, los agricultores frecuentemente sembraban y pasaban la azada en el fresco nocturno a la luz de la luna. En invierno, quienes debían hacer viajes largos los programaban para cuando la luna les proporcionara más luz para volver a casa a través del oscuro bosque.

PREVER EL TIEMPO

36 **GRACIAS A LOS PRONÓSTICOS DEL TIEMPO,** puedes hacer planes no solo para mañana, sino para toda la semana. Los pioneros no recibían informes de los meteorólogos. Predecían el buen y el mal tiempo observando las señales del mundo que los rodeaba. Prueba el método de los pioneros para pronosticar el tiempo.

37 Las señales de buen tiempo son: los pájaros vuelan alto, el humo sube rápido, las chicharras cantan fuerte y hay mucho rocío por la noche. Observa las nubes. Cuanto más altas estén, mejor estará el tiempo.

38 Estas señales indican que viene tiempo húmedo: el humo forma espirales hacia abajo, hay cúmulos (nubes parecidas a bolas de algodón) oscuros, el cielo se cubre de cirros (nubes alargadas). Un halo alrededor del sol significa que lloverá en menos de diez o doce horas.

Responder al texto

Conversación colaborativa

Repasa lo que escribiste en la página 284 y cuéntale a un compañero dos cosas que aprendiste de la lectura. Luego, comenta en grupo las preguntas de abajo. Busca detalles en *En la época de los pioneros* para explicar y apoyar tus respuestas. Antes de empezar, decidan quién será el líder del grupo y quién anotará las ideas que comenten.

1. Repasa las páginas 288 a 289. ¿Qué detalles indican que cortar heno era demasiado trabajo?

2. Vuelve a leer la página 291. ¿Cómo reconoces que Willy sabe que es importante llevar el heno rápidamente al granero?

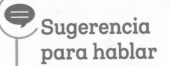

3. ¿Qué partes del cuento muestran que la familia Robertson cree que "el trabajo compartido es más llevadero"?

Sugerencia para escuchar

Escucha a cada miembro del grupo de la manera que quieres que te escuchen a ti.

Sugerencia para hablar

Espera a que el líder de tu grupo te invite a hablar. Después de compartir tus ideas, pregunta a otros miembros del grupo si tienen dudas o comentarios.

Citar evidencia del texto

Escribir una entrada de un diario

TEMA PARA DESARROLLAR

En *En la época de los pioneros,* leíste sobre la apasionante vida de los pioneros del oeste en 1840. Estos pioneros enfrentaron y superaron muchos desafíos mientras construían su nueva vida.

Imagina que eres Willy Robertson. Escribe una entrada de diario desde el punto de vista de Willy, que describa lo que sucedió durante el día que salvó el heno. ¿Qué viste? ¿Qué hiciste? ¿Cómo te sentiste con respecto a tus experiencias? Usa lenguaje descriptivo y sensorial para que tu relato cobre vida. Asegúrate de volver a contar detalles del texto siguiendo la secuencia y de explicar el efecto de las acciones tuyas o las de Willy. No te olvides de usar en tu entrada de diario algunas de las palabras del Vocabulario crítico.

PLANIFICAR

Toma notas, incluyendo evidencia del texto, sobre cómo se salvó el heno, desde el punto de vista de Willy.

EN LA ÉPOCA DE LOS PIONEROS
La vida diaria de una familia pionera hacia 1840
por Barbara Greenwood
Ilustrado por Heather Collins

ESCRIBIR

Ahora escribe tu entrada de diario describiendo tu experiencia del día en que salvaste el heno.

Asegúrate de que tu entrada de diario

- ☐ esté escrita con la voz de Willy, un niño pionero.
- ☐ use pronombres de la primera persona como *yo, mí, mío* y *nuestro*.
- ☐ use un lenguaje vívido y sensorial para describir experiencias.
- ☐ incluya evidencia del texto.
- ☐ vuelva a contar los acontecimientos en secuencia.

Tarea del rendimiento

Pregunta esencial

¿Qué rasgos de carácter debían tener las personas que poblaron el oeste?

Escribir un artículo informativo

TEMA PARA DESARROLLAR Piensa en lo que aprendiste sobre los pioneros del oeste en este módulo.

Imagina que una revista de historia para jóvenes ha invitado a estudiantes a enviar artículos. Elige una característica o una parte de la experiencia del pionero, como la vida cotidiana, la travesía al oeste o la superación de desafíos. Usa evidencia de los textos y el video para escribir un artículo para la revista.

Escribiré un artículo sobre ______________________________.

Asegúrate de que tu artículo informativo

- ☐ tenga una introducción que indique claramente el tema.
- ☐ apoye las ideas importantes con hechos, definiciones y citas de los textos.
- ☐ use encabezados para agrupar la información relacionada de un modo claro.
- ☐ use un lenguaje preciso y vocabulario específico del tema.
- ☐ tenga una conclusión que resuma los puntos importantes.

PLANIFICAR ········ Reúne información.

Primero decide tu tema. ¿En qué aspecto de la experiencia de los pioneros te enfocarás? Vuelve a leer tus notas y los textos y a mirar el video para buscar ideas.

Usa la tabla de abajo para planificar tu artículo. Escribe tu tema e idea principal general. Luego, usa evidencia de los textos para agregar detalles de apoyo para cada punto importante. Usa palabras del Vocabulario crítico cuando sea apropiado.

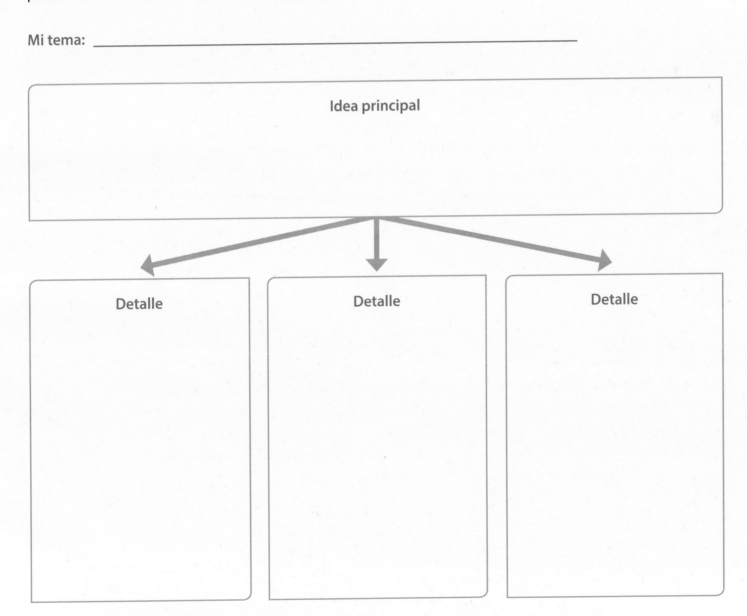

Mi tema: ____

Idea principal

Detalle

Detalle

Detalle

HACER UN BORRADOR

Escribe tu artículo.

Escribe una **introducción** que exprese claramente tu tema y el enfoque, y que dé a los lectores una muestra de lo que leerán.

Agrupa tus ideas importantes en **secciones**. Para cada sección, agrega los detalles de apoyo de tu tabla de planificación.

Sección 1	Sección 2	Sección 3

Escribe una **conclusión** que vuelva a plantear tu tema y resuma tus puntos principales. Ayuda a tus lectores a comprender los rasgos de carácter que los pioneros necesitaban para sobrevivir y tener éxito.

REVISAR Y EDITAR .... Revisa tu borrador.

Todo buen escritor revisa su borrador para encontrar maneras de mejorarlo. Trabaja con un compañero. Pide a tu compañero que lea tu artículo y señale cualquier idea que no esté claramente explicada. Además, usa estas preguntas para evaluar y mejorar tu artículo.

PROPÓSITO/ ENFOQUE	ORGANIZACIÓN	EVIDENCIA	LENGUAJE/ VOCABULARIO	CONVENCIONES
☐ ¿Hará la introducción que los lectores se interesen en mi tema? ☐ ¿Se enfoca cada sección en una idea clave?	☐ ¿Están presentadas las ideas en un orden que tenga sentido? ☐ ¿Resumo claramente los puntos principales del artículo en la conclusión?	☐ ¿Está cada uno de mis puntos principales apoyado por la evidencia del texto? ☐ ¿Dónde puedo agregar más evidencia para reforzar el argumento?	☐ ¿Usé lenguaje preciso y vocabulario específico del tema? ☐ ¿Usé palabras relacionadas para conectar ideas?	☐ ¿Escribí correctamente las palabras? ☐ Hice uso correcto de la coma y otros signos de puntuación?

PUBLICAR .... Comparte tu trabajo.

Crear la versión final. Haz una versión final de tu artículo. Puedes incluir ilustraciones o ayudas gráficas como mapas, tablas o diagramas. Considera estas opciones para compartir tu trabajo.

1. Combina tu artículo con los de tus compañeros de clase para crear una exhibición sobre la vida de los pioneros para la biblioteca escolar. Incluye en tu exhibición fotografías, mapas u objetos.
2. Con varios compañeros, dirige un debate sobre los diferentes aspectos de la experiencia de los pioneros. Invita a los participantes a comentar y hacer preguntas.
3. Haz una presentación de diapositivas. Busca fotografías o ilustraciones históricas que apoyen o destaquen la información de tu artículo. Lee tu texto en voz alta, o pide a un amigo que lo lea, para narrar la presentación.

MÓDULO 5

Proyecto Tierra

"Si comprendemos, podemos cuidar. Si cuidamos, ayudaremos. Si ayudamos, se salvarán todos."

—Jane Goodall

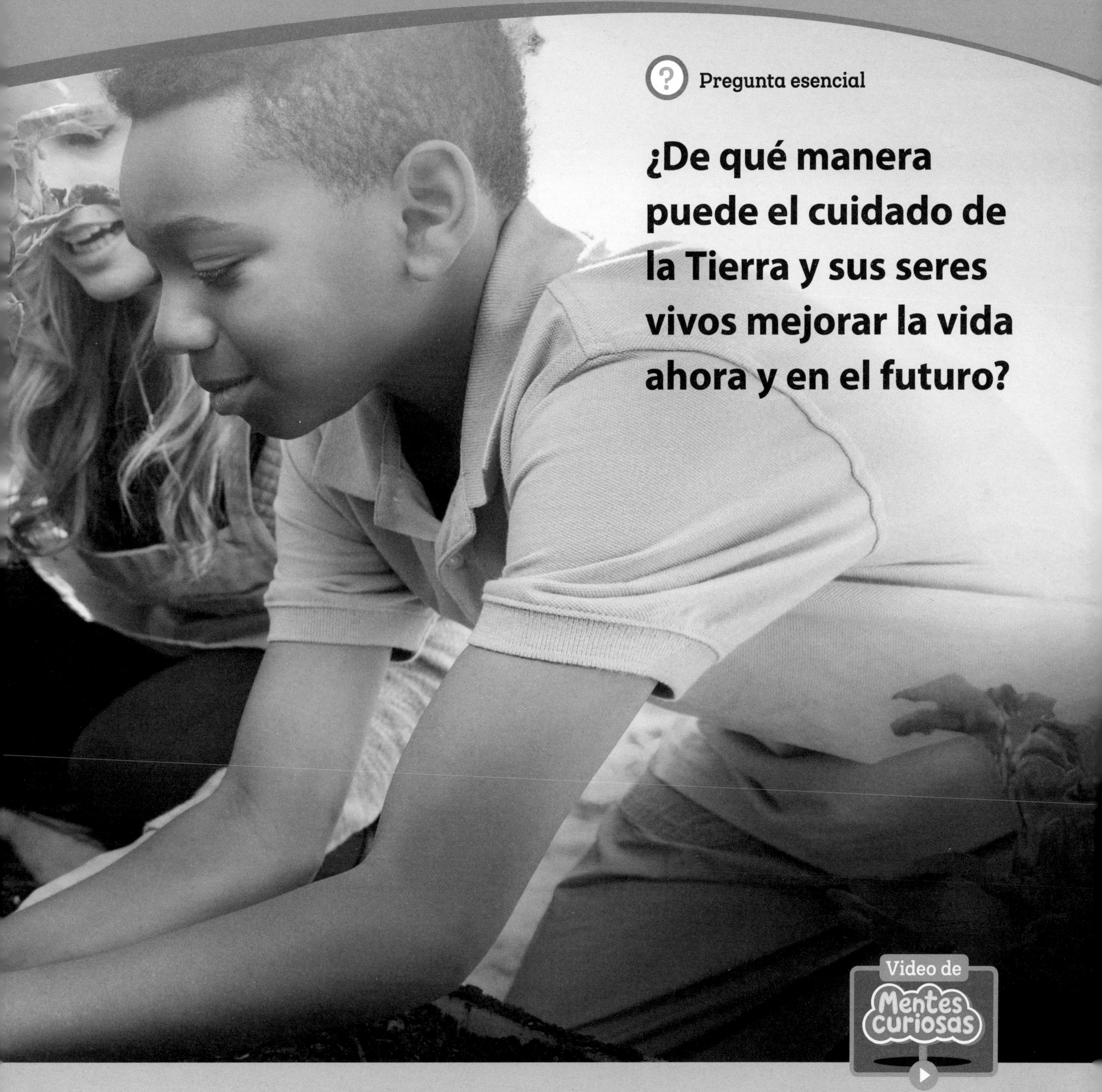

Pregunta esencial

¿De qué manera puede el cuidado de la Tierra y sus seres vivos mejorar la vida ahora y en el futuro?

Palabras acerca del cuidado de la Tierra

Las palabras de la tabla te ayudarán a hablar y escribir sobre las selecciones de este módulo. ¿Cuáles de las palabras acerca del cuidado de la Tierra ya has visto antes? ¿Cuáles son nuevas para ti?

Completa la Red de vocabulario de la página 307. Escribe sinónimos, antónimos y palabras y frases relacionadas para cada palabra acerca del cuidado de la Tierra.

Después de leer cada selección del módulo, vuelve a la Red de vocabulario y añade más palabras. Si es necesario, dibuja más recuadros.

PALABRA	SIGNIFICADO	ORACIÓN DE CONTEXTO
riesgo (sustantivo)	Poner en riesgo a alguien o algo es ponerlo en peligro.	Los militares, tanto hombres como mujeres, ponen en riesgo su vida para proteger nuestro país.
amenazado (adjetivo)	Las especies o áreas que están amenazadas, están en peligro de sufrir gran daño o de morir.	Muchas especies animales que están amenazadas están en peligro de desaparecer del planeta para siempre.
contaminar (verbo)	Si las sustancias contaminan el medio ambiente, quiere decir que le hacen daño.	Algunos herbicidas tienen sustancias químicas nocivas que contaminan el suelo y el agua.
benéfico (adjetivo)	Las acciones benéficas son acciones que hacen bien o favorecen.	Sembrar árboles es una de muchas acciones benéficas que podemos realizar en favor del medio ambiente.

riesgo
amenazadas
Palabras acerca del cuidado de la Tierra
contaminan
benéficas

Proteger los recursos

Proteger la Tierra y sus seres vivos

Usar menos recursos

Lectura breve

El poder protector de las reservas naturales

1 En todo el mundo, las acciones de los humanos ponen en riesgo las áreas naturales, las plantas y los animales que las habitan. A medida que las poblaciones humanas crecen, la humanidad expone el medioambiente agotando los recursos naturales como los árboles, el agua y la tierra. Cuando se cortan árboles y se construyen caminos, casas y comercios, los paisajes naturales desaparecen. También desaparecen los hábitats de las plantas y los animales. Sin embargo, hay una manera de proteger las especies y las áreas naturales amenazadas. Se llama reserva natural.

Un lugar protegido para plantas y animales

2 A veces a una reserva natural se le da el nombre de reserva de la naturaleza o parque. Es un lugar que está protegido del desarrollo humano perjudicial. Las plantas son libres de prosperar naturalmente, y los animales son libres de vagar sin rumbo. Las estructuras naturales como formaciones rocosas o cuerpos de agua están protegidos de todo daño. Dentro de esta área cuidadosamente administrada, las poblaciones de plantas y animales pueden mantenerse o, inclusive, crecer.

3 Los gobiernos o grupos privados protegen las reservas naturales limitando o controlando las acciones de los visitantes humanos. En algunas reservas se permite cazar, pescar, hacer caminatas y acampar. En otras, estas actividades están prohibidas.

Cómo se crean las reservas naturales

4 Se han establecido reservas naturales en muchos países. El primer paso para la protección de un área se da cuando un individuo o un grupo reconoce que esta se encuentra en riesgo. Estas personas gestionan la compra del territorio o convencen a los propietarios o al gobierno de que lo protejan. Una manera en la cual el gobierno

Mis notas

de Estados Unidos puede proteger un área natural es convirtiéndola en un parque nacional.

5 El parque nacional de Yellowstone, formado en 1872, fue la primera reserva natural creada como parque nacional de Estados Unidos. Yellowstone incluye territorio que forma parte de los estados de Idaho, Montana y Wyoming. Es el hábitat de bisontes, lobos y otras especies que necesitan protección. En él además encontramos formaciones naturales como sus famosas aguas termales. El gobierno de Estados Unidos protege las plantas, los animales y los hábitats de Yellowstone de la destrucción humana.

Por qué son importantes las reservas para las personas

6 Las reservas naturales brindan importantes beneficios tanto para las personas como para las plantas y los animales que viven allí. Los árboles de una reserva producen oxígeno para que respiremos. Los humedales ayudan a controlar las inundaciones, ya que almacenan agua. También filtran las sustancias que contaminan los sistemas de agua dulce.

7 Las reservas naturales proporcionan además oportunidades científicas y recreativas. En Costa Rica, la Reserva Biológica Bosque Nuboso de Monteverde atrae a los científicos, quienes estudian su increíble variedad de vida animal y vegetal. La reserva también atrae a turistas de todas partes. Visitan el bosque para recorrer sus senderos, deslizarse por las copas de los árboles en tirolesas y ver más de 500 especies de animales. Otras reservas brindan diversiones más tranquilas. Una reserva en la ciudad podría ofrecer la oportunidad de cambiar las bocinas de los autos y las aceras por el canto de los pájaros y los senderos de tierra.

8 En las reservas naturales, los recursos se utilizan en formas benéficas, en lugar de perjudiciales. Al proteger las plantas, los animales y los paisajes, estamos protegiendo el equilibrio de la naturaleza, ¡lo que es bueno para todos!

La Reserva Biológica Bosque Nuboso de Monteverde

Mis notas

Observa y anota
Palabras desconocidas

Prepárate para leer

ESTUDIO DEL GÉNERO Los **textos persuasivos** dan la opinión de un autor sobre un tema y tratan de convencer a los lectores para que estén de acuerdo con esa opinión.

- Los autores de los textos persuasivos pueden organizar sus ideas mediante relaciones de causa y efecto o presentación de problemas y soluciones.
- Los textos persuasivos incluyen evidencia, como datos y ejemplos, para apoyar el punto de vista del autor.
- Los textos persuasivos incluyen un lenguaje convincente y técnicas específicas, como apelar a las emociones del lector.

ESTABLECER UN PROPÓSITO **Piensa en** el título y el género de este texto. ¿Qué sabes sobre la horticultura en las azoteas? ¿Qué quieres aprender? Escribe tus ideas abajo.

VOCABULARIO CRÍTICO

- urbano
- humildes
- parcelas
- transformar
- alternativa
- artificial
- producir
- influyen

Conoce a la autora: Hadley Dyer

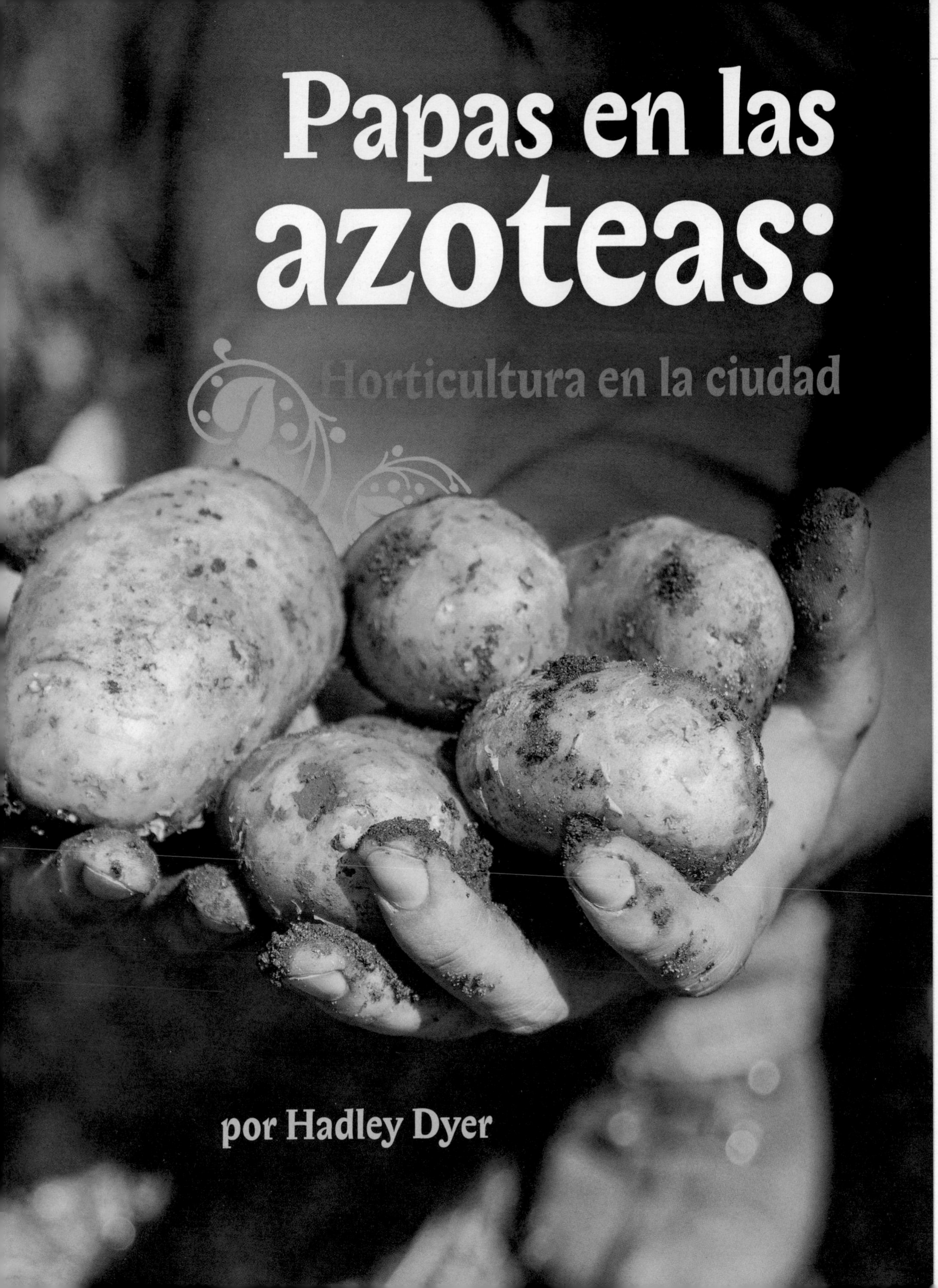

Papas en las azoteas:

Horticultura en la ciudad

por Hadley Dyer

Cambiar el paisaje urbano

1 A veces a las ciudades se les llama "junglas de asfalto". Pero ¿puedes imaginarte un barrio urbano tan frondoso y lleno de vegetación, que pareciera más bien una jungla de verdad, o que tu almuerzo estuviera creciendo en una rama justo afuera de la ventana de tu salón de clases? En algunas ciudades, estas imágenes ya se están haciendo realidad.

2 Cerca de 800 millones de personas cultivan alimentos en áreas urbanas —desde humildes macizos de hierbas hasta los huertos que están a la vanguardia—, y la cantidad sigue aumentando. Estos jardineros y horticultores están abriendo el paso para que haya ciudades más verdes y sanas. Están cambiando nuestros paisajes urbanos al tiempo que siembran las semillas de nuestro futuro.

urbano Algo que es urbano se relaciona con una ciudad.

humilde Las cosas humildes son sencillas y poco impresionantes.

UN SABOR A LIBERTAD Durante 27 años, el expresidente sudafricano Nelson Mandela fue prisionero político en la isla Robben. Allí removió la tierra rocosa con sus propias manos para crear un huerto de apenas una yarda (0.9 m) de ancho y compartir la cosecha con sus compañeros de prisión. Hoy en día, la gente que visita ese huerto lo considera un monumento a la generosidad, la perseverancia y la esperanza.

Si el humilde huerto de Mandela tuvo el poder de transformar vidas, ¿qué podríamos hacer nosotros con el espacio, las herramientas y la tecnología disponibles en nuestras ciudades?

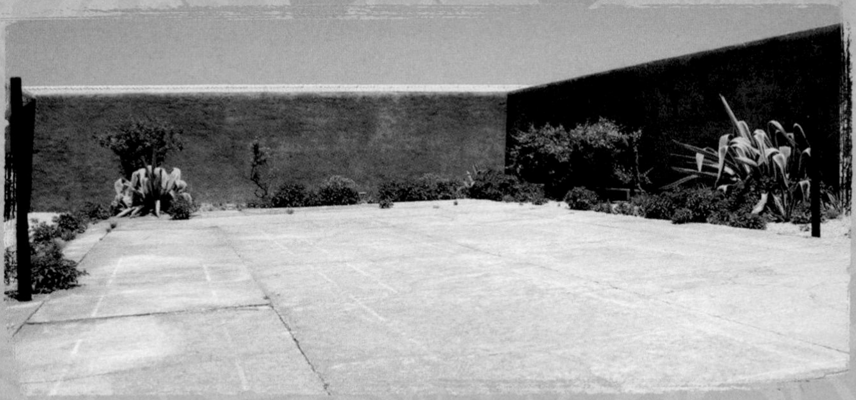

"Plantar una semilla, verla crecer, cuidar de la planta y después recoger sus frutos, era una satisfacción sencilla, pero profunda. La sensación de ser el guardián de aquella pequeña superficie de tierra tenía un cierto sabor a libertad".

—NELSON MANDELA, EXPRESIDENTE DE SUDÁFRICA

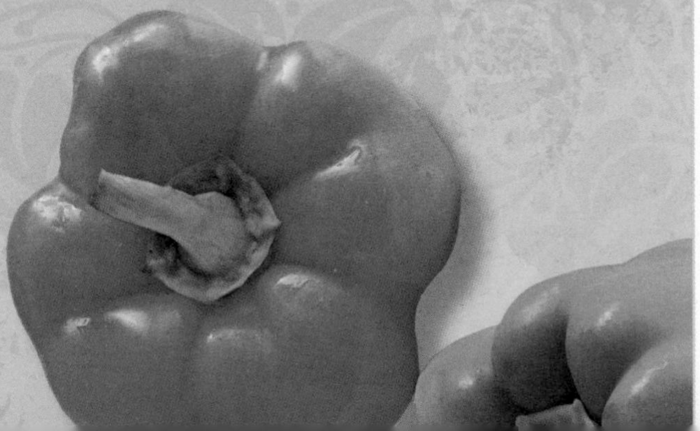

Mis notas

Los antiguos huertos de la victoria

3 Durante la Primera Guerra Mundial (1914-1918), las ciudades de todo el mundo empezaron a quedarse sin alimentos. Miles de agricultores servían en el ejército en lugar de arar sus campos. La tierra fértil estaba destruida por el combate y las bombas. Las aguas internacionales se habían vuelto peligrosas para las embarcaciones que transportaban alimentos.

4 En 1917, en los Estados Unidos, una nueva organización llamada Comisión Nacional de Huertos de Guerra *(National War Garden Commission)* determinó que la solución era cultivar alimentos a pequeña escala más cerca de las viviendas. Alentaron a los ciudadanos a usar todos los espacios disponibles para cultivo y les enseñaron a enlatar y a preservar los alimentos. Poco después, el Departamento de Agricultura de los Estados Unidos (USDA) inició su propia campaña para que la gente cultivara huertos. Como resultado, el número de parcelas de cultivo aumentó de 3.5 millones en 1917, a más de 5 millones en 1918.

parcela Las parcelas son pequeños terrenos que se usan para propósitos determinados.

Otras victorias de los huertos

5 Durante la Segunda Guerra Mundial (1939-1945), la Administración de Alimentos en Tiempos de Guerra *(War Food Administration)* creó el Programa Nacional de Huertos de la Victoria *(National Victory Garden Program)*. Su meta era recrear el enorme éxito del movimiento para cultivar huertos de la guerra anterior. Esta vez, los resultados fueron aun más asombrosos. El USDA estimó que se plantaron más de 20 millones de parcelas durante la guerra.

6 Al cultivar frutos y verduras, la gente sentía que estaba contribuyendo a los esfuerzos de la guerra. Estaban asegurando que el país, y sus soldados, tuvieran suficiente comida y que se estuvieran preservando recursos necesarios en época de guerra. Por ejemplo, los metales y demás materiales que se empleaban normalmente para la producción podían destinarse al uso militar. Los vagones de los ferrocarriles transportaban menos alimentos, lo que les permitía transportar más municiones.

¿Serás parte de la victoria?
"Cada huerto es una planta de
SIEMBRA UN HUERTO DE LA VICTORIA
NUESTRO ALIMENTO ES PARTE DE LA LUCHA
UN HUERTO HARÁ PROGRESAR A TU NACIÓN

"Todo aquel que crea o cultiva un huerto, ayuda... Es hora de que los Estados Unidos corrijan su imperdonable derroche y extravagancia".

—WOODROW WILSON, PRESIDENTE DE LOS ESTADOS UNIDOS, 1917

En los Estados Unidos, los Huertos de la Victoria de Fenway (Boston) y el Huerto Comunitario Dowling (Minneapolis), son los últimos huertos de la victoria que quedan de las épocas de guerra.

HUERTOS DE GUERRA SOBRE LOS TECHOS
Las semillas de la victoria aseguran los frutos de la paz
ESCRIBIR A NATIONAL WAR GARDEN COMMISSION
WASHINGTON, D.C.
Lathrop Pack, Presidente
Percival S. Ridsdale, Secretario

¡LLÉNALA!
AYUDA A COSECHAR CULTIVOS DE GUERRA

Mis notas

Cada pulgada disponible

7 Lo que era anticuado vuelve a estar de moda: ¡aquellos huertos de la victoria se habían adelantado a su época! Aun en tiempos de paz, hay muchas razones para cultivar nuestros propios alimentos en las ciudades. Pero no todos tienen un patio trasero que pueda convertirse en huerto, y algunos barrios no tienen ni un espacio verde. ¿Cómo se puede transformar una jungla de concreto en una fuente de alimentos frescos y sanos? ¡Afortunadamente, no hay nada que les guste más a los ingenieros y arquitectos que un buen desafío!

Huertos verticales

8 Cuando las ciudades están demasiado pobladas para disponer de espacios de tierra para cultivar, una alternativa es hacerlo hacia arriba ¡y más arriba y más arriba! Los huertos verticales, también conocidos como "paredes vivas" pueden hacer que el ladrillo, el cemento y el revestimiento se conviertan en paredes artísticas y hasta comestibles.

9 El Proyecto Cadena Alimentaria de Cultivo Urbano *(Urban Farming Food Chain Project)*, de Los Ángeles, creó paneles murales que producen alimentos y están montados en edificios. Las personas que cuidan las paredes recogen la cosecha, que no se vende comercialmente. Tú puedes crear tu propio panel mural reciclando estanterías, colocando macetas colgantes en cercas de madera y hasta usando viejos organizadores de calzado.

transformar Transformar algo es convertirlo en otra cosa.
alternativa Una alternativa es una opción para realizar algo.

Este huerto vertical está formado por una agradable variedad de especias, flores y frutos.

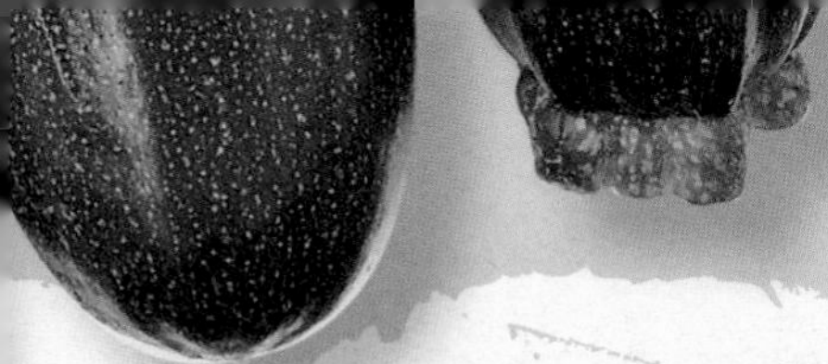

Mis notas

Huertos elevadísimos

10 Los huertos verticales proyectan el concepto de cultivo a niveles más altos: ¡el cielo! Los diseñadores han imaginado espacios de cultivo elevados, que tienen como meta producir tantos alimentos como sea posible sin agotar todos los recursos de una ciudad.

11 Crear un huerto vertical es más complicado que construir una pared viva. Es una empresa mayor que la de convertir torres de oficinas en huertos. Por ejemplo, si la luz solar no llega a todas las plantas, puede ser necesario instalar paneles solares que proporcionen energía para iluminar los cultivos de manera artificial. Los diseñadores también deben incluir maneras de recoger, reciclar y bombear agua a todo el edificio.

12 Hasta que se construya el primer huerto vertical, no conoceremos las dificultades que pueda implicar su construcción, ni sabremos qué ventajas pueda otorgar ese huerto a una comunidad. Pero con tantas personas motivadas por los planes innovadores, es solo cuestión de tiempo averiguarlo.

13 El arquitecto Gordon Graff diseñó un edificio verde de 58 pisos llamado Huerto en el cielo *(Sky Farm)* para la ciudad de Toronto. Tiene 8 millones de pies cuadrados (743,000 metros cuadrados) de espacio de cultivo, lo cual es suficiente para alimentar a 35,000 personas por año. Solo el tiempo dirá si un proyecto experimental y costoso como ese pueda llegar a realizarse. Aún así, es el tipo de sueño que debemos seguir alimentando.

La fotografía muestra matas de frijoles y de calabacines que crecen sobre un enrejado en una casa de la ciudad. ¡Si no puedes extenderte a los lados, siempre puedes hacerlo hacia arriba!

"Los huertos verticales proyectan el concepto de cultivo a niveles más altos: ¡el cielo!"

artificial Algo artificial es creado por los seres humanos y no por la naturaleza.

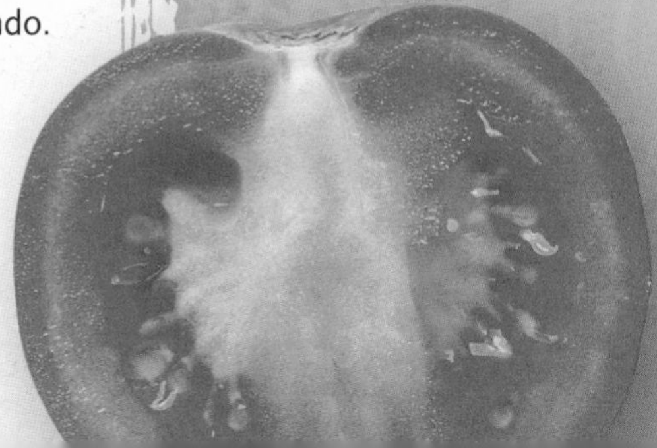

Huerto en la azotea del centro de convenciones en Montreal, Canadá.

Darle forma

14 Las plantas necesitan luz solar para crecer. En un edificio vertical, los niveles superiores pueden dar sombra a los niveles inferiores. Por eso, los diseñadores están experimentando con formas que permitan que la luz solar llegue a todos los espacios de cultivo.

15 Natalie Jeremijenko, ingeniera y artista, creó invernaderos con forma de cápsula. Aunque se llaman estaciones espaciales urbanas *(Urban Space Stations)*, su tarea aquí, en la Tierra, es proporcionar espacios de cultivo. Cada superficie transparente y curva de la estructura absorbe luz mientras el sol pasa sobre el edificio. La cápsula también recicla el aire y el agua del edificio que está debajo. Como no necesita tierra, la estación es tan liviana que puede instalarse sin que toque el suelo.

Cavar bajo tierra

16 ¿Qué yace debajo de las calles de nuestra ciudad? En Tokio, convirtieron la bóveda subterránea de un banco en un huerto de tecnología avanzada llamado Pasona O2. El huerto abarca 10,000 pies cuadrados (1,000 metros cuadrados) y allí crecen más de 100 tipos de productos agrícolas. Usa una combinación de lámparas de haluros, LED y fluorescentes. Se aplica el método de hidroponía: cultivo sin tierra. Mediante la hidroponía, las plantas crecen en agua que contiene soluciones nutritivas o materiales como grava o perlita. La palabra "hidroponía" proviene de las palabras griegas para agua (*hidro*) y labor (*ponos*).

17 Además de cultivar alimentos, Pasona O2 tiene una meta muy importante: crear trabajo para empleados jóvenes y mayores que necesiten una segunda profesión.

Huertos en las azoteas

18 Los cultivos hidropónicos pueden también resolver el problema de cómo aprovechar todo el enorme espacio que no se usa arriba, ¡en las azoteas! No todas las azoteas pueden soportar una gran carga de tierra densa. Pero los cultivos hidropónicos aligeran la carga porque se usan materiales más livianos o cantidades de agua de poca profundidad.

En Tokio, dos compañías de telecomunicaciones patrocinaron la plantación de papas en huertos de azoteas. Llamaron a este proyecto Papa ecológica (*Green Potato*). Las anchas hojas de las plantas resultaron tan efectivas para bajar la temperatura con la transpiración, que las áreas cubiertas de hojas tenían 68 grados Fahrenheit (20 grados Celsius) menos que las áreas sin hojas.

19 Las azoteas se calientan demasiado en época de verano, llegando hasta 90 grados Fahrenheit (32 grados Celsius) más que el aire. Pero un techo verde puede ser, realmente, *más fresco* que el aire. Esto sucede, porque las plantas tienen un "refrigerante" llamado transpiración. Absorben agua a través de las raíces y luego la liberan a través de las hojas. Usan el calor del aire para evaporar el agua, y eso hace que descienda la temperatura.

20 Definitivamente, la idea se está propagando. Un grupo llamado Proyecto de huertos en las azoteas (Rooftop Garden Project) tiene azoteas verdes por todo Montreal, y ha empezado a compartir sus técnicas con personas de otros países. Incluso han llevado sus técnicas a Haití, para favorecer el desarrollo de la horticultura urbana después de la catástrofe del terremoto de 2010.

21 En Chicago, la institución Gary Comer Youth Center ocupa un edificio que solía ser un depósito abandonado. Es una estructura enorme y reforzada, coronada por un huerto de 906 yardas cuadradas (800 metros cuadrados) en la azotea. La tierra del huerto tiene 18 pulgadas (46 centímetros) de profundidad y produce la impresionante cantidad de 1,000 libras (454 kilogramos) de verduras orgánicas por año. La producción se emplea para que la lleven a su casa los jardineros, que trabajan voluntariamente, y para las clases de cocina del centro.

"Los cultivos hidropónicos pueden también resolver el problema de cómo aprovechar todo el enorme espacio que no se usa arriba, ¡en las azoteas!"

¡Manos a la obra!

22 ¿Pero qué sucede si no sabes ingeniería ni arquitectura? ¿Qué sucede si simplemente eres quien eres? La buena noticia es que no necesitas una bóveda subterránea de un banco ni un sofisticado sistema de riego para empezar tu propio huerto urbano. Pero hay algunas cosas que debes considerar antes de dedicarte a esto.

23 **ESPACIO** Los huertos urbanos tienden a ser más pequeños que los huertos rurales y los suburbanos. Así que necesitas elegir cultivos que ocupen menos espacio. Los frijoles, por ejemplo, crecen verticalmente (hacia arriba) y se desarrollan bien en recipientes, por lo que son ideales para espacios angostos. Con una maceta grande y suficiente luz solar, puedes elegir una variedad que crezca a más de 5 pies (1.5 metros) de altura.

Los frijoles verdes altos son una buena opción para lugares elevados y angostos.

24 **LUZ SOLAR** Algunas plantas, como los tomates y los calabacines, necesitan mucho sol para producir su fruto, preferiblemente de seis a ocho horas por día. Así es que, antes de elegir qué plantar, asegúrate de que sabes de cuántas horas de luz solar dispones. ¿Hay sombra en tu casa o da la sombra de un edificio cercano?

25 **SABOR** ¿Qué te gusta comer? ¿Te gusta probar cosas distintas? La rúcula, una verdura que se usa en ensaladas verdes, es mucho más dulce si cosechas las hojas cuando son jóvenes y pequeñas. Algunas variedades de cerezas son ácidas, mientras que otras son dulces. Cuanto más espacio tengas para cultivar diferentes plantas, más puedes experimentar.

26 **TIEMPO** Algunas plantas requieren más cuidado que otras. Las que dan frutos, como los pimientos, necesitan fertilizante y mucha agua. Por otro lado, un recipiente de lechuga está mejor a temperaturas más bajas, necesita menos agua y poco o casi nada de fertilizante.

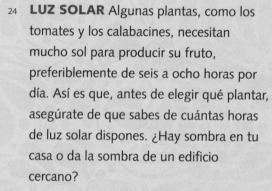

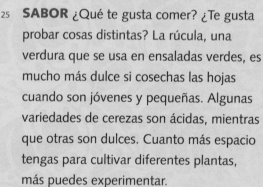

Las hierbas y las plantas pequeñas, como las fresas, pueden crecer con facilidad en recipientes pequeños que caben en el alféizar de las ventanas.

27 **ASPECTO** Para muchos horticultores, el aspecto de su huerto es tan importante como los cultivos que produce. ¿Cómo te gustaría que fuera tu huerto y en qué clase de espacio disfrutarías más? ¿Una alfombra de hojas de verduras? ¿Una jungla de guisantes altos?

28 **COSTO** El costo inicial de un huerto grande es bastante alto. Necesitarías herramientas de jardinería, tierra, fertilizante, compost, semillas o plantones y recipientes. Todo esto, realmente suma. Pero este costo podría compensarse con solo una cosecha por el dinero que tu familia ahorraría al cultivar algunos de sus propios alimentos en vez de comprarlos. Entre tanto, puedes ahorrar dinero pidiendo prestadas herramientas y usando artículos que tengas en tu casa, como cubetas para recipientes. Reduce aun más los costos eligiendo semillas en lugar de plantones, que son más caros. También puedes compartir semillas y brotes con otros cultivadores. Algunos tipos de frutos y de verduras pueden producir semillas que se pueden sembrar en la siguiente temporada.

producir Producir significa generar algo.

29 **PLAGAS** Las ciudades están repletas de vida silvestre, y muchos de esos ejemplares estarán encantados con el bufé de tu balcón. Las aves se harán una fiesta con tus bayas. Los mapaches se llevarán tu cosecha. Y a los ratones y las ratas les atraerá una pila de compost. Si hay insectos en tu barrio —y, con seguridad, los hay— debes resguardar tu huerto. Una manera de hacerlo es protegiendo las plantas con mosquitero.

¡Esta criatura enmascarada quizás parezca adorable, pero puede ser una verdadera plaga en tu huerto!

Soluciones para la contaminación

30 Las verduras contienen cantidad de vitaminas y otros elementos buenos para la salud, ¿pero son sanas las verduras que crecen en las ciudades? ¿Qué me dices de esos carros que echan humo sobre tu lechuga?

31 La mayoría de los contaminantes que se transmiten por el aire desaparecerán de tus vegetales si los lavas bien. Los contaminantes más peligrosos están ocultos en la tierra. Esta puede estar alterada por los productos químicos de las plantas industriales cercanas. Uno de los contaminantes más comunes y riesgosos es el plomo. Puede filtrarse en la tierra por la pintura o por las tuberías de plomo, entre otras cosas.

32 Los horticultores que creen que su tierra no está sana pueden enviar una muestra a un laboratorio. Este servicio se ofrece en empresas privadas, en el departamento de salud de muchas ciudades y también en algunas universidades.

33 Si la tierra está contaminada, con frecuencia se soluciona usando cal o materia orgánica. Para más seguridad, los horticultores más preocupados pueden cultivar solo plantas que den frutos, como los pimientos, porque la parte comestible crece por encima de la tierra y las partes que están debajo de la tierra no absorben muchos productos químicos. O, en lugar de eso, pueden cultivar plantas en recipientes o camas altas con tierra fresca.

34 Es posible que los análisis revelen otras cosas acerca del suelo, como los nutrientes que contiene, que influyen en el tipo de plantas que se cultiven. Si el suelo está sano, pero no tiene buena calidad, se puede mejorar agregándole compost.

influir Quienes influyen sobre algo, lo afectan o producen un resultado determinado.

No es necesario que empieces por algo grande. Puedes ampliar tu huerto cada temporada, con un macizo o una maceta a la vez.

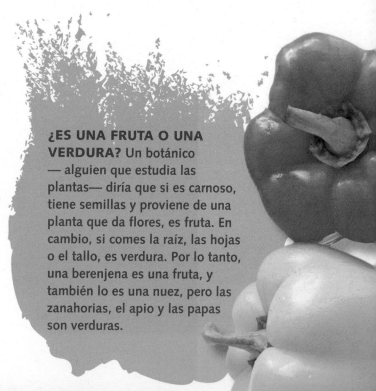

¿ES UNA FRUTA O UNA VERDURA? Un botánico — alguien que estudia las plantas— diría que si es carnoso, tiene semillas y proviene de una planta que da flores, es fruta. En cambio, si comes la raíz, las hojas o el tallo, es verdura. Por lo tanto, una berenjena es una fruta, y también lo es una nuez, pero las zanahorias, el apio y las papas son verduras.

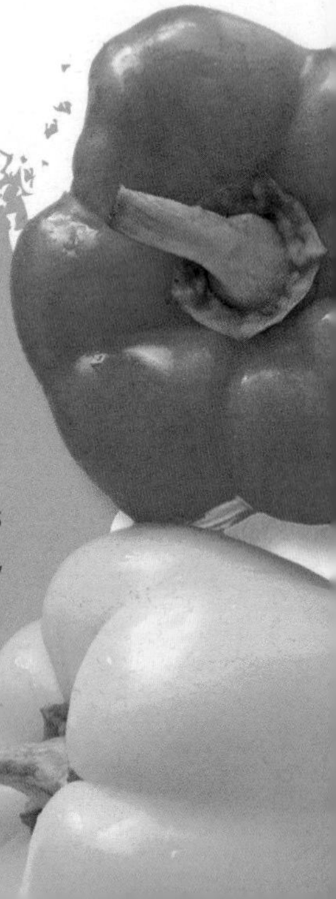

Los macizos altos y los senderos anchos facilitan el trabajo en el huerto de las personas que tienen problemas para agacharse y levantarse.

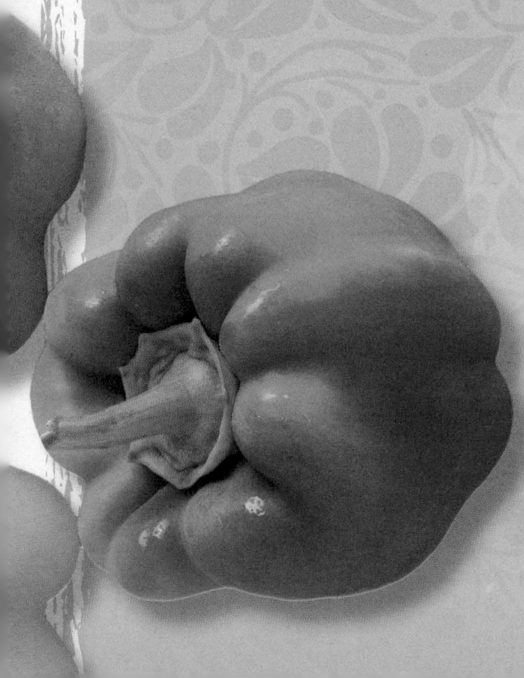

"Las verduras pueden contener cantidad de vitaminas y otros elementos buenos para la salud, pero ¿son sanas las verduras que crecen en las ciudades?"

Mis notas

El huerto comunitario

35 Otra solución para los habitantes que tienen poco espacio en las ciudades, es compartir los sitios disponibles. Los huertos comunitarios son lugares de la ciudad donde se reúnen personas para cultivar plantas alimenticias y de otros tipos. Brindan espacios verdes a los barrios y pueden significar una gran diferencia para un desierto de comida, donde es difícil conseguir productos frescos.

36 Ningún huerto comunitario es exactamente igual a otro. Algunos se basan en esfuerzos en grupo, donde se comparte todo el trabajo y la cosecha, y hasta es posible que esta se venda en mercados de agricultores. Otros se dividen en parcelas separadas para que cada persona o familia tenga una propia. Muchos esperan que los miembros cuiden su huerto regularmente y que hagan algún trabajo comunitario, como limpiar las áreas comunes antes del invierno.

INGREDIENTES DE UN GRAN HUERTO COMUNITARIO

HERRAMIENTAS: Muchos horticultores de huertos comunitarios comparten sus herramientas, la cuales dejan en el lugar para no tener que estar cargando las propias y para repartir el costo. Las herramientas se guardan en un cobertizo bajo llave y cada miembro tiene una llave.

AGUA: Cuando la lluvia no es suficiente para regar bien las plantas, es útil tener a mano una manguera larga y un barril donde se pueda recolectar el agua de lluvia.

LUGARES DE DESCANSO: Algunos huertos comunitarios tienen áreas donde los miembros pueden descansar y los niños pequeños pueden jugar sin pisotear las plantas.

CONOCIMIENTOS COMPARTIDOS: Una de las mejores razones para cultivar alimentos junto con otras personas es toda la información y los consejos que se comparten entre amigos horticultores.

Cada dólar que se invierte en un huerto comunitario puede rendir hasta seis dólares en vegetales.

Buena comida

37 Satisfacer el hambre es apenas una de las buenas razones para ponerte los guantes de jardinería. Descubrirás otra la primera vez que pruebes una zanahoria que tú hayas cultivado: ¡el sabor!

38 ¿Por qué los alimentos producidos en la casa y en la zona son tan sabrosos? La respuesta nos lleva a la década de los cincuenta, cuando los horticultores empezaron a concentrarse en variedades híbridas de frutos y verduras. Un híbrido es una combinación de dos o más tipos distintos de la misma planta. Las plantas son polinizadas entre sí para obtener cualidades particulares de cada una. Por ejemplo, un tipo de tomate puede ser resistente a enfermedades. Otro podría ser grande, colorido o capaz de soportar viajes largos. La agricultura intensiva tiende a concentrarse en unos pocos tipos de híbridos que son confiables para la producción masiva.

39 El tomate que cultivas o el que le compras al horticultor local puede ser una variedad de híbrido elaborado para priorizar el sabor. O, podría ser una variedad tradicional. Las plantas tradicionales, o antiguas, son las que se cultivaban en épocas anteriores, por lo general antes de que los híbridos se volvieran populares. Es posible que los productos tradicionales no soporten tanto los viajes o produzcan menos frutos que los híbridos, pero pueden ser increíblemente deliciosos. ¡Y todos son diferentes en cuanto al color, la forma y el tamaño! Cultivar productos tradicionales es una buena manera de relacionarse con los horticultores del pasado y de asegurar que esas variedades no se pierdan para siempre.

VOLVERSE LOCOS Los "locávoros" son personas que tratan de abastecerse localmente de todos sus alimentos, o de la mayoría, cultivándolos, recolectándolos o comprándolos en huertos de la zona. Desafortunadamente, como los huertos pequeños producen menos alimentos que los de agricultura intensiva, sus precios suelen ser mayores para cubrir los costos.

Si lo puedes hacer, ¿vale la pena pagar más por productos locales? El movimiento "locávoro" dice "sí". Al igual que las frutas y las verduras que tú mismo cultivas, los cultivos de los huertos locales pequeños suelen tener mejor sabor y más variedades que los de producción masiva. Como no deben viajar tan lejos, los horticultores de la zona pueden recolectar la cosecha justo antes de llevarla al mercado. Eso preserva su valor nutricional, su frescura y su sabor.

Mis notas

Empezar a cultivar

40 ¿Aún buscas una razón para empezar a cultivar? Es muy probable que la moda de cultivar un huerto no te convenza. Y... andar de aquí para allá en el huerto no es agradable. Te ensuciarás. Sudarás. Olerás a una milla de distancia (y no precisamente porque tengas albahaca en el bolsillo).

41 Pero el otro aspecto del trabajo extenuante es que te sirve para ponerte en forma. Los estudios demuestran que la actividad física durante el día quema muchas más calorías que el ejercicio solo en el gimnasio. Agacharse, levantarse y cargar cosas es un gran entrenamiento para fortalecer los músculos. Tonifica los grupos de músculos principales del pecho, la espalda, las piernas y los hombros. Sin advertirlo, el uso de la pala es un ejercicio cardiovascular, que hace trabajar los pulmones y el corazón.

42 La horticultura es buena para la mente y también para el alma. La combinación del ejercicio, el tiempo a la luz del sol y la diversión de andar en la tierra, favorecen tu buen humor y te hacen sentir lleno de energía.

43 ¿Y sabes? Las investigaciones demuestran que es más probable que comas frutas y verduras si las cultivas tú mismo. Así, también tendrás una mejor nutrición. Esas vitaminas y minerales adicionales en tu dieta te harán resplandecer la piel, brillar el cabello y fortalecer las uñas (aunque se te ensucien un poco).

Así de fácil

Puedes quemar hasta 300 calorías por hora en el huerto, casi lo mismo que con una caminata muy rápida. Sigue estos consejos para ejercitarte sanamente en el huerto:

- **Siempre que sea posible, agáchate doblando las rodillas, no la cintura, así no harás esfuerzos con la parte baja de la espalda.**
- **Aumenta tu resistencia poco a poco, empezando por una sesión breve en el huerto e incrementando gradualmente el tiempo. Si haces mucho de golpe, podrías terminar con una lesión o muy dolorido.**
- **Usa siempre protector solar para prevenir quemaduras y lesiones en la piel.**
- **Estira, estira y estira los músculos para prevenir lesiones.**
- **Bebe mucha agua.**

Alimento para la mente

La terapia hortícola se basa en actividades con plantas para lograr que las personas superen muchos problemas físicos y mentales, desde recuperarse de una operación hasta disminuir la depresión. El trabajo con plantas es reconfortante y mejora las destrezas motoras y la concentración. Y como es necesario resolver problemas y establecer metas, también sirve para elevar la confianza en uno mismo.

Responder al texto

Conversación colaborativa

Repasa lo que escribiste en la página 312 y cuéntale a un compañero dos cosas que aprendiste de la lectura. Luego, comenta en grupo las preguntas de abajo. Halla ejemplos y detalles en *Papas en las azoteas* para apoyar tus respuestas. Prepárate para la conversación repasando el texto y pensando en sus ideas principales.

1 Vuelve a leer las páginas 314 y 315. ¿Qué lenguaje de estas páginas muestra que la autora cree en la horticultura urbana?

2 Repasa las páginas 316 y 317. ¿Cómo apoyan la información del texto los carteles que se muestran en estas páginas?

3 ¿Por qué describe tantos tipos de huertos en el texto esta autora? ¿Qué conclusiones sacas a partir de eso acerca de las personas que plantan jardines urbanos?

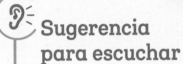

Sugerencia para escuchar

Escucha atentamente las respuestas de los demás. Piensa en qué detalles del texto apoyan sus ideas. ¿Qué ideas propias puedes agregar?

Sugerencia para hablar

Antes de hacer un comentario, vuelve a leer el texto en busca de detalles específicos y ejemplos que apoyen lo que digas.

Citar evidencia del texto

Escribir un guión publicitario

TEMA PARA DESARROLLAR

En *Papas en las azoteas*, aprendiste acerca de la horticultura urbana y cómo se puede usar el espacio disponible para hacer que la horticultura sea posible, incluso en la ciudad.

Imagina que tu tarea es persuadir a las personas para que empiecen un huerto comunitario en tu pueblo o ciudad. Escribe un guión para un anuncio de radio o de televisión que les diga a los potenciales horticultores por qué es buena la horticultura para ellos y para la comunidad. Presenta el tema con un "anzuelo" fuerte que atraiga la atención de los espectadores o los oyentes. Luego expresa claramente tu opinión, apoyándola con razones y detalles basados en la evidencia del texto. Concluye con un enunciado o un eslogan memorable. No olvides usar en tu escritura algunas de las palabras del Vocabulario crítico.

PLANIFICAR

Toma notas sobre el anzuelo, las razones y la evidencia, y la conclusión para tu guión.

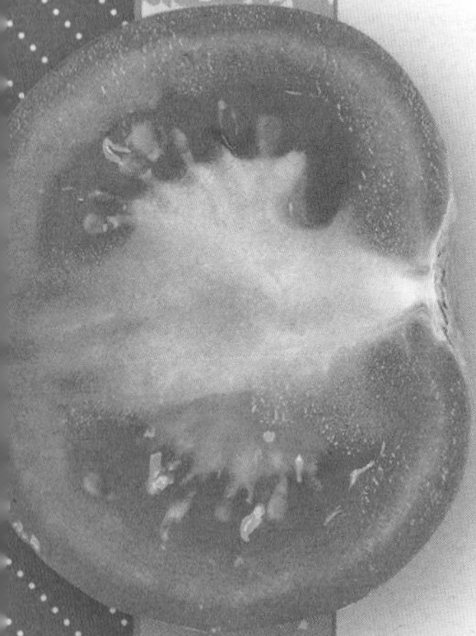

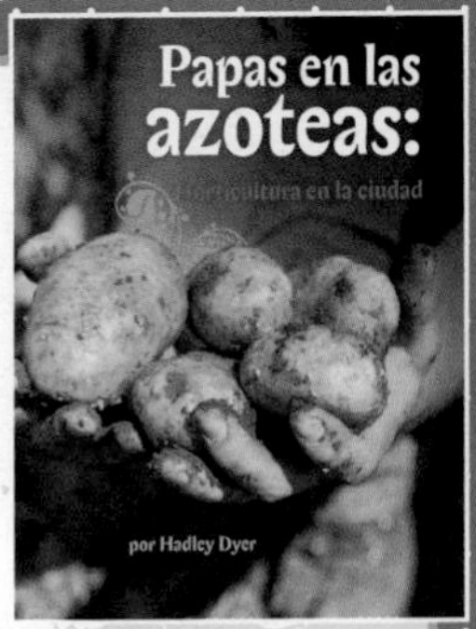

ESCRIBIR

Ahora escribe tu guión publicitario para persuadir a las personas de participar en un huerto comunitario.

Asegúrate de que tu guión publicitario

- ☐ empiece con un anzuelo eficaz.
- ☐ exprese claramente una opinión.
- ☐ dé razones y evidencia del texto para apoyar la opinión.
- ☐ concluya con un enunciado o un eslogan memorable.

Mis notas

Observa y anota
preguntas complicadas

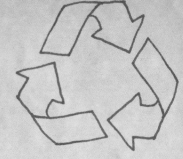

Prepárate para leer

ESTUDIO DEL GÉNERO Una **obra de teatro** es una historia que se puede representar para un público.

- Las obras de teatro desarrollan personajes y revelan la trama a través del diálogo o conversación. Los autores pueden usar un lenguaje informal para hacer que el diálogo parezca real.
- Algunas obras de teatro incluyen direcciones de escena, o acotaciones, entre paréntesis para preparar el escenario e indicar qué hacen los personajes.
- Muchas obras de teatro incluyen un tema o lección que aprenden los personajes principales.

ESTABLECER UN PROPÓSITO **Piensa en** el título y el género de este texto. ¿Qué sabes sobre cuidar del medioambiente? ¿Qué quieres aprender? Escribe tus ideas abajo.

VOCABULARIO CRÍTICO

- reducir
- conscientes
- insinúas
- contradicen
- cascada
- gastada

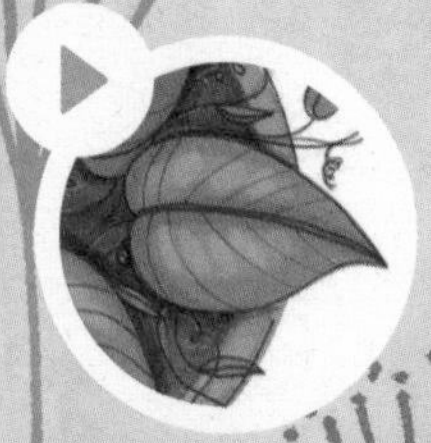

Conoce a la autora y a la ilustradora: Doreen Beauregard y Tuesday Mourning

Vida ecológica

Doreen Beauregard
ilustraciones de Tuesday Mourning

Mis notas

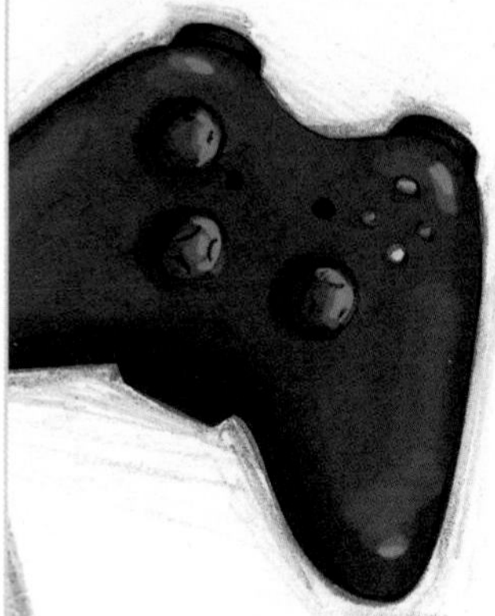

Personajes: Eva, Bo, Grace, el señor Chen

Ambiente: La sala de Bo

---

1 **Eva:** (*mirando el reloj*) ¡Vaya! Hemos estado jugando por una hora y no hemos hecho la versión final de nuestro cartel: "Reducir, reutilizar, reciclar" para la clase de la señora García.

2 **Bo:** (*cerrando el juego de computadora y acomodándose en el piso frente a una cartulina*) No es para tanto. Sabemos mucho sobre la conservación, la vida sostenible y todo eso. Somos conscientes del medioambiente. Esto será fácil. Eva, ¿puedes traer otra cartulina de ese paquete?

3 **Grace:** ¿Realmente lo somos? Conscientes del medioambiente, quiero decir.

4 **Bo:** ¡Por supuesto que lo somos! ¿Insinúas que no?

5 **Grace:** Pues, hemos leído mucho sobre temas ambientales en la escuela. Pero, ¿ha modificado eso lo que hacemos? Nuestras acciones, ¿no contradicen nuestras palabras?

6 **Eva:** (*frunciendo el ceño*) Mi familia recicla.

7 **Bo:** Y yo cierro el grifo mientras me cepillo los dientes.

8 **Grace:** Sí, eso que hacen está muy bien. Pero es solo un comienzo. Quizás necesitemos pensar en las consecuencias de todo lo que hacemos. Como esa cartulina. En vez de usar una nueva, ¿por qué no damos vuelta a la que usamos para hacer el borrador y hacemos la versión final del otro lado? Nadie verá el lado original porque estará contra la pared. ¡Reutilizar!

9 **Bo:** (*poniendo los ojos en blanco*) Sí, claro, pero eso es tan...

10 **Grace:** Lo sé, parece poco importante. Pero todas estas pequeñas cosas, todos los días, año tras año, se suman. Piensen en toda la energía y los recursos necesarios para cortar los árboles, fabricar el papel, transportarlo a las tiendas...

11 **Bo:** Pero aún estamos en quinto grado. No es que podamos cambiar el mundo.

reducir Al reducir algo, se disminuye su tamaño o su cantidad.
consciente Ser conscientes de algo es tenerlo presente.
insinuar Si insinúas algo, lo expresas sin indicarlo directamente.
contradecir Si las acciones contradicen las palabras quiere decir que se hace lo opuesto de lo que se dice.

Mis notas

12 **Eva:** Yo también solía pensar eso. Pero no siempre seremos niños. Y somos un ejemplo para los niños pequeños. Mi hermana pequeña imita todo lo que hago. ¡Todo!

13 **Bo:** Supongo. Y tal vez tengamos que cambiar nuestra... ¿cómo la llama la señora García? Mentalidad.

14 **Grace:** Y quizá nuestro cartel debería centrarse en eso. Ya saben, algunas ideas que no sean tan obvias.

15 **Bo:** Como... (*pensando mientras examina distraídamente una enredadera que cae en cascada de una planta cercana*) Oh, tengo una idea. ¿Ven cómo dejamos correr el agua de la ducha antes de ducharnos, porque está muy fría? En vez de desperdiciarla, deberíamos ponerla en un recipiente y usarla para regar las plantas. Mi mamá tiene demasiadas plantas que necesitan mucha agua.

16 **Eva:** Oye, eso está bien. ¡Reducir! Y esta es otra idea para reducir: En vez de subir la temperatura cuando tenemos un poco de frío, deberíamos ponernos un suéter o una sudadera con capucha.

17 **Bo:** Buena idea. Mi hermano se pone camisetas todo el invierno, y sube la temperatura porque tiene frío. ¡No es muy listo!

cascada Algo que cae en cascada desciende o cae de manera similar a un salto de agua.

18 **Grace:** ¿Y qué hay de todas las cosas que tenemos? Tengo tantos trastos en mi habitación, que siempre me tropiezo con ellos y mi mamá siempre me pone a ordenarlos.

19 **Eva:** Yo también. Casi todo son cosas que quería porque las había visto en un anuncio o porque mis amigos las tenían. Ahora, casi no uso ninguna de ellas.

20 **Grace:** Exactamente. Y se necesitaron muchos recursos y energía para hacer todas esas cosas que ni siquiera usamos. Si compramos menos cosas, ahorramos energía. ¡Reducir! Además, podemos ahorrar ese dinero, o gastarlo en el cine.

21 **Bo:** Y si ya tenemos demasiadas cosas, podemos donarlas. ¡Reutilizar! ¿O eso es reciclar?

22 **Señor Chen:** (*pasando por la sala*) Me voy al supermercado, Bo. Vuelvo en treinta minutos.

23 **Bo:** De acuerdo, papá. (*volviéndose a sus amigas*) Terminemos este cartel. (*tomando una barra de pegamento gastada*) ¡Oh, no! La barra de pegamento ya no sirve. Bueno, mi papá nos puede llevar a la tienda después de cenar.

24 **Eva:** Entonces tendría que hacer otro viaje en el auto. Eso significa consumir más gasolina. Mentalidad, ¿recuerdan?

25 **Bo:** De acuerdo, de acuerdo. Mentalidad. (*Levanta el teléfono y presiona botones.*) Hola, papá. ¿Podrías comprar una barra de pegamento mientras estás en la tienda? Y no encuentro las tijeras. ¿Puedes comprar un par nuevo? (*haciendo una pausa y pensando*) De hecho, mejor olvida las tijeras. Sé que están aquí en alguna parte, voy a buscar con más cuidado.

26 **Grace y Eva:** (*sonriendo*) Mentalidad.

27 **Bo:** Exacto. Y creo que ya tenemos varias ideas nuevas y geniales para el cartel. ¡Ahora ayúdenme a encontrar esas tijeras!

gastado Si una cosa está gastada, se ha usado por completo.

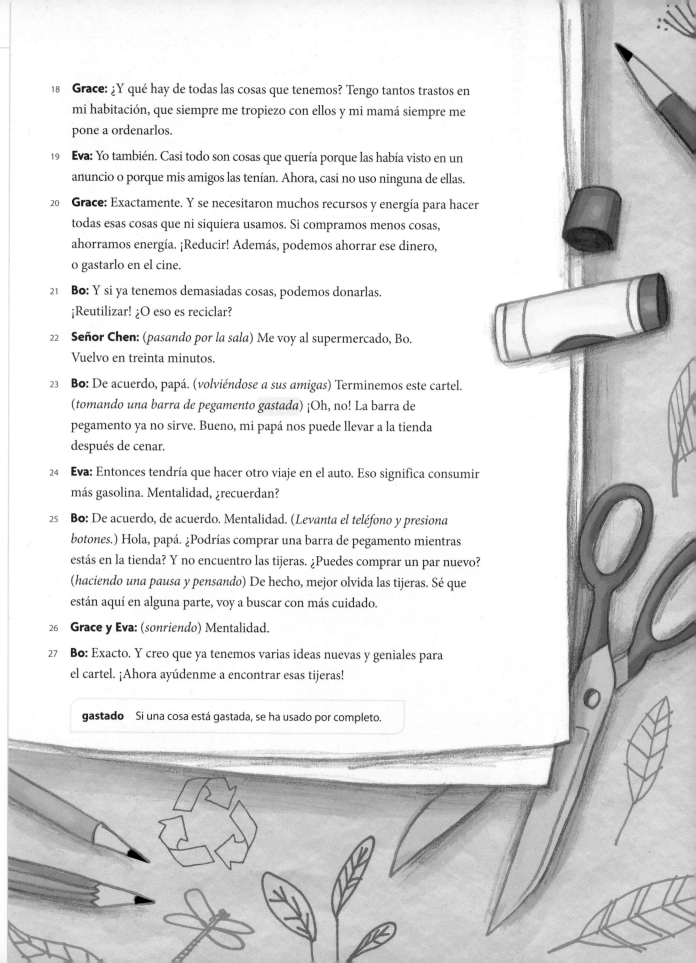

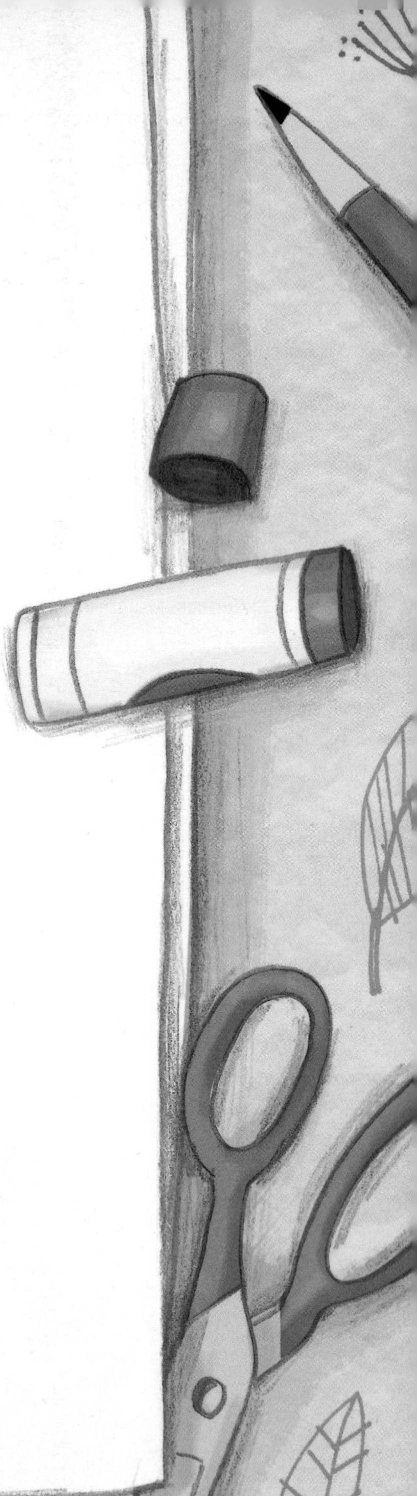

Responder al texto

Conversación colaborativa

Repasa lo que escribiste en la página 332 y cuéntale a un compañero dos cosas que aprendiste de la lectura. Luego, comenta en grupo las preguntas de abajo. Usa ejemplos y detalles de *Vida ecológica* para apoyar tus respuestas. Elijan a un líder del grupo para que haga que avance la conversación y a alguien que tome nota de las respuestas y las ideas del grupo.

1. Vuelve a leer la página 334. ¿Qué partes del diálogo muestran que Grace ha estado pensando en cómo afectan al medioambiente sus acciones?

2. Repasa la página 335. ¿Qué razones da Eva para apoyar la idea de que las acciones de los alumnos de quinto grado "pueden cambiar el mundo"?

3. ¿Qué ideas o acciones muestran que las niñas tienen una actitud nueva al final de la obra de teatro?

Sugerencia para escuchar

Asegúrate de seguir las reglas de tu clase para la conversación siendo un buen oyente. Mira a la persona que está hablando para demostrar que estás prestando atención.

Sugerencia para hablar

Cuando hayas terminado de hablar, averigua si alguien tiene una pregunta o comentarios sobre lo que has dicho.

Citar evidencia del texto

Escribir una nueva escena

TEMA PARA DESARROLLAR

En *Vida ecológica*, tres amigas trabajan juntas en un proyecto escolar sobre el cuidado del medioambiente. En el proceso, tienen una comprensión nueva de cómo afectan al planeta sus acciones.

Escribe una nueva escena para la obra, en la cual las niñas presentan su cartel a la clase y explican qué aprendieron acerca de su mentalidad y su comportamiento. Escribe tu nueva escena en forma de guión, incluyendo el nombre de los personajes, los diálogos y las acotaciones. Piensa en la evidencia del texto cuando escribas lo que los personajes dirían y harían. No te olvides de usar en la escena algunas de las palabras del Vocabulario crítico.

PLANIFICAR

Toma notas para tu nueva escena de la obra de teatro, incluyendo notas sobre los diálogos y las acotaciones.

ESCRIBIR

Ahora escribe tu nueva escena para el final de *Vida ecológica.*

Asegúrate de que tu nueva escena

- ☐ esté escrita en formato de guión.
- ☐ tenga diálogo y acotaciones.
- ☐ se base en detalles del texto.

Mis notas

Observa y anota
Preguntas complicadas

Prepárate para leer

ESTUDIO DEL GÉNERO La **ficción realista** cuenta una historia sobre personajes y acontecimientos que se parecen a los de la vida real.

- Los acontecimientos de una ficción realista se basan unos en otros para hacer que la trama avance.
- La ficción realista incluye personajes que actúan, piensan y hablan como lo harían las personas de la vida real. Está ambientada en un lugar que parece real.
- La ficción realista incluye diálogos, o conversación entre los personajes.

ESTABLECER UN PROPÓSITO **Piensa en** el título y el género de esta historia. ¿Qué sabes sobre cultivar huertos? ¿Qué quieres aprender? Escribe tus ideas abajo.

VOCABULARIO CRÍTICO

- espectáculo
- tambaleando
- paquete
- se retira

Conoce a la autora y a la ilustradora: Katie Smith Milway y Sylvie Daigneault

EL buen huerto

Cómo logró tener lo suficiente una familia que pasaba hambre

de Katie Smith Milway • ilustraciones de Sylvie Daigneault

1 ***M**aría Luz Duarte vive con sus padres y con su hermano pequeño, Pepito, en los cerros de Honduras. Allí cultivan sus alimentos en una pequeña parcela de tierra. Pero la sequía y los insectos están acabando con los cultivos de la comunidad. Es posible que tengan que comerse las semillas que iban a plantar la primavera siguiente. En ese caso, tendrán que pedirle semillas al comprador de granos, también conocido como coyote. El coyote gana dinero a costa de los agricultores pobres exigiéndoles que paguen el triple de la cantidad de semillas que pidieron. Algunas personas pierden su finca a manos del coyote. Para evitar esto, el padre de María se ha ido a buscar trabajo y le dejó a ella una importante responsabilidad: cuidar de los cultivos de la familia mientras él no está.*

2 El viento le agita el cabello a María Luz cuando va camino a la escuela. Ha llegado la estación seca, hay polvo en el aire y nubes tenues en lo alto. En el camino piensa en su padre, que está en la zona montañosa. Hace tres meses que se fue. ¿Estará mirando ahora las mismas nubes?

3 La escuela de la aldea tiene un solo salón para los ochenta estudiantes. El salón está repleto y es oscuro. María Luz se desliza sobre un banco que está al lado de su amigo, Alfredo González.

4 Este año los estudiantes reciben una sorpresa: un nuevo maestro. Él les dice que se llama don Pedro Morales. Es apenas más alto que María Luz, pero tiene grandes ideas.

5 La primera semana don Pedro les enseña… a hacer ventanas. —Esta escuela es ideal para los murciélagos y las lechuzas, pero no para los niños —exclama don Pedro agitando los brazos. Enseguida entra la luz del día al salón de clases, y a María Luz y los demás niños les resulta más fácil leer y escribir.

6 Después de las clases, don Pedro toma una azada y sube a una colina de poca altura que hay detrás de la escuela. María Luz siente curiosidad. —¿Está haciendo un huerto? —le pregunta. Don Pedro asiente. —Bueno, no crecerá mucho —le dice ella y le cuenta sobre su huerto y cómo la tierra se ha desmejorado.

7 Don Pedro deja la azada y explica: —En ese caso, hay una sola solución, señorita. Debemos alimentar la tierra para que se mejore.

8 Don Pedro amontona hojas secas, hojas de mazorca de maíz y vainas de frijoles. María Luz ha visto que su padre hace lo mismo y después quema esos desperdicios.

9 Pero don Pedro no los quema; en cambio, dice que está preparando comida para la tierra. Luego procede a cubrir la pila con un trozo grande de plástico. Le explica que, con la ayuda de las lombrices y las larvas, los restos de las plantas se convertirán en alimento para la tierra, llamado compost.

10 Don Pedro le pide a María Luz que revuelva el compost con un palo todos los días para asegurarse de que esté húmedo. Él recolectará estiércol del gallinero de la escuela y lo agregará a la pila. —Nuestra tierra se dará un banquete —dice.

11 —Sí, sí —dice riendo Alfredo, que justo pasa por ahí—. ¡María Luz preparará sopa de desperdicios!

12 Pero María Luz solo sonríe. Revuelve el compost e imagina a su papá comiendo plátanos, tortillas, frijoles y crema. ¿Es posible que un huerto tenga una comida preferida?

13 El siguiente proyecto de jardinería de don Pedro es un trabajo grande. María Luz lo observa formar escalones gigantes de tierra, o terrazas, con la pala. Las terrazas suben por la colina que está detrás de la escuela, como una escalera.

14 Muchos de los pobladores van a ver el espectáculo. Algunos señalan y sacuden la cabeza. Pero escuchan a don Pedro cuando explica que las terrazas forman superficies planas para sembrar y evitan que la tierra se lave cuesta abajo con las lluvias. Al costado de cada escalón, planta pasto y enredaderas para contener la terraza.

15 Don Pedro mezcla el rico compost con la tierra, hace hoyos en las terrazas y planta las semillas. Los campesinos asienten y murmuran, pero se quedan mudos cuando el maestro planta caléndulas en filas al lado de las semillas. ¿Se ha vuelto loco?, se preguntan. —Puede parecer una locura —se ríe don Pedro—, pero las caléndulas ahuyentarán a los insectos.

espectáculo Un espectáculo es una exhibición de algo llamativo e interesante.

16 Durante los días siguientes, más y más familias se acercan para ver y aprender. Algunos le preguntan a don Pedro cómo se hacen las terrazas. Otros le preguntan a María Luz cómo se hace el compost. Y otros admiran las caléndulas, que don Pedro llama sonrisas de la tierra. Todos se preguntan lo mismo: estas ideas nuevas, ¿servirán también para mejorar sus huertos?

17 María Luz empieza a probar en su finca algunos de los métodos de don Pedro. Forma terrazas pequeñas para las verduras de invierno de su familia. Los escalones se ven irregulares y desnivelados, pero contendrán la tierra.

18 Pepito sale tambaleando para ver. Toma un puñado de compost y lo aplasta con golpecitos en una terraza, como ha visto que lo hace su hermana. ¡Cómo se sorprenderá papá cuando vuelva a casa y se encuentre con dos jardineros!

19 María Luz recuerda todo lo que su padre le ha enseñado. Hace hoyos en la tierra y empuja las semillas hasta el fondo. Reserva una terraza pequeña para algo nuevo. Don Pedro le ha dado un paquete de semillas de rábanos. Él dice que brotarán en solo unas semanas y se venderán a buen precio en el mercado.

tambalear Cuando alguien camina tambaleando, lo hace con pasos cortos e inestables.
paquete Un paquete es un envoltorio de cosas.

Mis notas

20 María Luz se imagina las monedas que ganará y sueña con lo que podría hacer con ellas: ¿debe llevar a Pepito a vacunarse o debe ahorrar para comprar un burro? Pepito la tironea para que vaya con él. Ella le aprieta con suavidad la pequeña mano y toma la regadera. —Hemos alimentado nuestra tierra, Pepito. Ahora debemos darle de beber.

21 El trabajo les ha dado hambre, pero María Luz sabe que quedan solo unos cuantos frijoles y una tortilla pequeña. Cuando esto se acabe, no tendrán nada. A menos que su padre haya encontrado trabajo, el dinero de los rábanos no será para cumplir sus deseos, sino para comprar alimentos.

22 El aire se está haciendo más cálido, y la pequeña ladera de la colina de la escuela está germinando. El huerto es ahora parte del salón de clases. Don Pedro les pide a sus estudiantes que cuenten los brotes de rábano y que midan la distancia entre las cebollas. Les ha hecho dividir las semillas en pilas iguales.

23 María Luz se fija en las verduras de su casa todos los días. Los tomates y los pimientos están pequeños y verdes, y las cebollas todavía duermen bajo la tierra. Pero los rábanos ya asoman sus brotes rojos hacia afuera, hacia el calor del sol. —Deben engordar —les dice ella—. ¡Deben hacerlo!

24 Pero hay alguien más que vigila los rábanos. Un día, mientras María Luz está desmalezando el huerto con Pepito, aparece una sombra sobre las filas de verduras. —Veo que estás cultivando productos para vender —dice la voz gruñona del señor Lobo, el coyote de la zona—. Quizás te gustaría que yo los lleve al mercado por ti.

25 María Luz no levanta los ojos. Le tiemblan las manos. Sacude la cabeza, pero no habla. Oye resoplar al coyote y ve que su sombra se retira. Sabe que va a volver.

26 Justo en ese momento los llama la mamá: —¡María Luz, Pepito, vengan! ¡Vengan aquí! ¡Tengo una noticia!

27 María Luz y Pepito corren como torbellinos a la casa. La mamá ha recibido noticias del papá: él sí encontró trabajo y volverá pronto.

retirarse Si se retira quiere decir que se aleja o se aísla.

28 Unos días después, María Luz está ocupada en el huerto cuando algo le llama la atención. El corazón le da un salto. Por el camino a su casa, ve subir un sombrero familiar. —¡Pa-pá! ¡Pa-pá! —exclama María Luz y sale corriendo. —¡Mi cariño! —grita el papá, extendiendo los brazos. Al fin ha regresado.

29 El papá hace saltar a Pepito sobre las rodillas y, mientras toma un café fuerte y caliente, les cuenta a la mamá y a María Luz de su trabajo en la zona montañosa. Dice que valieron la pena los días largos y agotadores en una plantación de café. Ha ganado suficiente dinero para semillas y fertilizante.

30 María Luz se mueve inquieta en la silla. —¿Qué pasa, María Luz? —le pregunta el papá.

31 —Creo que puedes ahorrar el dinero del fertilizante para otra cosa. ¡Ven a ver nuestro huerto!

32 El papá mira asombrado las pequeñas terrazas, la pila de compost, los brotes de verduras y los rábanos gordos. —¿Dónde has aprendido estas cosas? —le pregunta.

33 María Luz toma al papá de la mano y lo lleva camino a la escuela de la aldea. Don Pedro está trabajando en el huerto. —¡Maestro —lo llama María Luz—, le presento a mi padre!

34 —Mucho gusto —dice don Pedro dándole la mano al señor Duarte—. Su hija es mi mejor ayudante.

35 El papá conversa un rato con don Pedro. De camino a la casa, le dice a María Luz que está orgulloso de todo lo que ella ha aprendido en la escuela y en el huerto. —Tendré que irme más a menudo —bromea—. Pero como he regresado, ahora seré yo tu ayudante.

Responder al texto

Conversación colaborativa

Repasa lo que escribiste en la página 340 y cuéntale a un compañero dos cosas que aprendiste de la lectura. Luego, comenta en grupo las preguntas de abajo. Busca detalles en *El buen huerto* para apoyar tus respuestas. En tu conversación, proporciona comentarios positivos a otros miembros del grupo y clarifica cualquier malentendido.

1. Vuelve a leer la página 345. Describe las dos técnicas que usa don Pedro para hacer que su huerto prospere.

2. Repasa la página 346. ¿Qué decidió hacer María Luz en su jardín? ¿Qué hace que tenga esperanza de que funcione?

3. ¿Qué detalles del texto apoyan la idea de que la familia es importante para María Luz?

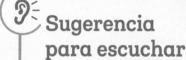

Sugerencia para escuchar

Escucha amablemente las respuestas de los demás. ¿Con qué puntos estás de acuerdo? ¿Hay algo de lo que dudes o que no entiendas?

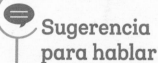

Sugerencia para hablar

Haz comentarios positivos a los demás. Hazles saber qué te gusta de sus ideas.

Citar evidencia del texto

Escribir una carta

TEMA PARA DESARROLLAR

En *El buen huerto,* María Luz debe cuidar de los cultivos de la familia mientras su padre no está. Afortunadamente, recibe ayuda de su maestro, don Pedro.

Imagina que eres María Luz. Escribe una carta, desde su punto de vista, a una amiga que vive en otro pueblo. Cuéntale a tu amiga sobre los acontecimientos importantes que sucedieron mientras tu padre no estaba, basándote en la evidencia del texto. Habla sobre los acontecimientos en un orden que tenga sentido y usa un lenguaje descriptivo. En tu carta, incluye el encabezado, el saludo, el cuerpo, el cierre y una firma. No te olvides de usar en tu carta algunas de las palabras del Vocabulario crítico.

PLANIFICAR

Toma notas sobre los detalles del texto que te sirvan para escribir la carta.

ESCRIBIR

Ahora escribe la carta de María Luz a una amiga, en donde describa lo que sucedió mientras su padre no estaba.

Asegúrate de que tu carta

- ☐ esté escrita desde el punto de vista de María Luz y que use los pronombres de primera persona, como *yo, me, mí* y *nuestro*.
- ☐ vuelva a contar los acontecimientos importantes de la trama en un orden que tenga sentido.
- ☐ use un lenguaje eficaz y descriptivo.
- ☐ incluya el encabezado, el saludo, el cuerpo, el cierre y una firma.

Mis notas

Observa y anota
Palabras desconocidas

Prepárate para leer

ESTUDIO DEL GÉNERO Los **textos informativos** dan datos y ejemplos sobre un tema.

- Los autores de los textos informativos pueden organizar sus ideas expresando un problema y explicando su solución. También pueden presentar ideas en orden secuencial o cronológico para ayudar a los lectores a entender cuándo ocurren los acontecimientos y cómo se relacionan.
- Los autores de textos informativos pueden incluir elementos narrativos para ayudar a los lectores a entender el tema del texto y las palabras de dominio específico que se le relacionen.

ESTABLECER UN PROPÓSITO **Piensa en** el título y el género de este texto. ¿Qué sabes sobre los hábitos de los animales? ¿Qué quieres aprender? Escribe tus ideas abajo.

VOCABULARIO CRÍTICO

- vuelo
- extenuados
- mercantes
- fortaleza
- cautiverio
- agresivas
- inmóviles

Conoce a las autoras y a la ilustradora: Cindy Trumbore y Susan L. Roth (autora e ilustradora)

Cotorras sobre Puerto Rico

por Susan L. Roth y Cindy Trumbore
collages de Susan L. Roth

Mis notas

1 **P**or encima de las copas de los árboles de Puerto Rico vuela una bandada de *cotorras tan verde como su isla natal. Si miras hacia arriba desde el bosque, y tienes mucha suerte, quizás veas los brillantes destellos azules de sus plumas en vuelo y oigas sus estridentes graznidos.*

2 *Son las cotorras puertorriqueñas. Han vivido en esta isla por millones de años y estuvieron a punto de desaparecer de la tierra para siempre. Esta es su historia.*

vuelo Algo que está en vuelo se está moviendo por el aire.

3 Mucho antes de que se habitara Puerto Rico, cientos de miles de cotorras volaban sobre la isla y las islas vecinas más pequeñas. *"¡Iguaca! ¡Iguaca!"*, graznaban las cotorras mientras buscaban huecos profundos en las copas de los árboles para hacer sus nidos.

4 Más abajo, las olas del mar Caribe y del océano Atlántico bañaban las playas de arenas blancas de la isla. La isla estaba cubierta de delicadas orquídeas y helechos de gran tamaño, minúsculas ranas arbóreas, ceibos repletos de vainas y enormes iguanas escamosas.

Mis notas

5 *"¡Iguaca! ¡Iguaca!"*, graznaban las cotorras mientras volaban a las palmeras de las sierras para comer sus frutos oscuros y amargos.

6 Alrededor del 5,000 a. e. c., la isla se pobló con gente que llegaba en canoa desde el sur. Plantaron maíz, yuca, batatas, maní y piñas. Al mirar al cielo, veían brillantes destellos azules de plumas en vuelo.

7 Posteriormente llegaron más grupos de personas. Los taínos llegaron alrededor del 800 e. c. Cazaban las cotorras para comérselas y las conservaban como mascotas. Los taínos les dieron nombre a las cotorras, las llamaron *iguacas*, por sus graznidos estridentes. También le dieron nombre a la isla, la llamaron *Borinquén*.

8 *"¡Iguaca! ¡Iguaca!"*, graznaban las cotorras cuando los vientos huracanados derribaban los viejos árboles donde anidaban. Después del paso de los huracanes, las cotorras volaban entre las copas de los árboles buscando nuevos huecos donde anidar.

9 En 1493, Cristóbal Colón navegó desde Europa hasta Borinquén y reclamó la isla para España. Muy pronto los colonos españoles cultivaron la tierra, y construyeron casas y escuelas de madera, ladrillo y piedra. Cada vez que los huracanes destruían sus hogares y escuelas, los colonos las volvían a construir.

10 Los españoles llamaron *cotorras* a los loros y le dieron un nuevo nombre a la isla: Puerto Rico.

11 En las copas de los árboles, las cotorras buscaban sus parejas. Posadas en las ramas se llamaban entre sí revoloteando y haciendo gala de sus alas y colas vaporosas. Todos los años cada pareja criaba una familia de polluelos.

12 A partir de entonces llegó mucha gente a vivir a Puerto Rico. En 1513, trajeron a la isla a africanos que trabajaban como esclavos, extenuados, bajo el sol ardiente en los campos de caña de azúcar y otros cultivos.

13 Muchos otros llegaron desde España y se casaron con taínos y africanos. Se llamaron a sí mismos boricuas, gente de Borinquén, pero aún estaban gobernados por España.

extenuado Si estaban extenuados, estaban extremadamente cansados.

14 *"¡Iguaca! ¡Iguaca!"*, graznaban las cotorras cuando los gavilanes colirrojos las perseguían por las copas de los árboles. Las cotorras volaban en bandadas para protegerse de los gavilanes.

15 Durante siglos, otros países europeos intentaron conquistar Puerto Rico. Querían controlar la bahía de aguas profundas de San Juan, la capital, desde donde podían zarpar barcos mercantes y buques de guerra.

16 Los boricuas protegieron la isla. En 1539, se comenzó a construir una fortaleza que creció y creció hasta que los muros alcanzaron los 18 pies (5,5 metros) de espesor. Durante cientos de años, ningún país pudo arrebatarle Puerto Rico a España.

mercante Los barcos mercantes llevan productos para la venta, por lo general a un país extranjero.

fortaleza Una fortaleza es una gran construcción que generalmente está protegida por guardias y una muralla.

17 *"¡Iguaca! ¡Iguaca!"*, graznaban las cotorras al descubrir que sus nidos habían sido invadidos por criaturas que los colonos trajeron a la isla. Las ratas negras de los barcos de los colonos trepaban los árboles altos y se comían los huevos de las cotorras. Las abejas que escapaban de las colmenas se arremolinaban en torno a los nidos de las cotorras.

18 En 1898, los Estados Unidos declararon la guerra a España. Esta guerra realmente tenía que ver con Cuba, otra de las colonias de España, pero la lucha se extendió a Puerto Rico. Miles de soldados estadounidenses desembarcaron en la isla y comenzaron a luchar contra las tropas españolas. España perdió la guerra y el control sobre Puerto Rico. La isla se convirtió en territorio de los Estados Unidos y en 1917 los puertorriqueños se convirtieron en ciudadanos estadounidenses.

19 *"¡Iguaca! ¡Iguaca!"*, graznaban las cotorras mientras les derribaban los bosques donde construían sus nidos. Las cotorras comenzaron a desaparecer de los lugares por dónde habían volado durante millones de años. En 1937, solo quedaban unas dos mil cotorras puertorriqueñas en las montañas de Luquillo hacia el este. Unos años más tarde, las cotorras se hallaban en un solo lugar, El Yunque, un bosque tropical húmedo en esas montañas.

20 Después de obtener la ciudadanía estadounidense, muchos puertorriqueños se mudaron a los Estados Unidos. Los que se quedaron en las zonas rurales de la isla construyeron casas y granjas en las áreas donde las cotorras alguna vez habían vivido. Muchos de los árboles altos y centenarios de las cotorras se convirtieron en carbón vegetal para cocinar. Y la gente aún cazaba y atrapaba a las cotorras.

21 Durante la década de 1950, unas aves llamadas azotadores de ojos perlados se desplazaron al bosque e intentaron robar los sitios donde anidaban las cotorras. Al igual que astutos ladrones, estas aves entran a lugares donde otras aves luchan por vivir y compiten por el sitio de sus nidos. Las cotorras lucharon contra los azotadores, los atacaron a picotazos y defendieron sus nidos con estridentes chillidos. Pero las cotorras ya tenían demasiados enemigos y muy pocos árboles. La bandada se redujo cada vez más. En 1954, solo quedaban doscientas cotorras.

22 Los puertorriqueños eligieron su primer gobernador y la isla se convirtió en un territorio autónomo de los Estados Unidos: ni un estado, ni una nación independiente, sino algo intermedio. La gente discutía: ¿Debería la isla seguir siendo un territorio autónomo?¿Debería ser un estado?¿Debería independizarse de Estados Unidos? Todos tenían una idea diferente, pero estaban orgullosos de decir: "Yo soy boricua. Soy puertorriqueño".

23 La bandada de cotorras puertorriqueñas se redujo aún más. En 1967, solo existían veinticuatro cotorras en El Yunque. *"¡Iguaca! ¡Iguaca!"*, graznaban las cotorras mientras buscaban algún lugar, cualquier lugar, para hallar comida y hacer nidos para sus polluelos.

24 Los puertorriqueños levantaron la vista y vieron que sus *iguacas* prácticamente habían desaparecido. Habían estado a punto de causar la extinción de las cotorras, pero después de eso, se propusieron mantenerlas con vida.

25 En 1968, los gobiernos de los Estados Unidos y del estado autónomo de Puerto Rico trabajaron juntos para crear el Programa de Recuperación de la Cotorra Puertorriqueña. Su objetivo era salvar y proteger a las cotorras. La primera parte del plan consistió en crear un aviario, un lugar seguro para que las cotorras vivieran y criaran a sus polluelos.

26 Las cotorras graznaban mientras los científicos con redes de mango largo sacaban con cuidado los huevos y polluelos de los nidos. Los científicos siempre dejaban al menos un huevo o polluelo en cada nido para que otros pájaros pudieran seguir viviendo en los bosques.

27 En 1973 se inauguró el aviario Luquillo donde se conservaban calientes los huevos en incubadoras. Las cotorras puertorriqueñas criadas en cautiverio no tenían experiencia en la crianza, así que las cotorras de La Española las ayudaron a criar los polluelos. Estas cotorras venían de la isla vecina de La Española. Eran como primas de las cotorras puertorriqueñas, pero no tan escasas.

cautiverio Si algo está en cautiverio, está encerrado en un lugar y no puede salir.

28 Alguna vez, cientos de miles de cotorras puertorriqueñas volaron sobre la isla. En 1975, solo quedaban trece cotorras en el bosque tropical.

29 Los científicos, preocupados, construyeron cajas para nidos especiales y las colocaron en los árboles, en áreas donde era probable que anidaran las cotorras. Las cotorras las examinaron y luego las usaron para hacer sus nidos.

30 Estas cajas de anidación eran profundas y oscuras, como los huecos donde anidan las cotorras puertorriqueñas en los bosques. Un ave posada en la parte superior de la caja no podía ver la parte inferior. A los azotadores de ojos perlados les gusta ver el fondo de sus nidos, así que dejaron en paz las cajas de anidación de las cotorras.

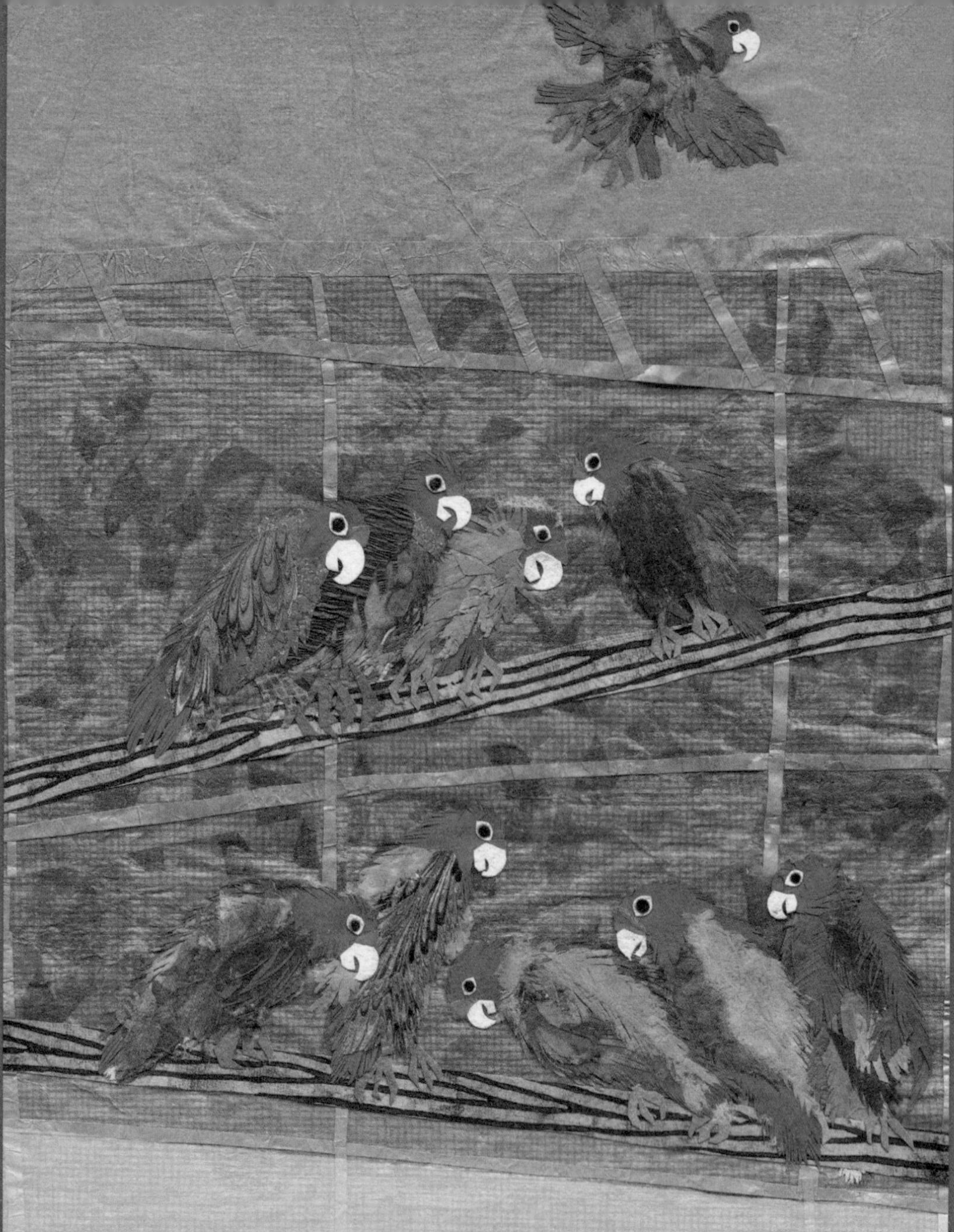

31 Las cotorras silvestres graznaban mientras los científicos colocaban polluelos del aviario en sus nidos para que aprendieran a vivir en los bosques. En 1979, el primer polluelo criado en el aviario voló de un nido silvestre al bosque tropical.

32 Los científicos hicieron muchos esfuerzos para mantener saludables a las cotorras, tanto a las cautivas como a las silvestres. Un polluelo del bosque fue rescatado después de que sus alas se lastimaron con un lodo viscoso del nido. Los científicos reconstruyeron las alas del polluelo con viejos deshechos de plumas de cotorra, alfileres y pegamento. Luego, lo vieron volar con sus nuevas alas por primera vez.

33 A fines de 1979, había quince cotorras en cautiverio. La mayoría provenía de huevos y polluelos que se llevaban de los nidos silvestres al aviario.

Mis notas

34 En 1989, el huracán Hugo pasó rugiendo a través de las copas de los árboles de Puerto Rico. *"¡Iguaca! ¡Iguaca!"*, graznaban las cotorras mientras el viento derribaba muchos de los árboles altos de sus bosques.

35 El huracán destruyó cosechas, casas y edificios. En el aviario, los científicos se preocupaban por las cotorras. ¿Qué ocurriría si otro huracán destructivo derribaba más árboles? ¿Qué ocurriría si el aviario sufría daños?

Mis notas

36 *"¡Iguaca! ¡Iguaca!"*, graznaba un grupo de cotorras mientras los científicos las trasladaban del aviario de Luquillo a un aviario nuevo en el bosque de Río Abajo. Este bosque era menos húmedo que El Yunque y muchas cotorras alguna vez habían vivido allí. Ahora había dos lugares seguros para que las cotorras cautivas vivieran y criaran a sus polluelos.

37 El aviario de Río Abajo abrió en 1993. Tuvo algunos problemas. A veces las tormentas eléctricas causaban cortes de electricidad en las incubadoras. Los científicos hallaron generadores que mantenían el flujo de electricidad hacia las incubadoras.

38 También probaron algunas ideas nuevas. Mantuvieron a las parejas de cotorras más agresivas alejadas de las parejas más dóciles, para que estas no se asustaran. También enjaularon a cotorras jóvenes con cotorras adultas, para que las aves pudieran observar el comportamiento de las cotorras adultas. El número de cotorras en el aviario aumentó. En 1999, el aviario de Río Abajo tenía cincuenta y cuatro cotorras puertorriqueñas. El programa de recuperación estaba listo para la siguiente parte del plan: dejar en libertad en los bosques a las cotorras adultas criadas en cautiverio.

agresivo Si las cotorras son agresivas, están listas para provocar o atacar a los demás.

39 En el año 2000, diez cotorras criadas en cautiverio fueron liberadas en El Yunque a fines de la primavera. Los polluelos silvestres ya habían volado de sus nidos y los adultos silvestres aún estaban cerca, donde las cotorras criadas en cautiverio podían verlos y unírseles. *"¡Iguaca! ¡Iguaca!"*, graznaban las cotorras mientras volaban con las recién llegadas y buscaban comida.

40 Las cotorras criadas en cautiverio fueron entrenadas para hallar comida y evitar los halcones, pero, aun así, muchas de ellas cayeron en sus garras. Por esa razón, antes de liberar las siguientes dieciséis cotorras en el año 2001, se les dio entrenamiento adicional. Les hacían oír el silbido de un halcón al tiempo que pasaba la figura recortada de un halcón sobre sus jaulas. Les mostraron a un halcón adiestrado atacando a una cotorra de La Española, que vestía una chaqueta de cuero protectora. Con el tiempo, las cotorras aprendieron a quedarse inmóviles o a esconderse si había un halcón en las cercanías. Cuando estas cotorras se liberaron, muchas más sobrevivieron en los bosques.

inmóvil Si se quedaban inmóviles quiere decir que se quedaban quietas, sin moverse.

Mis notas

41 Los científicos estaban listos para crear una segunda bandada silvestre. En 2006, veintidós cotorras criadas en cautiverio fueron liberadas en el bosque de Río Abajo. Las aves recién liberadas se emparejaron, buscaron sitios para anidar y criaron a sus polluelos. Desde entonces, docenas de cotorras han sido liberadas en Río Abajo y han comenzado a propagarse por el bosque.

42 *Si miras hacia arriba desde el bosque, y tienes mucha suerte, quizás veas los brillantes destellos azules de sus plumas en vuelo. Son las cotorras puertorriqueñas. Han vivido en esta isla por millones de años y estuvieron a punto de desaparecer de la tierra para siempre. Pero aún vuelan sobre Puerto Rico, graznando* "¡Iguaca! ¡Iguaca!".

Responder al texto

Conversación colaborativa

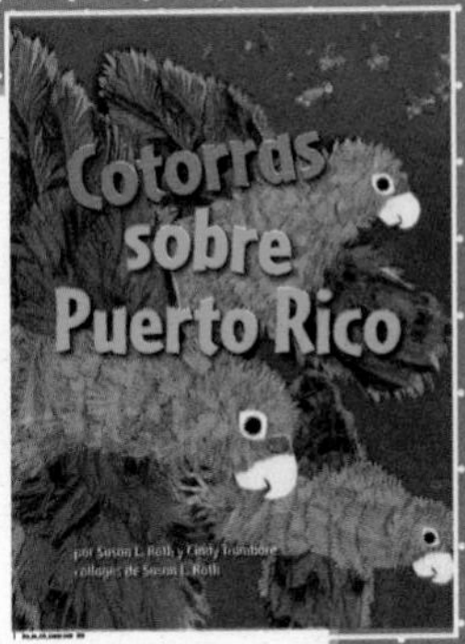

Repasa lo que escribiste en la página 354 y cuéntale a un compañero dos cosas que aprendiste de la lectura. Luego, comenta en grupo las preguntas de abajo. Respalda tus respuestas con detalles de *Cotorras sobre Puerto Rico*. En la conversación, explica cómo se conectan tus ideas con las de los que están en tu grupo.

1. Vuelve a leer las páginas 358 a 363. ¿Cómo te ayudan las ilustraciones de estas páginas a comprender el texto?

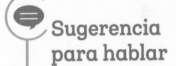

2. Repasa las páginas 365 a 368. ¿Qué medidas tomaron los científicos para ayudar a las cotorras una vez que la gente se dio cuenta de que corrían peligro?

3. ¿Qué desafíos enfrentaban los científicos al intentar prevenir que las cotorras se extinguieran?

Sugerencia para escuchar

Escucha silenciosa y atentamente mientras los demás comparten sus ideas. Piensa cómo se relacionan sus ideas con las tuyas.

Sugerencia para hablar

Habla lenta y claramente, dando tiempo para que los demás piensen en tus ideas y respondan a ellas.

Citar evidencia del texto

Escribir un resumen para un sitio web

TEMA PARA DESARROLLAR

Cotorras sobre Puerto Rico describe la grave situación de las cotorras que viven en esta región. Explica también los esfuerzos de los científicos para salvar a las cotorras amenazadas a través del Programa de Recuperación de la Cotorra Puertorriqueña.

Imagina que el Programa de Recuperación de la Cotorra Puertorriqueña ha puesto una cámara web para transmitir un video en vivo del aviario de Luquillo, en El Yunque. La cámara permite que los espectadores vean cuando los pichones salen del huevo y aprenden a volar. Escribe un resumen para la página de inicio del sitio web de Recuperación de la Cotorra Puertorriqueña. Empieza tu resumen contando el propósito de la cámara e informando a los espectadores de los objetivos del programa. Luego vuelve a contar los acontecimientos que pusieron en peligro a las cotorras. Explica cuándo y por qué empezó el programa. Comenta los efectos que el programa ha tenido en la vida de las cotorras. Asegúrate de que tu resumen tenga una idea principal clara y que inspire a los lectores a querer ver el video. No te olvides de usar en tu escritura algunas de las palabras del Vocabulario crítico.

PLANIFICAR

Dibuja una línea de tiempo. Con las fechas y los acontecimientos del texto, marca la línea de tiempo con la información que usarás en tu resumen.

ESCRIBIR

Ahora escribe tu resumen para la página de inicio del sitio web.

Asegúrate de que tu resumen del sitio web

- [ ] presente a los espectadores el propósito de la cámara web.
- [ ] informe a los espectadores acerca de los objetivos del programa.
- [ ] relate las causas y los efectos (en orden) que llevaron al inicio del programa.
- [ ] use la evidencia del texto para explicar cuándo y por qué empezó el programa.
- [ ] incluya detalles sobre los efectos del programa.

Tarea del rendimiento

Pregunta esencial

¿De qué manera puede el cuidado de la Tierra y sus seres vivos mejorar la vida ahora y en el futuro?

Escribir un ensayo de opinión

TEMA PARA DESARROLLAR Vuelve a pensar en lo que aprendiste en este módulo acerca de cuidar de la Tierra y sus recursos.

Imagina que te has unido a un club escolar llamado Niños ecológicos. El club invita a los jóvenes a colaborar con el medioambiente de su comunidad. ¿Qué proyecto pueden hacer los niños de tu comunidad para "ser ecológicos"? Elige una idea y escribe un ensayo de opinión para el sitio web del club. Expresa tu opinión acerca de por qué es importante este proyecto, y apoya tu opinión con evidencia tomada de los textos.

Escribiré un ensayo acerca de ______________________________.

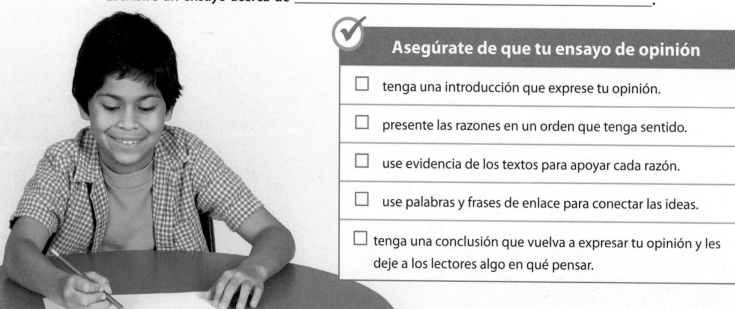

Asegúrate de que tu ensayo de opinión

- ☐ tenga una introducción que exprese tu opinión.
- ☐ presente las razones en un orden que tenga sentido.
- ☐ use evidencia de los textos para apoyar cada razón.
- ☐ use palabras y frases de enlace para conectar las ideas.
- ☐ tenga una conclusión que vuelva a expresar tu opinión y les deje a los lectores algo en qué pensar.

PLANIFICAR ······································ **Reúne información.**

Piensa en cómo expresar tu opinión clara y enfáticamente. ¿Qué razones apoyan tu opinión? Repasa tus notas y los textos para encontrar evidencia de apoyo que puedas usar en tu escrito.

Usa la tabla de abajo para planificar tu ensayo. Escribe tu tema y una oración que exprese tu opinión. Luego escribe tus razones y la evidencia que apoya cada una. Usa las palabras del Vocabulario crítico cuando sea apropiado.

Mi tema: ____

Mi opinión

Razón 1	Razón 2	Razón 3

Tarea del rendimiento

HACER UN BORRADOR

Escribe un ensayo de opinión.

Escribe una **introducción** que exprese claramente tu opinión. Explica a los lectores por qué es importante el tema.

Escribe un **párrafo** para cada razón de tu tabla de planificación. Incluye detalles de apoyo eficaces para cada una. Vuelve a mirar los textos si necesitas más evidencia.

Razón 1	Razón 2	Razón 3

Escribe una **conclusión** que vuelva a expresar tu opinión y resuma tus razones. Deja a los lectores con algo en qué pensar.

REVISAR Y EDITAR

Revisa tu borrador.

Ahora es el momento de revisar cuidadosamente tu ensayo y mejorarlo. Trabaja con un compañero. Compartan sugerencias sobre cómo mejorar el trabajo de cada uno. Usa estas preguntas para evaluar y mejorar tu ensayo.

PROPÓSITO/ ENFOQUE	ORGANIZACIÓN	EVIDENCIA	LENGUAJE/ VOCABULARIO	CONVENCIONES
☐ ¿Incluyo en la introducción una opinión clara que despierte el interés de los lectores? ☐ ¿He respaldado mi opinión con razones claras?	☐ ¿Están presentadas las razones en un orden que tiene sentido? ☐ ¿Volví a expresar mi opinión en la conclusión?	☐ ¿Necesita algunas de mis razones evidencia de apoyo?	☐ ¿Usé palabras y frases de enlace para conectar la opinión, las razones y la evidencia? ☐ ¿Usé un lenguaje fuertemente persuasivo?	☐ ¿Escribí correctamente las palabras? ☐ ¿Usé correctamente las comas y otros signos de puntuación?

PUBLICAR

Comparte tu trabajo.

Crear la versión final. Haz la versión final de tu ensayo de opinión. Piensa en incluir fotografías, ilustraciones o tablas que apoyen tu posición. Considera estas opciones para compartir tu ensayo.

1. Publica tu ensayo en un sitio web de la escuela o la clase. Proporciona sugerencias concretas sobre la manera en que otros niños pueden involucrarse.
2. Haz un cartel. Incluye los puntos clave de tu ensayo e ilustraciones llamativas. Cuelga el cartel en tu escuela o vecindario.
3. ¡Nunca es demasiado pronto para pensar en proteger a nuestra Tierra! Lee tu ensayo a una clase de estudiantes más pequeños. Prepárate para responder sus preguntas.

A

aceleración (a•ce•le•ra•ción) *s.* La **aceleración** es la acción de desplazarse cada vez más rápido. La **aceleración** del automóvil en la curva hizo que se saliera de la carretera.

agresivo (ag•re•si•vo) *adj.* Si las cotorras son **agresivas**, están listas para provocar o atacar a los demás. El perro tomó una postura **agresiva** cuando vio al intruso.

ahuyentar (a•hu•yen•tar) *v.* **Ahuyentar** algo es hacer que se vaya o se aleje. El granjero usa un espantapájaros para **ahuyentar** a los pájaros que se tratan de comer su cosecha.

ajeno (a•je•no) *adj.* Estar **ajenos** a algo es no darnos cuenta de eso. Él estaba **ajeno** a la persona que tenía detrás.

alarmante (a•lar•man•te) *adj.* Las situaciones **alarmantes** causan preocupación de que pueda ocurrir algo malo. El tornado que se acercaba fue una visión **alarmante.**

alternativa (al•ter•na•ti•va) *s.* Una **alternativa** es una opción para realizar algo. Micah eligió una manzana como una **alternativa** más sana a las galletas.

alumbrar (a•lum•brar) *v.* Si **alumbré** algo, lo iluminé para poder verlo. Con una linterna **alumbré** la página del libro para poder leerla.

amenazado (a•me•na•za•do) *adj.* Las personas o las especies **amenazadas** están en riesgo de sufrir un gran daño o de morir. Muchas especies animales que están **amenazadas** están en peligro de desaparecer del planeta para siempre.

antes (an•tes) *adv.* Si un evento sucede **antes** de otro quiere decir que sucede primero. **Antes** de empezar a conducir, mi madre revisa que yo haya ajustado mi cinturón de seguridad.

apaciguarse (a•pa•ci•guar-se) *v.* Si algo o alguien **se apaciguó**, se calmó o se aquietó. Cuando **se apaciguó** su mal humor, se dio cuenta de que la tarea no era tan difícil como pensaba.

apasionado (a•pa•si•o•na•do) *adj.* Un sentimiento **apasionado** nos hace sentir emociones fuertes. Una investigadora **apasionada** estudia detalladamente los resultados del examen de laboratorio.

arduo (ar•duo) *adj.* Una marcha **ardua** es difícil y lenta. Observábamos la marcha **ardua** del caballo en la nieve.

artefacto (ar•te•fac•to) *s.* Los **artefactos** son pequeños instrumentos, aparatos especializados o dispositivos electrónicos. La caja de herramientas que había en la ferretería tenía distintos **artefactos**.

artificial (ar•ti•fi•cial) *adj.* Algo **artificial** es creado por los seres humanos y no por la naturaleza. El atleta usa una pierna **artificial** que funciona como su propia pierna humana.

asentamiento (a•sen•ta•mien•to) *s.* A finales del siglo XIX, los **asentamientos** eran terrenos de las regiones occidentales de Estados Unidos que los pioneros reclamaban para establecerse y vivir en ellos. Después de muchos años, el **asentamiento** rural ahora es nuestro.

auditorio (au•di•to•rio) *s.* Un **auditorio** es un salón grande donde el público se reúne para una presentación o actuación. Cuando hay una reunión, nuestra escuela usa el **auditorio** porque tiene cupo para más personas.

Orígenes de las palabras

auditorio La palabra base de *auditorio* viene de la palabra latina *audire* que significa "oír".

B

benéfico (be•né•fi•co) *adj.* Las acciones **benéficas** son acciones que hacen bien o favorecen. Sembrar árboles es una de muchas acciones **benéficas** que podemos realizar en favor del medio ambiente.

bóveda (bó•ve•da) *s.* La **bóveda** nocturna se refiere al firmamento. Las curvas de la Tierra le dan al cielo una forma de **bóveda**.

C

caleidoscopio (ca•lei•dos•co•pio) *s.* Un **caleidoscopio** es un juguete óptico en forma de tubo construido con espejos que permiten ver patrones cambiantes de figuras y colores. Olga mira por el **caleidoscopio** todas las coloridas figuras geométricas que hace.

cascada (cas•ca•da) *s.* Algo que cae en **cascada** desciende o cae de manera similar a un salto de agua. El agua del arroyo caía en **cascada** por las rocas.

cautiverio (cau•ti•ve•rio) *s.* Si algo está en **cautiverio**, está encerrado en un lugar y no puede salir. El acuario mantiene en **cautiverio** a muchas especies marinas.

celestial (ce•les•tial) *adj.* Algo que es **celestial** se relaciona con el cielo. En nuestro viaje al oeste, veíamos el **celestial** firmamento cubierto de estrellas.

cilindro (ci•lin•dro) *s.* Un **cilindro** tiene extremos circulares y lados rectos. En un motor, el cilindro consume gasolina para hacer que las otras partes se muevan. El mecánico reemplazó el **cilindro** que goteaba por uno nuevo.

circunstancia (cir•cuns-tan•cia) *s.* El modo en que ocurrió un acontecimiento, o las causas de este, son sus **circunstancias**. Dadas las **circunstancias**, se canceló el pícnic.

clímax (clí•max) *s.* El **clímax** de una historia es el acontecimiento más importante y, generalmente, ocurre cerca del final. En el emocionante **clímax** de la historia, el héroe corrió hacia un edificio en llamas.

concebir (con•ce•bir) *v.* Si alguien tuvo la idea de crear algo, la **concibió**. Cora **concibió** una idea para un casco de bicicleta más seguro.

confín (con•fín) *s.* El **confín** es el lugar en el horizonte hasta donde alcanza la vista. El explorador navegó hasta el **confín** del océano buscando nuevas aventuras.

conocimiento (co•no•ci•mien•to) *s.* Si tienes **conocimientos**, tienes información sobre algo o lo comprendes. Nuestra maestra nos dio los **conocimientos** que necesitamos para tener éxito en la clase.

consciente (cons•cien•te) *adj.* Ser **conscientes** de algo es tenerlo presente. Mario es **consciente** de cómo el reciclaje reduce los desperdicios.

consecuencia (con•se•cuen•cia) *s.* Las **consecuencias** son los resultados o efectos de los acontecimientos. Jay enfrentó las **consecuencias** de llegar tarde porque la tienda ya había cerrado.

consigna (con•sig•na) *s.* Las **consignas** son arengas cortas, pegadizas y fáciles de recordar. Vimos varios carteles con **consignas** interesantes para publicitar productos.

consistir (con•sis•tir) *v.* Si algo **consistía** en ciertos elementos, estaba hecho con ellos. La ensalada **consistía** en lechuga, zanahorias, brócoli, apio, tomates y aceitunas.

contaminar (con•ta•mi•nar) *v.* Si las sustancias **contaminan** el medio ambiente, quiere decir que le hacen daño. Algunos herbicidas tienen sustancias químicas nocivas que **contaminan** el suelo y el agua.

contenerse (con•te•ner•se) *v.* Para **contenerse**, alguien se abstiene de hacer aquello que desea. Nuestra perra pudo **contenerse** y no se comió la comida de la mesa.

contradecirse (con•tra•de•cir•se) *v.* Si las acciones **contradicen** las palabras, quiere decir que se hace lo opuesto de lo que se dice. Si cada uno **contradice** al otro no van a saber qué camino tomar.

contribución (con•tri•bu•ción) *s.* Una persona que ayuda a realizar algo hace una **contribución** a ese esfuerzo. El motor de propulsión a chorro fue una **contribución** importante a la aviación.

crónico (cró•ni•co) *adj.* Algo **crónico** es algo que ocurre habitualmente y dura mucho tiempo. La niña llevaba varios días con un resfriado **crónico** que no se le quitaba.

D

deleitar (de•lei•tar) *v.* Si alguien te **deleitó**, te entretuvo. Chen **deleitó** a su familia con historias divertidas sobre su día.

deliberar (de•li•be•rar) *v.* **Deliberar** significa discutir ideas para tratar de tomar una decisión. Los vi **deliberar** acerca de qué plan poner en marcha.

depósito (de•pó•si•to) *s.* Un **depósito** es un lugar donde se acumulan provisiones de algo. El agua que está detrás del dique formó un **depósito**.

deriva (de•ri•va) *s.* Un barco a la **deriva** es un barco que perdió su rumbo a causa del viento, el mar o las corrientes. Los jóvenes estuvieron a la **deriva** por varios días antes de ser rescatados.

derribar (de•rri•bar) *v.* Si los cables han sido **derribados** quiere decir que se han caído. El padre habló con su hijo porque encontró que habían sido **derribados** varios objetos dentro de la casa.

desarrollo (de•sa•rro•llo) *s.* El **desarrollo** es el progreso o avance de algo. El **desarrollo** tecnológico permite que las personas puedan ver imágenes en tres dimensiones hoy en día.

desencadenar (des•en•ca•de•nar) *v.* Si algo o alguien **desencadenó** una acción quiere decir que le dio comienzo. Mi mano **desencadenó** la caída de las fichas de dominó.

despertar (des•per•tar) *v.* **Despertar** a alguien es interrumpir su sueño. El niño empezó a **despertar** al amanecer.

desprecio (des•pre•cio) *s.* Cuando expresas **desprecio**, muestras poco respeto por alguien o por algo. La expresión de su rostro muestra **desprecio** por haber perdido.

destrucción (des•truc•ción) *s.* La **destrucción** es el acto de destrozar o arruinar algo. Los terremotos pueden causar una **destrucción** generalizada a los edificios.

diálogo (diá•lo•go) *s.* El **diálogo** es la conversación entre los personajes de una historia. La manera en que este personaje habla en su **diálogo** me hace comprender más sobre él.

Orígenes de las palabras

diálogo Un significado de *diálogo* viene de la palabra griega *dialegesthai* que significa "dialogar".

dificultad (di•fi•cul•tad) *s.* Las **dificultades** son obstáculos o sufrimiento provocado por la carencia de alguna cosa. Algunas personas enfrentan **dificultades**, como no tener suficiente agua.

distinguido (dis•tin•gui•do) *adj.* Las personas o cosas **distinguidas** se conocen y se respetan por su excelencia. El **distinguido** inventor ganó un premio a la excelencia de diseño de aviones.

dominio (do•mi•nio) *s.* El **dominio** de alguien es la tierra o el territorio que le pertenece y que controla. Esta granja ha estado en el **dominio** familiar por muchos años.

E

élite (é•li•te) *s.* Los miembros de **élite** de un grupo son los mejores o más hábiles. La mayoría de los atletas **élite** están invitados a competir en los Juegos Olímpicos.

embeleso (em•be•le•so) *s.* Algo que causa **embeleso**, causa asombro y admiración. La niña mira con **embeleso** el inmenso tanque de peces del acuario.

emplear (em•ple•ar) *v.* Si has **empleado** a alguien, lo has contratado para hacer un trabajo. A ella la han **empleado** en una cafetería local.

empobrecido (em•po•bre•ci•do) *adj.* Los pueblos **empobrecidos** son pueblos que se han vuelto más pobres. Voluntarios de todo el mundo llegaron para traer alimentos y medicinas a los pueblos **empobrecidos**.

enmarañado (en•ma•ra•ña•do) *adj.* Algo que está **enmarañado** está enredado y en desorden. El pelo del perro estaba tan **enmarañado** que tuvimos que cortárselo.

épica (é•pi•ca) *adj.* Hablar de la característica **épica** de un acontecimiento es decir que este es prominente e impactante y, algunas veces, heroico. Miles de trabajadores enfrentaron un gran peligro durante la **épica** construcción de las pirámides egipcias.

especializarse (es•pe•cia•li•zar•se) *v.* Si una empresa **se especializó** en algo, proporcionó un tipo de producto específico. Mi padre usó una compañía que **se especializó** en fabricar sillas de ruedas.

espectáculo (es•pec•tá•cu•lo) *s.* Un **espectáculo** es una exhibición de algo llamativo e interesante. La muestra de fuegos artificiales fue un **espectáculo** sorprendente.

especular (es•pe•cu•lar) *v.* Si **especularon**, quiere decir que hicieron una deducción y la dieron por cierta. Aunque todavía era temprano, los noticieros **especularon** sobre los lugares por los que pasaría el huracán.

espontánea (es•pon•tá•ne•a) *adj.* Las acciones **espontáneas** son aquellas que suceden naturalmente y sin planificar. Ella tomó la decisión **espontánea** de saltar al lago.

evacuación (e•va•cua•ción) *s.* Una **evacuación** es la acción de ir de una zona peligrosa a una zona más segura. El gobernador ordenó una **evacuación** de la ciudad, así que Linda y su mamá cargaron su automóvil y se fueron.

evidentemente (e•vi•den•te•men•te) *adv.* Si algo ocurrió **evidentemente**, fue por una razón obvia. **Evidentemente**, Lilah tuvo una caída muy fea.

excéntrico (ex•cén•tri•co) *adj.* Son **excéntricos** aquellos que se comportan de modo extraño. El **excéntrico** inventor estaba siempre trabajando en proyectos extraños.

extenuado (ex•te•nua•do) *adj.* Si estaban **extenuados**, estaban extremadamente cansados. El trabajador estaba **extenuado** por tener que recoger todas las verduras.

F

fiasco (fias•co) *s.* Un **fiasco** es algo que resultó un completo fracaso. El postre que él horneó fue un **fiasco**.

ficción (fic•ción) *s.* Las **ficciones** son las cosas imaginadas, no reales. Los unicornios son **ficciones** que solo existen en la imaginación.

fonógrafo (fo•nó•gra•fo) *s.* Un **fonógrafo** es una máquina que toca música o sonido grabado. Hace muchos años, usaban un **fonógrafo** para escuchar música.

fortaleza (for•ta•le•za) *s.* Una **fortaleza** es una gran construcción que, generalmente, está protegida por guardias y una muralla. Mientras estábamos de vacaciones, visitamos una antigua **fortaleza** de piedra.

fotografiar (fo•to•gra•fiar) *v.* Si alguien o algo fue **fotografiado**, quiere decir que se tomó su foto con una cámara u otro dispositivo. León ha **fotografiado** acontecimientos importantes para el anuario de nuestra escuela.

frigorífico (fri•go•rí•fi•co) *s.* Un **frigorífico** es un aparato que se usa para conservar fríos los alimentos. Luis puso en el **frigorífico** los comestibles que había comprado para que no se dañaran.

G

gastado (gas•ta•do) *adj.* Si una cosa está **gastada**, se ha usado por completo. La artista tenía una colección de pinturas **gastadas** de todos los colores en su mesa de trabajo.

H

humilde (hu•mil•de) *adj.* Las cosas **humildes** son sencillas y poco impresionantes. Justo fuera de los límites de la ciudad hay una **humilde** casa campestre.

I

ideología (i•de•o•lo•gí•a) *s.* Una **ideología** es un conjunto de creencias. Muchos de los jóvenes que trabajan en la compañía tienen la misma **ideología**.

ilustre (i•lus•tre) *adj.* Una persona **ilustre** es famosa por sus logros. El **ilustre** inventor era conocido en todo el mundo.

impulsado (im•pul•sa•do) *adj.* Una cosa es **impulsada** cuando se la empuja con gran fuerza. El violento movimiento del terremoto **impulsó** el suelo a través del pavimento.

impulso (im•pul•so) *s.* Un **impulso** es un deseo de hacer algo. Sentimos el **impulso** de llevarnos todos los cachorros de la perrera.

incandescente (in•can•des•cen•te) *adj.* Se dice que algo es **incandescente** cuando arroja mucha luz. Reemplazamos el bombillo quemado por otro **incandescente**.

indispensable (in•dis•pen•sa•ble) *adj.* Algo **indispensable** es algo necesario. El alcalde tenía que probar que era **indispensable** resolver los grandes problemas de la ciudad.

influir (in•fluir) *v.* Quienes **influyen** sobre algo, lo afectan o producen un resultado determinado. Las tiendas **influyen** en lo que compran los clientes según exhiben sus productos.

inmóvil (in-mó-vil) *adj.* Si se quedaban **inmóviles** quiere decir que se quedaban quietas, sin moverse. Jugaba a quedarme **inmóvil** cuando mi hermana me hacía cosquillas, pero no podía, porque me daba risa.

insinuar (in•si•nuar) *v.* Si **insinúas** algo, lo expresas sin indicarlo directamente. Nuestra maestra detuvo la lectura para **insinuar** que dejáramos de hablar.

insólito (in•só•li•to) *adj.* Algo que es **insólito** es algo poco común e inesperado. La aurora boreal es un paisaje **insólito** de luces de colores en el cielo polar.

insoluble (in•so•lu•ble) *adj.* Algo **insoluble** es algo que no se puede disolver. El aceite es **insoluble** en el agua, es decir que no se mezcla con ella.

inspector (ins•pec•tor) *s.* Un **inspector** revisa o examina algo cuidadosamente. Una **inspectora** examinó los tomates para asegurarse de que estuvieran limpios.

Orígenes de las palabras

inspector El sufijo *-or* significa "alguien que hace una acción específica". La raíz latina "*inspect*" significa "ver algo cuidadosamente". Por lo tanto, *inspector* significa "alguien que examina o revisa algo cuidadosamente."

intentar (in•ten•tar) *v.* Si has **intentado** algo, has tratado de hacerlo. Nuestro perro nunca antes había **intentado** cavar hoyos en la tierra.

irradiar (i•rra•diar) *v.* Que las olas **irradien** quiere decir que se desplazan con un movimiento en forma de ondas o rayos. Las ondas del agua **irradian** desde el centro hacia afuera.

irrigar (i•rri•gar) *v.* **Irrigar** las cosechas es suministrarles agua mediante un sistema de tuberías o mangueras de riego. Los granjeros de algunas zonas deben **irrigar** sus campos para que los cultivos crezcan.

L

lateral (la•te•ral) *adj.* Algo tiene movimiento **lateral** cuando se mueve de lado a lado. Solo algunas piezas de ajedrez pueden hacer un movimiento **lateral**.

lidiar (li•diar) *v.* Quienes **lidian** con un problema luchan por solucionarlo. Los estudiantes **lidian** en equipo con un problema de matemáticas difícil.

ligadura (li•ga•du•ra) *s.* Las **ligaduras** sujetan los objetos a otras cosas. Papá reparó las **ligaduras** que sujetaban la puerta al marco.

literalmente (li•te•ral•men•te) *adv.* Si dices que algo sucedió **literalmente**, significa que realmente sucedió y que no estás exagerando ni usando una metáfora. Llovió **literalmente** durante cinco días seguidos.

locomotora (lo•co•mo•to•ra) *s.* Las **locomotoras** son las máquinas que hacen que el tren se mueva. La **locomotora** que arrastra los vagones de carga sale de la estación cada treinta minutos.

M

magnitud (mag•ni•tud) *s.* La **magnitud** se refiere al tamaño de algo. La **magnitud** del terremoto de Alaska fue de 9.2.

Orígenes de las palabras

magnitud La palabra *magnitud* viene de la palabra latina *magnus* que significa "grande". Por lo tanto, la palabra *magnitud* refiere a la inmensidad del tamaño de algo.

maniobrar (ma•nio•brar) *v.* **Maniobrar** algo quiere decir moverlo u operarlo con las manos o los pies. En las Olimpíadas Especiales, los competidores pueden **maniobrar** su silla de ruedas de muchas maneras.

mantenimiento (man•te•ni•mien•to) *s.* Realizar el **mantenimiento** de algo es cuidarlo y repararlo cuando sea necesario. El **mantenimiento** necesario para que la escuela siga en buenas condiciones requiere la ayuda de todos.

mástil (más•til) *s.* El **mástil** es el palo de las embarcaciones, donde se sujetan las velas. Las velas del barco están atadas al **mástil** para que cuando el viento sople, las infle y el barco se mueva.

mercante (mer•can•te) *adj.* Los barcos **mercantes** llevan productos para la venta, por lo general a un país extranjero. El barco **mercante** está en el puerto recibiendo su cargamento.

misterioso (mis•te•rio•so) *adj.* Algo **misterioso** no puede entenderse o explicarse del todo. Nadie sabe qué hay en la **misteriosa** caja.

modificado (mo•di•fi•ca•do) *adj.* Algo **modificado** es algo revisado o cambiado. La casa recientemente **modificada** quedó mucho más segura.

N

nativo (na•ti•vo) *adj.* Se describen como **nativas** de un lugar a las personas y las especies animales o vegetales que nacieron allí. Los girasoles son **nativos** de las regiones del norte de Estados Unidos.

notable (no•ta•ble) *adj.* Si algo es **notable**, es digno de atención. El científico detectó un **notable** aumento en la fuerza del huracán.

O

objetivo (ob•je•ti•vo) *s.* Un **objetivo** es un propósito. El **objetivo** de él fue dar lo mejor de sí en la carrera.

osadía (o•sa•dí•a) *s.* Una **osadía** es una idea o acción irresponsable y arriesgada. La niña tuvo la **osadía** de lanzarse al agua sin saber nadar.

P

paquete (pa•que•te) *s.* Un **paquete** es un envoltorio de cosas. La tía Jane dejó caer las semillas del **paquete** en la maceta.

paralelo (pa•ra•le•lo) *adj.* Si dos o más cosas se mueven **paralelas** entre sí, se mueven en la misma dirección. La carretera estaba marcada con líneas amarillas **paralelas**.

parcela (par•ce•la) *s.* Las **parcelas** son pequeños terrenos que se usan para propósitos determinados. Nuestro vecindario comparte pequeñas **parcelas** de tierra para cultivar verduras.

patente (pa•ten•te) *s.* Las **patentes** son documentos legales. Si obtienes la patente de un invento, nadie más tiene autorización para hacer o vender uno igual. Los científicos protegen sus inventos con **patentes** para que nadie pueda copiarlos.

patriótico (pa•trió•ti•co) *adj.* A las personas **patrióticas** las mueve el amor por su país. Cuando decimos el Juramento a la bandera, demostramos que somos **patrióticos**.

peligro (pe•li•gro) *s.* Los **peligros** son situaciones de riesgo. Las inundaciones causadas por lluvias torrenciales presentan grandes **peligros**.

percatar (per•ca•tar) *v.* **Percatarse** de algo es darse cuenta o tomar conciencia de ese algo. Una vez que la maestra ayudó a la niña a **percatarse** de su error, ella pudo corregir su tarea.

petardear (pe•tar•de•ar) *v.* Si algo **petardeó**, quiere decir que hizo ruidos estrepitosos debido a un mal funcionamiento. El automóvil **petardeó** al avanzar por la carretera.

presidir (pre•si•dir) *v.* Cuando alguien **preside** un acontecimiento, está a cargo de él. El juez **preside** la sala de justicia.

prestigioso (pres•ti•gio•so) *adj.* Algo que es **prestigioso** es importante y destacado. El premio más **prestigioso** de nuestra escuela es al Estudiante del Año.

primoroso (pri•mo•ro•so) *adj.* Algo **primoroso** es algo delicado. La abeja se posó sobre los **primorosos** pétalos de la flor.

principal (prin•ci•pal) *adj.* Algo **principal** quiere decir que ocupa el primer lugar en importancia. La casa **principal** de mi tío queda en el centro, pero también tiene una casa en el lago.

privilegio (pri•vi•le•gio) *s.* Un **privilegio** es un beneficio especial que tiene una persona. El tiempo que pasamos con nuestros seres queridos es un gran **privilegio** que debemos disfrutar.

producir (pro•du•cir) *v.* **Producir** significa generar algo. El campo puede **producir** una mayor cantidad de cultivo porque ha caído mucha lluvia.

prólogo (pró•lo•go) *s.* Se llama **prólogo** a la introducción de un libro. Deberías leer el **prólogo** del libro antes de leer el resto de la historia.

propagación (pro•pa•ga•ción) *s.* La **propagación** es la expansión de algo por una superficie grande o entre muchas personas. La **propagación** de la ceniza del volcán fue generalizada.

proporción (pro•por•ción) *s.* Cuando hablas de las **proporciones** de algo, hablas de su tamaño. Las **proporciones** de los muebles coincidían con el tamaño de la casa de muñecas.

prosa (pro•sa) *s.* A diferencia de la poesía, la **prosa** es "escritura común", en forma de oraciones y párrafos. La mayoría de las historias están escritas en **prosa**, pero algunas están escritas en verso.

prototipo (pro•to•ti•po) *s.* Un **prototipo** es un modelo aproximado, creado para probar algo antes de darle su forma definitiva. Construimos un **prototipo** para mostrar cómo sería el robot en realidad.

provechoso (pro•ve•cho•so) *adj.* Las cosas **provechosas** son las que resultan de utilidad. Un lazo es un artículo muy **provechoso** para un ranchero.

puesto (pues•to) *s.* Los **puestos** eran fuertes o puntos de parada en el camino, donde las personas podían comprar provisiones. Los pioneros encontraban en el camino **puestos** donde compraban provisiones.

Q

queja (que•ja) *s.* Una **queja** es una expresión de descontento o de dolor. Su **queja** fue que el camarero le llevó la comida equivocada.

R

ráfaga (rá•fa•ga) *s.* Las **ráfagas** son golpes de viento fuertes y repentinos. Las **ráfagas** de viento eran tan fuertes que ella, a duras penas, podía sostener su paraguas.

rastrojo (ras•tro•jo) *s.* El rastrojo es el residuo de los tallos cortos y duros que quedan en el campo después de la cosecha. Después de que el tractor pasó por el campo, solo quedó el **rastrojo** de las plantas de maíz.

reducir (re•du•cir) *v.* Al **reducir** algo, se disminuye su tamaño o su cantidad. Puedes **reducir** los desperdicios cuando reciclas.

región (re•gión) *s.* El centro de un país algunas veces se llama **región** central. Muchos pioneros comenzaron su travesía al oeste en Independence, Missouri, en la **región** central de Estados Unidos.

regocijo (re•go•ci•jo) *s.* Un momento de **regocijo** es un momento de alegría y celebración. Todos celebrábamos con **regocijo** la llegada de la primavera.

residencia (re•si•den•cia) *s.* El lugar donde viven las personas es su **residencia**. Nuestra **residencia** queda en el lado oeste del pueblo.

resoplar (re•so•plar) *v.* Cuando **resoplaban**, las máquinas se movían lenta y ruidosamente. El tren de vapor **resoplaba** al pasar entre los desfiladeros.

retirarse (re•ti•rar•se) *v.* Si **se retira** quiere decir que se aleja o se aísla. La tortuga **se retira** dentro de su caparazón cuando se siente amenazada.

Orígenes de las palabras

retira El prefijo *re-* significa "otra vez" o "atrás". Muchas palabras comunes en español comienzan con *re-* y tiene la palabra base latina: *requerir, restaurar, remover* and *retrasar*.

riesgo (ries•go) *s.* Poner en **riesgo** a alguien o algo es ponerlo en peligro. Los militares, tanto hombres como mujeres, ponen en **riesgo** su vida para proteger nuestro país.

S

sacrificio (sa•cri•fi•cio) *s.* Algo logrado con **sacrificio** quiere decir que se hizo a costa de sufrimientos y privaciones. Janice hizo un **sacrificio** cuando entregó sus mantas y otras provisiones para ayudar a las víctimas de la tormenta.

sismógrafo (sis•mó•gra•fo) *s.* Los **sismógrafos** son instrumentos que miden y registran datos sobre los terremotos, como la intensidad y la duración. Los **sismógrafos** nos dicen que los terremotos moderados duran de diez a treinta segundos.

sobresalir (so•bre•sa•lir) *v.* **Sobresalir** en algo es ser muy bueno en ello. Sigue practicando y lograrás **sobresalir**.

superar (su•pe•rar) *v.* **Superar** un límite significa estar por encima o ir más allá de él. Los astronautas deben **superar** limitaciones y desafíos.

T

tambalear (tam•ba•le•ar) *v.* Cuando alguien camina **tambaleando**, lo hace con pasos cortos e inestables. Cuando mi hermanita camina, lo hace **tambaleando**.

temblor (tem•blor) *s.* Los **temblores** son terremotos pequeños, o movimientos no controlados de una parte del cuerpo. El **temblor** que sacudió el pueblo fue menor y causó pocos daños.

Orígenes de las palabras

temblores La palabra *temblor* viene de la palabra latina *temere* que significa "temblar".

testigo (tes•ti•go) *s.* Los **testigos** son los que se presentan ante un tribunal para decir lo que saben acerca de un delito. La **testigo** vio lo que sucedió y prometió decir toda la verdad sobre eso.

timbal (tim•bal) *s.* Los **timbales** son una especie de tambores hechos con una semiesfera de metal y un solo parche. Los **timbales** se encuentran con frecuencia en los grupos de música latina.

típico (tí•pi•co) *adj.* Una cosa **típica** es algo habitual o normal. Mi mamá me dejaba en la escuela a la hora **típica**.

tradicional (tra•di•cio•nal) *adj.* Algo es **tradicional** porque se ha hecho de determinada manera durante mucho tiempo. Es **tradicional** usar el rojo, el blanco y el azul en el día de la Independencia.

transformar (trans•for•mar) *v.* **Transformar** algo es convertirlo en otra cosa. Kayla puede **transformar** una hoja en un animal de papel.

trayectoria (tra•yec•to•ria) *s.* La **trayectoria** es el camino que sigue un huracán. Todos los inviernos, los gansos siguen la misma **trayectoria** hacia el sur.

trillar (tri•llar) *v.* **Trillar** una planta es sacudirla para separar los granos o las semillas del resto de la planta. A menudo, los vecinos se ayudaban los unos a los otros a **trillar** el trigo.

U

urbano (ur•ba•no) *s.* Algo que es **urbano** se relaciona con una ciudad. El centro **urbano** de una ciudad crece a medida que aumenta su población.

V

venerar (ve•ne•rar) *v.* Si **veneran** a alguien, lo tienen en alta estima. Muchos **veneran** a aquellos cuyos inventos mejoran el mundo.

víctima (víc•ti•ma) *s.* Las personas que son **víctimas** de algo sufren o mueren a causa de eso. Los rescatistas transportaron a una **víctima** de la devastación de la tormenta.

victoria (vic•to•ria) *s.* Cuando logras una **victoria**, superas un desafío o ganas contra un competidor. Llegar al final del largo y difícil torneo fue una **victoria** para el equipo de fútbol ganador.

vuelo (vue•lo) *s.* Algo que está en **vuelo** se está moviendo por el aire. Me encanta contemplar las aves en **vuelo**.

Z

zarcillo (zar•ci•llo) *s.* Los **zarcillos** de las plantas son partes largas y delgadas que a menudo se enroscan alrededor de un objeto o de otra planta. La planta tenía largos **zarcillos** que se envolvían alrededor de la otra planta.

Índice de títulos y autores

Reconocimientos

Excerpt from *Doña Flautina Resuelvelotodo* by Yanitzia Canetti, illustrated by Avi-Pilar Giménez Avilés. Text copyright © 2006 by Yanizia Canetti. Reprinted by permission of Edebé.

Excerpt from *Captain Arsenio: Adventures and (Mis)adventures in Flight* by Pablo Bernasconi. Copyright © 2005 by Pablo Bernasconi. Translated and reprinted by permission of Pablo Bernasconi and Penguin Random House Grupo Editorial.

"The Celestials' Railroad" by Bruce Watson from *Cobblestone Magazine*, January 2008. Text copyright © 2008 by Carus Publishing Company. Translated and reprinted by permission of Cricket Media. All Cricket Media material is copyrighted by Carus Publishing d/b/a Cricket Media, and/or various authors and illustrators. Any commercial use or distribution of material without permission is strictly prohibited. Please visit http://www.cricketmedia.com/info/licensing2 for licensing and http://www.cricketmedia.com for subscriptions.

Excerpt from Eruption! Volcanoes and the Science of Saving Lives by Elizabeth Rusch, photographs by Tom Uhlman. Text copyright © 2013 by Elizabeth Rusch. Photographs copyright © 2013 by Tom Uhlman. Translated and reprinted by permission of Houghton Mifflin Harcourt Publishing Company.

Excerpts from *Explore the Wild West!* by Anita Yasuda, illustrated by Alex Joon Kim. Copyright © 2012 by Nomad Press, a division of Nomad Communications Inc. Translated and reprinted by permission of Susan Schulman Literary Agency LLC on behalf of Nomad Communications Inc.

Excerpt from "Wheelchair Sports: Hang-Glider to Wheeler-Dealer" from *Faster, Higher, Smarter: Bright Ideas That Transformed Sports* by Simon Shapiro, illustrated by Theo Krynauw. Text copyright © 2016 by Simon Shapiro. Illustrations copyright © 2016 by Theo Krynauw. Translated and reprinted by permission of Annick Press Ltd.

Excerpt from *The Good Garden* by Katie Smith Milway, illustrated by Sylvie Daigneault. Text copyright © 2010 by Katie Smith Milway. Illustrations copyright © by Sylvie Daigneault. Translated and reprinted by permission of Kids Can Press Ltd., Toronto, Canada.

Excerpt from *The Inventor's Secret: What Thomas Edison Told Henry Ford* by Suzanne Slade, illustrated by Jennifer Black Reinhardt. Copyright © 2016 by Charlesbridge Publishing, Inc. Translated and reprinted by permission of Charlesbridge Publishing, Inc. and Dreamscape Media, LLC.

Excerpt from *Jane Goodall: 40 Years at Gombe* by Jane Goodall. Text copyright © 2010 by Jane Goodall. Translated and reprinted by permission of Express Permissions on behalf of Stewart, Tabori, & Chang, an imprint of Harry N. Abrams, Inc., New York.

The Miracle of Spring by Helen Hanna. Text copyright © 2013 by Helen Hanna. Translated and Reprinted by permission of *Plays, the Drama Magazine for Young People*/Sterling Partners Inc.

"Quaking Earth, Racing Waves" by Rachel Young, art by Jo Lynn Alcorn from *ASK* Magazine, October 2005. Text copyright © 2005 by Carus Publishing Company. Translated and reprinted by permission of Cricket Media. All Cricket Media material is copyrighted by Carus Publishing d/b/a Cricket Media, and/or various authors and illustrators. Any commercial use or distribution of material without permission is strictly prohibited. Please visit http://www.cricketmedia.com/info/licensing2 for licensing and http://www.cricketmedia.com for subscriptions.

Parrots Over Puerto Rico by Susan L. Roth and Cindy Trumbore, illustrated by Susan L. Roth. Copyright © 2013 by Susan L. Roth. Translated and reprinted by permission of Lee & Low Books Inc.

Excerpt from *A Pioneer Sampler: The Daily Life of a Pioneer Family in 1840* by Barbara Greenwood, illustrated by Heather Collins. Text copyright © 1994 by Barbara Greenwood. Illustrations copyright © 1994 by Heather Collins/Glyphics. Translated and reprinted by permission of Houghton Mifflin Harcourt Publishing Company and Kids Can Press Ltd., Toronto, Canada.

Excerpt from *Una vez tres veces* by David Consuegra. Copyright © 1983 by David Consuegra. Reprinted by permisison of Zoraida Cadavid-Consuegra.

"Oda a una estrella" from *Tercer libro de las odas* by Pablo Neruda. Text copyright

Créditos de fotografías

Images; **274** (b) Courtesy Library of Congress Prints & Photographs Division/LC-DIG-highsm-13375; **274** (t) ©Alexey Sulima/EyeEm/Getty Images; **276** (r) ©Jon Kroninger/Shutterstock; **276** (l) ©Alexey Sulima/EyeEm/Getty Images; **277** ©Alexey Sulima/EyeEm/Getty Images; **278** ©Duncan Walker/E+/Getty Images; **280** (inset) ©Everett Collection/Alamy; **280** (bg) ©Duncan Walker/E+/Getty Images; **282** ©Duncan Walker/E+/Getty Images; **303** ©Hero Images/Getty Images; **304** ©Steve Debenport/iStock/Getty Images Plus; **306** ©sirtravelalot/Shutterstock; **310** (bg) ©Jesse Kraft/EyeEm/Getty Images; **310** (inset) ©Miune/Shutterstock; **311** (t) ©proxyminder/E+/Getty Images; **311** (inset) ©DavorLovincic/iStock/Getty Images Plus; **312** (t(©Le Do/Shutterstock; **312** (b) ©Richard Coombs/EyeEm/Getty Images; **313** ©Uwe Umstaetter/Getty Images; **314** (t) ©Kateryna Kyslyak/EyeEm/Getty Images; **314** (b) ©UpperCut Images/Getty Images; **315** (tr) ©AngiePhotos/Getty Images; **315** (cr) ©LH Images/Alamy; **315** (br) ©Le Do/Shutterstock; **316** (l) ©Le Do/Shutterstock; **316** (c) Courtesy Library of Congress Prints & Photographs Division LC-USZC4-10232; **316** (r) Courtesy Manuscripts, Archives and Special Collections, Washington State University Libraries/sc005f32-153; **317** (bl) ©National Archives and Records Administration; **317** (tr) Courtesy Library of Congress Prints & Photographs Division LC-DIG-ppmsca-50988; **317** (br) ©Le Do/Shutterstock; **317** (tl) ©National Archives and Records Administration; **318** (bg) ©Valeria Sangiovanni/Dreamstime; **318** (t) ©Richard Coombs/EyeEm/Getty Images; **319** (b) ©Le Do/Shutterstock; **319** (tr) ©Laura Berman - GreenFuse Images.com; **320** (b) ©Megapress/Alamy; **320** (t) ©AngiePhotos/Getty Images; **321** ©COLOA Studio/Shutterstock; **322** (b) ©Szasz-Fabian Ilka Erika/Shutterstock; **322** (t) ©Laura Berman/GreenFuse Photos; **323** (t) ©Image Source/Getty Images; **323** (b) ©Becky Sheridan/Shutterstock; **324** (t) ©youngvet/E+/Getty Images; **325** (b) ©Le Do/Shutterstock; **325** (t) ©Laura Berman/GreenFuse Photos; **326** (t) ©AngiePhotos/Getty Images; **326** (b) ©Jbryson/iStock/Getty Images Plus; **327** ©Brand X Pictures/Getty Images; **328** ©AngiePhotos/Getty Images; **330** ©Le Do/Shutterstock; **331** ©AngiePhotos/Getty Images; **379** ©Syda Productions/Shutterstock